AF326113

VICOMTE DE BONALD

FRANÇOIS CHABOT

MEMBRE DE LA CONVENTION

(1756-1794)

Avec deux Portraits en Héliogravure

DEUXIÈME ÉDITION

PARIS

ÉMILE-PAUL, ÉDITEUR

100, RUE DU FAUBOURG-SAINT-HONORÉ, 100

1908

FRANÇOIS CHABOT

MEMBRE DE LA CONVENTION

DU MÊME AUTEUR

Documents généalogiques sur des familles du
Rouergue. — Deuxième édition, 1 vol.; Carrère, édit.,
Rodez. — Prix : 8 francs.

Un procès aux xvii⁰ et xviii⁰ siècles. — Carrère,
édit., Rodez. (*Épuisé*).

Renault l'invincible (Paul-François de Gaule-
jac), *récit des guerres de Vendée*. — H. Champion,
édit., Paris. — Prix : 3 fr. 50 c.

Les comtes de Rodez et les seigneurs de Béna-
vent. — H. Champion, édit., Paris. — Prix : 1 fr. 50 c.

Mademoiselle Aminte et Monsieur le Mareschal
de Montendre. — Plaquette sur papier de Hollande
avec deux héliogravures, tirée à 300 ex. numérotés.
— H. Champion, édit., Paris. — Prix : 10 francs.

VICOMTE DE BONALD

FRANÇOIS CHABOT

MEMBRE DE LA CONVENTION

(1756-1794)

Avec deux Portraits en Héliogravure

PARIS

ÉMILE-PAUL, ÉDITEUR

100, RUE DU FAUBOURG-SAINT-HONORÉ, 100

1908

Tous droits réservés

PRÉFACE

Le 12 avril 1794, les administrateurs du
département de l'Aveyron étaient officielle-
ment informés que « le citoyen François
» Chabot, âgé de trente-sept ans, ex-capucin
» et membre de la Convention, venant d'être
» condamné à mort et exécuté le 5 du
» même mois, il y avait lieu de mettre sous
» séquestre ses biens qui étaient désormais
» acquis à la République ».

La carrière politique de Chabot avait été
courte. Envoyé par le département du Loir-et-
Cher à l'Assemblée Législative et puis à la
Convention, Chabot s'était assis, « l'air hon-
teux et la tête basse » dans la charrette qui

devait le conduire à l'échafaud, en même
temps que Danton, Desmoulins, Fabre d'Églantine et autres personnages de moindre importance.

Comment en était-il arrivé là, lui qui
s'était constamment fait remarquer par ses
opinions avancées, et de qui l'autorité éga-
lait presque celle de Robespierre?

Chabot aimait les femmes : c'est lui-même
qui l'a dit.

« J'ai eu des faiblesses dans ma vie...
» mais le respect des lois de la nature me
» fera pardonner quelques écarts de mes pas-
» sions bouillantes... Je suis accusé d'aimer
» les femmes : oui, oui, je les aime, et je fais
» plus, je dis : Malheur à celui qui ne les
aime pas... » (1).

Il aimait aussi la dépense. Le mépris qu'il
affichait pour les « richesses périssables » (2)
n'était qu'apparent, et nous verrons que dans
le cloître même, il ne s'embarrassait guère du
vœu de pauvreté.

____

(1) Arch. Nat., F. 7, 4637. n°ˢ 17 à 37.
(2) *Ibidem.*

Plus tard, au moment d'épouser Léopoldine Frey, « cette chère Poldine » dont les deux cent mille livres de dot devaient lui assurer le bien-être, sinon le luxe, qu'il avait toujours recherché, tout en faisant parade de son désintéressement il ne manqua pas d'appeler l'attention de ses futurs beaux-frères sur la fâcheuse situation où il se trouverait, si sa femme mourant avant lui, il était contraint de se retirer dans sa famille pour « gratter « les souches d'une vigne » (1).

Or, les femmes et la dépense, cela suppose beaucoup d'argent, et l'argent n'est pas toujours facile à acquérir par des moyens honnêtes.

Chabot fut condamné pour concussion, et aussi pour conspiration « tendant à avilir et » à détruire par la corruption le gouverne- » ment républicain » (2).

Concussionnaires, c'est le terme qu'on employait en ce temps-là pour désigner ceux que nous appellerions aujourd'hui des *chè-*

---

(1) Arch. Nat., F. 7, 4637, n° 42-43.
(2) Arch. Nat., W

quards. Au fond, le crime est le même, seul le châtiment s'est singulièrement adouci.

Voir un représentant du peuple trafiquer de son mandat, qu'il s'agisse de la Compagnie des Indes ou d'un canal quelconque, cela ne saurait nous étonner, mais il y a quelque chose de plus dans le cas de Chabot : c'est la façon curieuse dont il s'est laissé prendre au piège qu'on lui tendait. Alléché, et pendant quelque temps aveuglé par l'appât du gain, il servit les plans des ennemis les plus acharnés de la Révolution avec une telle docilité qu'au bout de quelques mois il voyait l'échafaud se dresser devant lui.

Un de nos historiens les plus attachants, M. Lenôtre, a merveilleusement retracé, dans son livre sur le baron de Batz, ce côté peu connu de la vie de Chabot (1).

C'est pour nous à la fois un avantage et un inconvénient d'écrire après lui, car, s'il est un guide précieux et sûr qu'on est heureux de suivre, ce sera difficile de dire, sur ce point, quelque chose qu'il n'ait déjà écrit, et,

---

(1) LENÔTRE : *Le baron de Batz* (Perrin, éditeur).

en tous cas, impossible de le dire aussi bien.

Cependant Chabot n'est qu'un personnage épisodique dans l'histoire du baron de Batz, et M. Lenôtre ne pouvait pas l'étudier complètement sans s'écarter de son sujet.

Avant de devenir l'instrument du conspirateur royaliste, le conventionnel avait joué un rôle qui mérite d'être raconté. Soit à l'Assemblée Législative, soit à la Convention, ou dans les Clubs, peu d'orateurs ont occupé la tribune aussi souvent que lui.

Il ne sera donc pas inutile de le prendre dès le début, et de le suivre dans le cloître, dans les assemblées publiques, aussi bien que dans ses galantes aventures dont il garda parfois de douloureux souvenirs, afin de se faire une idée de ce que l'on appellerait à cette heure la « mentalité » de ce type achevé du délateur.

Dénoncer et toujours dénoncer fut son *delenda Carthago*. Disons cependant qu'il avait sur nos délateurs modernes cette immense supériorité : il sapait Carthage au grand jour.

C'est en puisant aux sources authentiques,

et en nous aidant de documents pour la plupart inédits, que nous avons écrit ce livre, sans autre préoccupation que de découvrir la vérité, car notre unique but était de contribuer, pour une petite part, à l'histoire de la Révolution, à cette histoire « qui sera le traité le » plus complet de politique et de morale expé- » rimentale qui ait jamais paru ».

Or, agir autrement, eût été faire œuvre de polémiste et non pas d'historien.

Septembre 1907.

FRANÇOIS CHABOT

CHAPITRE PREMIER

NAISSANCE DE CHABOT, SA VIE DANS LE CLOITRE

Naissance de Chabot. — Sa famille. — Ses débuts au collège de
Rodez. — Il entre chez les capucins. — Ses prédications. — Il
est nommé gardien du couvent de Millau. — Sa liaison avec le
baron de Sambucy. — Il est interdit. — Le père Venance
(J. Dougados). — Aventures galantes de Chabot : Fanchon
Dubut, Mlle de ..., La Foredville, Rosette.

François Chabot naquit à Saint-Geniez-d'Olt
(Aveyron) ou plus exactement à la Teulière,
paroisse de Marnhac, le 23 octobre 1756, et fut
baptisé le lendemain (1).

---

(1) Avant la Révolution, Saint-Geniez-d'Olt était divisé en deux
paroisses : Saint-Geniez et Marnhac. C'est ce qui fait dire que
Chabot est né à Saint Geniez.

La date de sa naissance est bien 1756 et non pas 1758 ou 1759,
comme l'ont dit plusieurs historiens.

La Teulière est un quartier de Saint-Geniez. La maison de Chabot
a été démolie vers 1885 et reconstruite par un de ses arrière-petits
neveux.

Il était fils de Jean-Antoine Chabot et de Claudine Dumas de Corbières.

On trouve la famille Chabot établie à Saint-Geniez dès la fin du xviiᵉ siècle. Étienne Chabot, grand-père du conventionnel, y exerçait la profession de tisserand, lorsqu'il épousa Catherine Boissier. Son fils, Jean-Étienne, né le 24 avril 1713, fut d'abord cabaretier (1) puis cuisinier du monastère d'Aubrac (2), situé à quatre lieues et demie au nord de Saint-Geniez, et fondé en 1120 par Adalard, vicomte de Flandre, afin de « protéger les voyageurs, d'abriter les pèlerins, de secourir les pauvres et de soigner les infirmes » (3). On l'y voit figurer parmi les témoins de l'installation du dernier dom, Sickere Gintrac, élu le 4 janvier 1753 ; on l'y retrouve encore le 14 octobre 1767, lors de la mort de sa seconde fille, Marianne Chabot.

Si nous insistons sur ce point, c'est à cause de l'erreur commise par quelques biographes qui ont confondu le monastère d'Aubrac avec le collège de Rodez (4).

Jean-Étienne épousa, le 28 novembre 1743,

---

(1) Acte de baptème de Catherine Chabot.

(2) Acte de décès de Jean-Étienne Chabot, frère du conventionnel.

(3) Abbé DELTOUR : *Aubrac et son monastère*. Carrère, éditeur, Rodez.

(4) BARRAU : *Documents sur la Terreur en Rouergue. — Dictionnaire des Parlementaires français* : article Chabot.

Marianne-Claude Dumas de Corbières, fille naturelle de Jean-Claude Dumas de Corbières, mousquetaire du Roi et d'Anne Janson (1).

De ce mariage, il eut six enfants : Jacques, Catherine, Marianne, François, Jean-Étienne et Claudine. Tous moururent en bas âge, à l'exception de François et de Claudine. Celle-ci, née le 27 juillet 1762, épousa, le 30 octobre 1778, François Caussat dont elle eut onze enfants, parmi lesquels Concorde-Angélique, filleule du conventionnel, née en 1790, morte en 1869, mariée le 12 mai 1813, à André Aragon, et dont la postérité est aujourd'hui représentée par les arrière-petits-neveux de Chabot (2).

Claudine est cette sœur dont parle sans cesse Chabot, cette sœur, « digne fille de la plus vertueuse des mères, qui ne serra jamais ses enfants contre son sein que pour leur faire entendre et sentir. le mouvement de toutes les vertus » (3).

On sait qu'en ce temps-là tout le monde était vertueux. A force de courir les rues, la vertu

---

(1) Elle est quelquefois appelée Claudine et elle figure dans les actes sous les noms de Dumas, Dumas de Corbières, Janson ou encore Courbières.

Nous avons reproduit les noms de ses parents, tels qu'ils sont dans son acte de baptême du 28 avril 1723.

(2) Tous ces renseignements généalogiques nous ont été transmis par M. Ginisty, secrétaire de la Mairie de Saint-Geniez. Qu'il veuille bien agréer nos plus vifs remerciements.

(3) Arch. Nat., F. 7, 4637, n°° 17 à 37.

devint chose banale et perdit si bien tout son prestige qu'elle n'a jamais pu le recouvrer. Qui donc, à l'heure actuelle, consentirait à voir l'épithète de vertueux accolée à son nom?

Il paraît, cependant, que la vertu de Claudine Dumas, la mère de Chabot, était d'une nature spéciale, si l'on en croit une vie de Chabot publiée en 1792 (1) et dans laquelle nous trouvons cette phrase assez suggestive : « M. Chabot père se donna autant de peine pour la naissance du jeune enfant que si son droit de paternité n'eût fait aucune contestation parmi les beaux esprits du voisinage, il le présenta lui-même au lavoir baptismal et lui fit donner le nom de François, ce qui annonçait qu'il serait l'ornement de l'ordre séraphique... Le bedeau en fit la remarque judicieuse. »

Hâtons-nous d'ajouter que Chabot, faisant allusion à cet ouvrage, déclare qu'il a été écrit par « un royaliste, sous la dictée de la Cour et des Feuillants » (2).

Saint-Geniez était loin d'Aubrac, et les communications entre les deux bourgs ne devaient pas être très-fréquentes. Cette circonstance, et la venue au monde de l'enfant plus tôt que l'on n'était en droit de l'espérer, servirent sans doute

---

(1) *Tableau de la vie politique et privée des députés.* Bibl. Nat. Le, 32,9.

(2) Arch. Nat.. F. 7, 4637, nᵒˢ 17 à 37.

de prétexte à la médisance, mais il n'en est pas moins vrai que la vertu de Claudine Dumas n'était pas au-dessus de tout soupçon.

Chabot fut un enfant très-précoce, un petit prodige. Amené au collège de Rodez, à l'âge de 11 ans, par son compatriote, l'abbé Laquerbe, qui y professait la rhétorique, il y fut, trois ans après, chargé de trois cours de mathématiques : cours d'algèbre; cours de géométrie ordinaire pour les élèves de la marine, du génie et de l'artillerie; et cours de mathématiques pour le commerce (1).

Pic de la Mirandole n'eût pas mieux fait. Chabot ajoute cependant : « Il s'en faut de beaucoup que j'eusse acquis par trois ans d'études mathématiques toutes les connaissances nécessaires pour professer avec distinction la science des Newton, des Euler et de Leibnitz, mais je savais dès lors passer trente-six heures de suite et sans aucune interruption à la solution d'un problème, et tout le monde sait qu'un travail opiniâtre, en ce genre, supplée le génie (2).

Entre temps, il avait été clerc de notaire à Saint-Geniez, chez son parrain « Me Rouquayrol, le chef de la chicane et le premier formaliste du pays » (3).

---

(1) Arch. Nat., F. 7, 4637, n°s 17 à 37.
(2) *Ibidem.*
(3) *Ibidem.*

Ses progrès en patrocine furent si rapides que, vingt ans plus tard, il pouvait en remontrer à M⁰ Castel, notaire à Paris, devant qui fut passé son contrat de mariage avec Léopoldine Frey.

Ses études terminées, il fut « jeté par la Providence dans une de ces écoles de l'erreur et de la vertu tout à la fois, lorsqu'il cherchait un tombeau » (1), c'est-à-dire qu'il entra chez les capucins, où il se fit remarquer par sa piété et sa ferveur aussi bien que par son intelligence.

Envoyé successivement à Toulouse, pour y faire son noviciat, à Carcassonne, et à Béziers où il étudia la théologie, il fut ordonné prêtre et prononça ses vœux.

Devenu le père Augustin, il alla d'abord à Rodez, en qualité de maître des novices, puis, rappelé à Toulouse, l'année suivante, il y exerça les mêmes fonctions et s'adonna ensuite à la prédication, non sans quelques succès dus à sa faconde intarissable et à ses nombreuses connaissances superficielles. Il paraît même que certains prêtres le priaient de leur composer des sermons, ce qu'il faisait très volontiers moyennant finance (2).

Mais, au frottement du monde, il avait bien vite perdu la ferveur et l'ascétisme du novice; le naturel reparaissait; aussi, après quelques sermons

---

(1) Arch. Nat., F. 7, 4637, nᵒˢ 17 à 37.
(2) *Ibidem.*

un peu inquiétants, le supérieur des capucins jugea convenable de le tenir à l'écart de la chaire et il le nomma gardien du couvent de Millau.

Là, au risque de mécontenter ses confrères, Chabot s'efforça de plaire aux habitants et il y réussit.

Petit, mais assez bien de sa personne, bon garçon, aimable, insinuant, ne manquant pas d'esprit, d'ailleurs moine peu farouche, aimant également les joyeux devis et la bonne chère, il était choyé et reçu partout.

Le gardiennat avait une durée assez courte et le père Augustin redevint bientôt simple religieux, cependant grâce aux démarches de quelques bienfaiteurs du couvent, lesquels ne pouvaient se passer de lui, il obtint la faveur de rester à Millau.

On verra plus loin de quelle façon vraiment monacale, il sut occuper ses nombreux loisirs, et quel art consommé il apporta dans ses fonctions de frère quêteur. Mais nous devons auparavant, rapporter un trait qui est tout à sa louange. L'occasion de dire quelque bien de Chabot est trop rare pour qu'on puisse la laisser échapper.

Parmi les maisons où il fréquentait volontiers, se trouvait celle du baron de Sambucy (1), l'un

---

(1) Auguste-Marc-Antoine de Sambucy, baron de Sorgue, fils d'Auguste-Jean-Baptiste, receveur des Tailles, et de Marguerite-Jacquette d'Izarn de Cornus, épousa, le 15 février 1786, Elisabeth-Adélaïde de Barbeyrac, fille d'Antoine de Barbeyrac, marquis de Saint-Maurice et d'Antoinette de Saint-Aurent.

des notables de la ville. La table y était bonne, et Chabot qui la trouvait fort à son goût, ne refusait jamais de s'y asseoir. De son côté, le baron, plein d'un égal respect pour le caractère du prêtre et pour l'habit de Saint-François servait très-souvent la messe du capucin : bref, une sorte d'intimité s'établit entre le gentilhomme attaché aux vieilles croyances et le futur sansculotte; aussi, en quittant Millau, le P. Augustin ne manqua pas de remercier celui qui l'avait si bien accueilli, et de l'assurer qu'il n'oublierait jamais la dette de reconnaissance qu'il avait contractée envers lui.

Ceci se passait vers 1785 et rien encore ne faisait prévoir les événements qui allaient bouleverser la France. Encore quelques années, la Révolution éclate, et voilà l'ancien gardien de la capucinière de Millau, devenu, suivant ses propres expressions, une demi-puissance.

Un jour, le baron de Sambucy est arrêté et envoyé à Paris. On sait ce que signifiait pareil voyage d'où l'on ne revenait jamais. En route, le baron se souvint de la promesse de Chabot et grâce à la complaisance d'un gardien, il put lui écrire pour la lui rappeler. A dire le vrai, c'était sans grand espoir qu'il tentait cette démarche, aussi, quelle ne fut pas sa surprise d'être remis en liberté dès son arrivée à Paris.

Après bien des aventures, le P. Augustin

retourna à Rodez où il reparut en chaire. Hélas !
il n'avait guère du moine que l'habit, et c'était
peu. Au lieu de prêcher l'Évangile et les vertus
des Saints, il glorifiait par avance la Révolution
telle qu'il la souhaitait et dont il aurait voulu
hâter l'avènement.

Ses harangues devaient éveiller l'attention de
l'autorité épiscopale. Chabot le comprit, et après
avoir eu plusieurs fois le triste plaisir de dépasser toute mesure, notamment le 30 novembre 1788,
dans un panégyrique de saint Jérôme, il « jugea
prudent de prévenir les décisions de l'évêque de
Rodez (1) en jetant au feu ses lettres d'approbation » (2).

« J'allais être interdit de la prédication pour deux
panégyriques... j'écrivis à l'évêque que s'il avait
quelque peine que je le supplée dans l'instruction
qu'il devait au peuple, j'espérais qu'il remplirait
lui-même ce devoir et que j'allais travailler à sa
propre instruction » (3).

Chabot n'en fut pas moins interdit, et lorsqu'il écrivait dans sa prison du Luxembourg les
lignes que nous venons de citer, il oubliait certaine lettre écrite le 4 septembre 1790 à Gré-

---

(1) Mgr de Seignelay-Colbert de Castle Hill, évêque de Rodez,
né en 1736, mort à Londres en 1813.

(2) Arch. Nat., F. 7, 4637, n°s 17 à 37.

(3) *Ibidem.*

goire, alors curé d'Embermenil, et dans laquelle il parle de l'interdit « dont l'honora Mgr Colbert, évêque de Rodez », et du « refus que tous les prêtres faisaient de le confesser et de l'admettre à la communion laïque » (1).

Aussitôt après il composa une brochure intitulée : *De l'origine et de la destination des biens soi-disant ecclésiastiques.* Il y développait un plan complet de gouvernement fondé sur la disparition de la monarchie, la destruction du fanatisme (lisez religion) et la réforme des finances.

Qui eût deviné que tant de sujets divers pouvaient se ranger sous un pareil titre? Mais, comme tous les gens qui parlent facilement, Chabot aimait les digressions au point de perdre de vue son sujet.

Si l'on en croit l'auteur, cette brochure que nous n'avons pu retrouver, fit quelque bruit et obtint l'approbation de Necker (avec quelques réserves cependant), en même temps qu'elle souleva les protestations les plus vives de la part de Sieyès.

A dater de ce moment, Chabot avait consommé son apostasie, et s'il conserva encore le froc, juste assez pour avoir droit à la pension accordée aux anciens religieux, lorsque les portes du cou-

---

(1) GAZIER : *Lettres à Grégoire*, p. 52.

vent s'ouvrirent devant lui, par ordre de l'Assemblée Nationale, ce fut à l'homme qu'elles livrèrent passage : le capucin était mort depuis longtemps.

Et si l'on demande comment le jeune novice remarqué pour sa ferveur en était arrivé là, nous répondrons, comme nous l'avons fait dans la préface de ce livre, en présence du conventionnel montant à l'échafaud : « Chabot aimait les femmes ».

Écoutez-le quand il nous dit : « Je n'ai appris chez les capucins que les saintes règles de l'égalité et aucun des vices qui dégradent la nature humaine; le cynisme de plusieurs de mes confrères, l'austérité de plusieurs autres, l'ignorance de tous m'ont plus instruit que les livres. Mais le rétablissement de ma santé a été celui de mes droits à la paternité, et j'en ai joui... » (1).

Certes, il serait malaisé de contredire Chabot sur ce dernier point, et c'est précisément pour avoir joui de « ces droits » que son séjour de dix ans dans le cloître est un scandale plus grand peut-être que son apostasie même.

Parmi les confrères de Chabot au couvent de Rodez, il en est un qui doit retenir notre attention pendant quelques instants. C'est Jean-François Dougados connu sous le nom de père Venance.

Il fut guillotiné à Paris, le 13 janvier 1794, et

---

(1) Arch. Nat., F. 7, 4637, n°° 17 à 37.

d'après MM. de Barrau (1), Servières (2) et de Vissac (3), ce serait pour satisfaire une vieille rancune que Chabot aurait dénoncé et fait con-damner à mort son ancien disciple.

Or, nous ne croyons pas que cela soit exact, et nous espérons démontrer, preuves en mains, qu'en cette circonstance Chabot a été injustement accusé.

Né à Carcassonne en 1763, Dougados, par son intelligence et la vivacité de son esprit, se fit remarquer d'un officier qui se chargea de son éducation ; plus tard il obtint de M⁢ᵍʳ de Puy-ségur l'autorisation d'entrer au séminaire, mais comme il avait un grand penchant pour la poésie, il espéra pouvoir plus aisément satisfaire ses goûts dans le cloître et il alla chez les capucins à Toulouse, où il fut placé sous la direction de Chabot alors maître des novices.

Il devait le retrouver à Rodez en 1785. Bientôt ses œuvres poétiques lui valurent certains succès. Lauréat des Jeux Floraux de Toulouse en 1788, il fut appelé à Montpellier par l'intendant de Boulain-villiers, et, grâce à la protection du cardinal de Bernis (4) comme il n'avait pas reçu les ordres sacrés, il obtint sa sécularisation.

---

(1) Barrau, p. 105.

(2) Abbé Servières : *Histoire de l'Église de Rouergue*, p. 156.

(3) Vissac : *Simon Camboulas*, p. 163.

(4) François-Joachim de Pierre de Bernis, né en 1715, mort en 1794, membre de l'Académie Française, Ministre des Affaires étrangères en 1756.

Devenu libre, il alla à l'étranger remplir auprès de la princesse Lubomirska les fonctions de secrétaire, puis il rentra en France, dès le commencement de la Révolution, dont il embrassa les principes avec la plus grande ardeur.

Successivement professeur à Sorèze, à Castres et à Perpignan, il s'engagea dans les volontaires de l'armée des Pyrénées et parvint rapidement au grade d'adjudant général. C'est en cette qualité qu'il fut envoyé à Paris pour y exposer le dénuement de l'armée ; il s'y trouvait encore le 31 mai 1793, et le jour de l'arrestation des Girondins. Il eut l'imprudence de favoriser l'évasion de Biroteau qu'il conduisit dans sa voiture jusqu'à Lyon. Dénoncé pour ce fait par la Société populaire de Béziers, il fut arrêté et emprisonné le 13 août à Perpignan, et de là transféré à Carcassonne. Au mois d'octobre, on l'envoya à Paris, mais l'état de sa santé ne lui permettant pas d'accomplir ce voyage à pied ni à cheval, il le fit en voiture, ce qui ne demanda pas moins de quarante jours. Jugé et condamné le 13 janvier 1794, il fut exécuté le même jour sur la place de la Révolution (1).

Le père Venance était poète, et, d'après les historiens dont nous combattons l'opinion, certains

----

(1) Arch. Nat., W., 309, 407.

vers composés aux dépens de Chabot auraient blessé si fort l'amour-propre du capucin, que ce dernier se serait vengé en envoyant à l'échafaud celui qui en était l'auteur.

Que le père Venance eût commis quelques vers désagréables à son ancien maître, cela ne paraît pas invraisemblable, mais rien ne prouve qu'il ait payé de sa tête ce qui n'était en somme qu'une bien légère imprudence.

Ces vers, personne ne les connaît. MM. de Barrau et Servières rapportent une manière de satire composée à Toulouse en mai 1793 suivant l'un, à Rodez en avril suivant l'autre qui a, je crois, raison; or, cette satire, dont voici le texte, ne peut être attribuée au père Venance :

Le front ceint d'un chapeau qu'ombrage un lourd panache,
En bottes, en habit, un grand sabre traînant,
Le citoyen Chabot s'offre à nous en bravache,
Le citoyen Chabot est un Représentant !
    Mais l'habit ne fait pas le moine,
    Ainsi qu'il le prouva jadis,
Et l'animal qui dort aux pieds de saint Antoine,
Ne saurait devenir oiseau du Paradis.
Si donc le gros Chabot n'était pas un infâme,
De rapine enrichi, lâche et vil assassin,
Malgré son bel habit et son sabre et sa femme (1)
    Ce ne serait qu'un capucin !

---

(1) Si l'on prenait ce vers à la lettre, il faudrait en conclure que l'épigramme est postérieure au mariage de Chabot, c'est-à-dire au 6 octobre 1793, et par conséquent, elle n'aurait pu être la cause de l'arrestation du 13 août. C'est, à la rigueur, possible, mais nous

Pour saisir l'à-propos de ces vers, il ne faut pas oublier que Chabot fut envoyé en mission dans l'Aveyron et dans le Tarn, et qu'arrivé à Rodez, vers la fin du mois de mars 1793, il s'y promena « l'épée au côté, la plume au chapeau » et sans doute aussi « l'escarcelle pleine », mais en tous cas, entouré de tout ce que la ville comptait de gourgandines.

Voilà pourquoi nous pensons que cette satire fut composée à Rodez, car Chabot se garda bien de paraître dans le même équipage à Toulouse, où il fut d'ailleurs très-mal reçu, n'ayant aucun mandat de s'y rendre.

Quoi qu'il en soit, en ce moment-là, le père Venance était à Perpignan, il est donc peu probable qu'il ait connu si vite les incidents qui avaient marqué l'arrivée de Chabot à Rodez, et l'eût-il fait qu'il n'aurait pas voulu indisposer celui de qui il devait solliciter, quelques jours plus tard, le 12 avril, une place de professeur (1).

De son côté, Chabot songeait si peu à se venger que, le 25 du même mois, il fit nommer à l'emploi de professeur de rhétorique au Collège de

---

croyons que « femme » est là pour la rime, et que l'auteur a voulu faire allusion aux nombreuses femmes qui accompagnaient Chabot lors de son passage à Rodez.

(1) Arch. du Tarn. Série L, 137.

Castres, le père Venance dont il résumait les titres ainsi qu'il suit : « connu par ses talents, civisme et principes républicains » (1).

M. de Vissac est plus près de la vérité lorsqu'il fait allusion à des vers qui dateraient de 1787, époque où le père Venance se trouvait encore à Rodez, tandis que Chabot étonnait le pays par ses débordements ; mais il s'en éloigne quand il écrit : « Le père Venance se trouvait dans la capitale durant la journée du 2 juin. Chabot, dont la mémoire était aussi tenace que sa rancune, le vit, le reconnut et le fit immédiatement arrêter comme ayant favorisé la fuite de plusieurs Girondins, notamment de Biroteau, et l'envoya à l'échafaud. Dougados n'avait pas encore trente ans. » (2)

Voilà qui est net et précis. Cependant, il est permis de se demander pourquoi Chabot n'aurait pas satisfait sa rancune déjà vieille de six ans, lorsque le père Venance lui demanda un emploi ? Dira-t-on qu'il était de ceux qui estiment que la vengeance est un mets qui doit être mangé froid ? En ce cas, on ne voit pas très-bien ce qu'il eût gagné à l'attendre un ou deux mois de plus.

Lui manquait-il un prétexte pour faire arrêter Dougados ? Mauvaise raison. Chabot n'était pas homme à s'embarrasser d'un si futile détail.

---

(1) Arch. du Tarn. Série L, 137.
(2) Vissac, p. 163.

Le récit de M. de Vissac pèche d'ailleurs par défaut d'exactitude. Le père Venance fut arrêté non pas immédiatement après le 2 juin, mais deux mois plus tard, et, né le 12 août 1763, il avait trente ans passés le 13 janvier 1794, jour où il fut exécuté.

Il semble que voilà bien des raisons de révoquer en doute une légende trop facilement acceptée. Et ce n'est pas tout. Si l'on prend la peine de consulter, aux Archives Nationales, le dossier de Dougados, on y voit tous les détails et tous les motifs de son arrestation.

C'est pour avoir favorisé la fuite de Biroteau (1), en lui délivrant un faux passe-port et en le conduisant à Lyon dans sa voiture, c'est pour s'être montré avec lui en public dans cette ville et s'être vanté de la part qu'il avait prise à son évasion que la Société populaire de Béziers le dénonça à deux reprises.

Le nom de Chabot figure dans les débats mais toujours à l'encontre de la légende que nous nous efforçons à détruire.

Dans un procès-verbal de saisie (2) sont mentionnées de nombreuses lettres du père Augustin

---

(1) Jean-Bernard-Blaise-Hilarion Biroteau, né à Perpignan le 21 octobre 1758, exécuté à Bordeaux le 24 octobre 1793, siégea à la Convention parmi les Girondins. Il vota la mort du Roi avec sursis jusqu'après la paix.

(2) Arch. Nat., W., 309, 407.

au père Venance : les plus anciennes datent de
1788 et toutes témoignent des excellentes relations qui existaient entre eux. On y voit une lettre
adressée par Dougados à Fauchet (1) et dans
laquelle il essaie de le réconcilier avec Chabot
afin que « le bien public ne souffre pas de leur
mésintelligence » (2).

Dans son interrogatoire, le père Venance reconnaît qu'il a correspondu très-souvent avec Chabot,
enfin c'est vainement que nous avons recherché les
dernières paroles du condamné qui, d'après M. de
Vissac, aurait assigné à son ancien maître un
prochain rendez-vous sous le couperet de la guillotine.

Que déduire de tous ces documents, si ce n'est
l'invraisemblance de l'accusation portée contre
Chabot et le défaut de preuves qui la puissent
établir?

Tout compte fait, une seule chose reste probable : c'est que le père Venance n'avait sans doute
pas résisté au plaisir de satiriser Chabot, et il
faut avouer que celui-ci lui en fournit bien souvent l'occasion.

Longtemps avant de monter dans la chaire de

---

(1) Claude Fauchet, né le 22 septembre 1744, exécuté le
31 octobre 1793, député à la Législative et à la Convention, vota
pour l'appel au Peuple et la détention. On a prétendu qu'il était
du dernier bien avec Mme de Staël.

(2) Chabot avait accusé Fauchet d'être un scélérat.

la métropole de Toulouse pour annoncer aux femmes qu'elles pouvaient « s'abandonner à tous leurs désirs et à tous leurs caprices et qu'elles auraient bientôt un Tribunal de Justice où elles prononceraient sur le sort des maris » (1) ; longtemps avant de s'écrier, à Rodez : « Filles et femmes, croissez et multipliez-vous, vous n'avez besoin pour cela ni de prêtres ni de ministres » (2), il avait prêché à l'occasion la morale qu'il devait enseigner plus tard.

Dans un des longs mémoires qu'il a écrits pour sa défense, il s'adresse à son collègue Vaissière de Saint-Martin-Valogne (3) et lui dit : « Et toi, tu diras peut-être que j'ai sauvé les mœurs et la vie de ton frère en lui prêchant une morale opposée à celle du cloître, une morale conforme à la nature, dont il avait étouffé tous les sentiments » (4).

Mais il avait fait mieux et, persuadé que l'exemple est la meilleure des leçons, il avait joint la pratique au précepte.

Nous ne saurions raconter par le menu toutes les aventures du galant capucin, en voici cependant quelques-unes qui feront connaître sa vie

---

(1) Arch. du Tarn. Série L, 137.

(2) Vissac, p. 96.

(3) Vaissière de Saint-Martin-Valogne, receveur général à Blois, membre de la Convention, mort en 1834.

(4) Arch. Nat., F. 7, 4637, nᵒˢ 17 à 37.

privée et montreront comment le jeune ascète devenu moine débauché, s'acheminait à grands pas vers l'apostasie.

Dans les premiers temps de son arrivée en Rouergue, il alla prêcher à Villefranche-d'Aveyron, et ses succès de tous genres y furent tels que les maris commençaient à en prendre quelque ombrage.

Pour ne pas les offusquer et peut-être aussi par prudence, il s'adressa à la veuve d'un praticien qui rachetait son âge déjà mûr (elle avait quarante-cinq ans) par une honnête fortune. Il la cajola de son mieux, lui rendit largement tous les soins auxquels elle pouvait prétendre et reçut en retour quelque argent dont il se servit pour adoucir son vœu de pauvreté.

En même temps, il ne négligea pas de se mettre dans les bonnes grâces de la soubrette qui était d'un âge plus appétissant que celui de sa maîtresse, et il y réussit à ce point, que peu de mois après, tandis qu'il se trouvait à Millau, la veuve du praticien ayant rendu son âme à Dieu, Fanchon Dubut (c'était le nom de la soubrette), alla rejoindre Chabot et lui remit une montre d'or avec quelques louis, dernier témoignage d'affection de la défunte. C'était en 1780. Fanchon avait vingt-quatre ans, Chabot l'installa non loin du couvent, et la chronique raconte qu'il allait volontiers chez elle se délasser de ses nombreux travaux.

Tout allait pour le mieux, mais hélas! il n'y a pas de roses sans épines et bientôt un scandale devint imminent.

Jaloux de sa réputation et craignant par-dessus toutes choses le dommage qu'il n'aurait pas manqué d'éprouver, si la vérité eût était connue, Chabot songea à faire supporter par autrui le fardeau dont il allait avoir la charge.

Parmi ses pénitents, se trouvait un voiturier, propriétaire d'une maison à Millau et qui jouissait d'une certaine aisance. A force d'adresse et avec un peu d'argent, il lui persuada d'épouser Fanchon. Pour faciliter les choses, il consentit à bénir le mariage et paya les frais de noces, ainsi que le repas auquel il fit tant d'honneur qu'il s'y grisa outrageusement. En quoi il eut tort, car cela faillit tout gâter. Sous l'influence du vin, le moine, oubliant qu'il venait de se donner un successeur, se montra indiscret... le mari s'en aperçut et c'est grâce à la prudence des convives et à l'habileté de Fanchon qu'un esclandre fut évité. On reconduisit Chabot au couvent où il goûta les charmes d'un sommeil réparateur.

Les choses s'arrangèrent assez bien, et Chabot continua ses visites chez Fanchon. Cependant son gardiennat ayant pris fin, il n'était plus qu'un simple religieux. Frère quêteur, il allait implorer l'aumône de château en château, faisant joyeuse chère, tandis que grâce à l'argent qu'il ramassait,

il obtenait de-ci de-là les faveurs de quelques
femmes de chambre qui n'avaient pu se faire
regarder du dernier valet de la maison.

Parfois aussi, il essuyait des échecs que sa
grande modestie et le juste sentiment qu'il avait
de ses mérites lui faisaient attribuer au costume
dont il était revêtu !

Cependant au cours de ces pérégrinations, il eut
la chance d'être reçu par une vieille comtesse,
veuve depuis déjà longtemps, riche, et qui vivait
avec une nièce de quinze ans et un neveu plus
jeune encore. Elle habitait à quatre lieues de
Millau.

Le logis était confortable, Chabot y trouva toujours « bon souper, bon gîte... » et peut-être
espérait-il y trouver aussi « le reste », tant y a
qu'il se garda bien de laisser échapper pareille
aubaine.

Il devint d'abord le confesseur de la comtesse,
qu'il charma par son onction, et de qui il obtint,
pour le couvent bien entendu, des sommes considérables dont une bien petite partie parvint à
destination, puis afin de demeurer au château, il
s'offrit à montrer le latin au neveu de la comtesse. Celle-ci accepta avec joie la proposition du
révérend. On ne dit pas si les progrès du jeune
élève furent rapides, mais on sait que sa sœur
assistait aussi aux leçons, et il n'est que trop
facile de deviner la suite...

Cette fois, il ne pouvait être question de trouver un second voiturier complaisant : avant tout, la comtesse ne devait se douter de rien. Mais aux grands maux, les grands remèdes, dit le proverbe. La complicité d'un soi-disant chirurgien dont nous tairons le nom et qui mourut à Paris, rue Saint-Dominique, en 1792, permit à Chabot d'éviter un scandale. Hélas ! peu après, la jeune-fille mourait victime de sa faute. Chabot. poussa le cynisme jusqu'à la confesser et l'assister à ses derniers moments, et il soutira encore de la comtesse une somme assez ronde, qu'il devait employer à faire dire des messes pour le repos de l'âme de sa victime.

Cependant, il avait soif de nouvelles aventures, et n'ayant plus rien à faire dans cette maison, où il avait porté la mort et le déshonneur, il voulut tenter la fortune et s'associa avec le mari de Fanchon : grâce au pécule amassé dans ses quêtes, il devint colporteur et contrebandier.

Le voiturier se chargeait de vendre mouchoirs et mousselines, en même temps que de faire la contrebande. Le moine l'accompagnait dans ses tournées, et tout en recommandant à ses pénitentes la simplicité dans le costume, il les adressait adroitement à son associé qui leur débitait ses colifichets. Puis, on partageait les bénéfices.

C'est ainsi que nos deux compères se rendirent à Toulouse où Chabot prêcha le carême dans l'Église des Pénitents gris, que l'on voit encore rue du Musée. Comme à Villefranche, il obtint des succès. Reçu et fêté par les personnes considérables du quartier, il gagna si bien la confiance de la femme d'un conseiller au Parlement, que celle-ci, obligée d'aller à Paris en 1782, voulut absolument s'y faire accompagner par Chabot.

C'était la première fois que Chabot voyait Paris. Il s'y lia avec Danton (1), alors petit avocat besogneux, avec le gouverneur de la Bastille, le marquis de Launay (2), et surtout avec la femme de celui-ci, laquelle donnait dans le Martinisme.

On appelait ainsi un système d'illuminisme fondé par Martinez (3), et d'après lequel l'initié devenait une sorte de dieu sous une forme humaine.

Ce système plut fort à la femme du conseiller au Parlement, laquelle s'imagina voir son bon ange dans Chabot; et celui-ci loin de la détromper, ne manqua pas de mettre à profit le nouveau crédit que lui donnait cette illusion.

Pendant ce temps, la société de contrebande avait réalisé de gros bénéfices, dont le capucin toucha sa part, lorsqu'il revint à Toulouse; et

---

(1) Georges-Jacques Danton, né le 26 octobre 1759, exécuté le 5 avril 1794.

(2) Bernard-René Jourdan, marquis de Launay, né en 1740, massacré le 14 juillet lors de la prise de la Bastille.

(3) Martinez Pasqualis, né vers 1710, mort en 1779.

tandis que le mari de Fanchon employait ses épargnes à l'acquisition d'une métairie aux environs de Millau, Chabot se rendit à Montpellier, la poche pleine, et tout disposé à y goûter d'honnêtes distractions.

Il fut servi à souhait. Peu après son arrivée, les étudiants donnèrent un bal masqué. C'était là évidemment la place du capucin qui s'empressa de s'y rendre, après avoir quitté l'habit de Saint-François et s'être déguisé en Pantalon. Un peu emprunté tout d'abord dans ce milieu nouveau pour lui, il attira l'attention d'une femme galante du nom de Foredville, qui réussit sans peine à se l'attacher et à l'alléger en six jours de quatre mille livres !

Cette liaison fut de courte durée; Chabot envoya bientôt la Foredville à tous les diables, furieux de constater qu'il avait justement perdu la santé dans cette ville où l'on se rendait d'habitude pour la recouvrer.

« Mal en point et gâté » le voilà contraint de se mettre en pension chez un médecin à qui il promit tout l'or du monde en échange de sa guérison.

Il y passa six semaines, pendant lesquelles il eut le loisir de constater combien il est fâcheux de passer du temple de Cythère dans les ateliers d'Esculape; puis, jugeant ses avaries à peu près réparées, il songeait à partir, quand son hôte l'engagea à prolonger encore son séjour afin de bien assurer sa convalescence.

Chabot s'y résigna d'abord sans grand enthousiasme, mais quelques jours plus tard, il vit arriver une charmante jeune fille de dix-neuf ans qui sortait de pension.

C'était Rosette, la fille du médecin. Dès lors, Chabot ne songea plus qu'à rester le plus longtemps possible, et pour différer son départ, il prétexta qu'il ne se sentait pas complètement remis. Est-il besoin de dire le motif à quoi il obéissait ?

Ajoutons d'ailleurs que tout était profit pour lui : chargé par son hôte de tenir les comptes, quelques erreurs adroitement dissimulées suffisaient à le libérer du prix de sa pension.

S'attacher Rosette ne fut pas difficile. Profitant de la naïveté de la jeune fille et des sentiments qu'on lui avait inspirés au couvent, il commença par l'entretenir de l'amour de Dieu, puis il passa peu à peu à l'amour des hommes, et enfin venant tout à coup à celui qu'il avait pour elle, il le lui dépeignit sous de telles couleurs qu'elle ne put lui résister. Et le drôle compta une victime de plus !

Mais sur ces entrefaites, les parents de Rosette désireux de la marier lui présentèrent un jeune officier, appelé Belleval et qui joignait à un extérieur agréable toutes les qualités qu'on était en droit d'exiger. Quelle ne fut pas leur surprise en voyant Rosette peu empressée à l'accepter. Belleval qui avait observé Chabot n'eut pas de peine à deviner la vérité. Grand scandale dans la famille! Le père gronde, la mère pleure, mais la fille ment si bien que tout s'apaise, et lorsque Rosette déclare qu'elle est toute disposée à épouser Belleval, celui-ci regrette amèrement d'avoir été jaloux de Chabot.

Cependant le capucin ne renonçait pas à sa conquête, et feignant de partir, il revint quelques jours après pour enlever Rosette.

Voilà nos amoureux envolés. Par malheur, ils commirent l'imprudence de s'arrêter non loin de Montpellier, dans une hôtellerie où Belleval parvint à les rejoindre, et là, le guerrier caressa si bien les épaules du capucin, que sans l'intervention de Rosette, c'en était fait de Chabot.

Pour comble d'infortune, le cocher, qui avait amené les amoureux profita de la bagarre pour dévaliser Chabot qui dut rester en otage et attendre pendant cinq jours l'arrivée de quelque argent afin de pouvoir payer son hôtelier.

Le bruit de cette aventure s'étant répandu, on venait de Montpellier pour voir le captif et le dauber.

On fit même courir un pasquin des plus drôles et dans lequel nous trouvons les vers suivants tout à fait dignes du père Venance :

Une gentille fillette
Qui n'avait que dix neuf ans,
Fit un jour la descampette
Avec Chabot son amant.
Eh hu, eh hai, ouin, ouin.
Fille qui vous sauvez comm' ça
Bientôt vous ferez un faux pas,
Et puis par ci, et puis par là,
On va tous deux cahin, cahin !

A peine sont-ils en route
Que le barbu plein d'ardeur,
Vous met la belle en déroute,
Et lui dévoile son cœur.
Eh hu ! eh hai, ouin, ouin.
Rosette qui croit tout cela,
Par à-compte vous l'embrassa.
Et puis par ci, et puis par là
Le fichu va cahin, cahin.

Chabot relevait Rosette,
Lorsque Bell'val arrivant,
Nos deux amants vous arrête
Et les conduit en chantant :
Eh hu, eh hai, ouin, ouin.
Fille qui goûtez de c' fruit-là
Bientôt le cœur vous en dira,
Un mal par ci, un mal par là

. . . .

. . . .

On guettait le retour de Chabot à Montpellier,
mais le drôle flairant quelque danger se garda
d'y aller, en quoi il agit avec prudence, car les
étudiants ne se proposaient rien de moins que de
lui infliger une sérieuse bastonnade.

Penaud et déconfit, il rentra à Millau par un chemin de traverse. Le récit de ses aventures l'y avait précédé, mais n'y rencontra aucune créance. A l'exception de Fanchon qui savait ce que valait l'aune de la vertu du capucin, tout le monde le taxa de calomnie, et les nombreux amis de Tartufe redisaient avec Orgon :

Offenser de la sorte une sainte personne !

La suite leur montra combien grande était leur erreur. Les passions de Chabot ne s'accoisèrent pas, et nous verrons que la vie galante du moine n'était que la préface de la vie galante de l'homme politique dont nous allons retracer la carrière.

CHAPITRE II

DU CLOITRE A L'ASSEMBLÉE LÉGISLATIVE

Chabot fonde à Rodez la Société des Amis de la Constitution. — Il
se retire à Saint-Geniez-d'Olt. — Constitution civile du clergé :
il prête le serment. — Mgr de Colbert de Castle Hill, évêque de
Rodez. — Questions de Grégoire sur la langue française : réponses
de Chabot. — Il est nommé vicaire général à Blois. — Sa conduite dans cette ville. — Mutinerie du régiment de Rouergue.
— Élections de la Législative. — Chabot est nommé député de
Loir-et-Cher. — Détails sur sa vie privée. — Origine des mots
muscadin et *sans-culotte*.

L'Assemblée Nationale ayant supprimé les ordres
religieux, le père Augustin était devenu l'abbé
Chabot, mais, frappé d'interdit et retranché de la
communion des fidèles (1), il vivait, pour ainsi
dire, en marge de l'Église. Il fut néanmoins admis
le 13 août 1790, à tenir sur les fonts baptismaux
sa nièce Concorde Caussat, ce qu'il faut expliquer,

---

(1) Gazier : *Lettres à Grégoire*, p. 51 et 53.

sans doute, par l'ignorance ou la faiblesse du curé de Saint-Geniez, l'abbé Rouquayrol, qui d'ailleurs ne tarda guère à tomber dans le schisme.

Un des premiers actes du ci-devant père Augustin fut de fonder à Rodez la Société des Amis de la Constitution.

Il parvint à obtenir les adhésions de certains notables de la ville, lesquels s'assemblèrent le 3 mai 1790 dans la maison du Dr Richard, pour y former une association dont le but était « de répandre les principes de l'Assemblée nationale » (1).

Cette Société ne pouvait réussir qu'à la condition de renfermer, en grand nombre, des éléments modérés. Chabot le comprit, et voilà pourquoi, parmi les fondateurs, nous voyons figurer MM. Carrère, Vesin, le Chevalier de Rudelle et quelques autres citoyens dont la situation et le caractère rassuraient l'opinion publique.

Si nous voulions étudier le rôle que joua la Société des Amis de la Constitution, nous verrions comment les modérés y furent peu à peu remplacés par les pires révolutionnaires, et cela ne surprendrait personne; mais ce serait s'écarter de notre sujet : il suffira donc de dire que Chabot contri-

---

(1) Procès-verbaux de cette Société aux archives de la Société des lettres de l'Aveyron.

bua pour une grande part à l'élaboration du règlement de la Société, et qu'après avoir rempli les fonctions de secrétaire pendant trois mois, et assisté à toutes les séances, lesquelles ne furent d'ailleurs marquées par aucun incident qui mérite d'être rapporté, il quitta Rodez pour aller s'établir à Saint-Geniez-d'Olt, où sa mère et sa sœur l'appelaient (1).

« Là, nous dit-il, je trouvai peu d'amis sincères de la Constitution. Cependant nous eûmes le courage de braver l'opinion générale des citoyens aveuglément soumis à toutes les idées de leur ancien maire, idolâtre du pouvoir exécutif et de tous ses agents, et contempteur de la nation, le véritable souverain » (2).

La Municipalité refusant de lire au peuple les nouvelles du jour, et le peuple ayant, paraît-il grand désir de les connaître, Chabot faisait tous les dimanches une « instruction morale en patois » et il expliquait à ses concitoyens, ceux « des sages décrets de l'Assemblée Nationale qu'il leur importait le plus de connaître pour s'attacher à la Révolution » (3).

---

(1) En vertu du règlement, les secrétaires devaient être renouvelés tous les trois mois. Chabot fut remplacé le 30 juillet, et depuis lors nous n'avons pas trouvé son nom dans les **procès-verbaux**.

(2) GAZIER : *Lettres à Grégoire*, p. 52.

(3) *Ibidem.*

Il rencontrait cependant beaucoup d'obstacles dans l'accomplissement de cette tâche. Plusieurs de ses concitoyens ne craignaient pas de lui reprocher son apostasie, comme s'il n'eût pas été couvert par le décret de l'Assemblée, qui supprimait ces ordres religieux « dont la vie peu conforme à leur règle, n'avait que trop longtemps scandalisé l'Église! » (1).

Assurément, Chabot en savait long sur ce point, lui qui pouvait revendiquer une large part dans ces scandales.

Le 26 décembre 1790, le roi sanctionna la constitution civile du clergé, décrétée le 12 juillet, et sans plus tarder, Chabot se présenta à la mairie de Saint-Geniez, où il écrivit la déclaration suivante : « Je, soussigné, François Chabot, ex-capucin, en conformité du décret du 27 novembre 1790, qui n'est qu'une explication et extension de celui des 12 et 14 juillet 1790 concernant la constitution du clergé, déclare que je suis prêt à prêter le serment prescrit aux ecclésiastiques et que je regarde cette constitution civile du clergé comme la réforme la plus régulière et la plus conforme à l'esprit des premiers siècles de l'Église. Je désire prêter le serment et le maintenir, le plus tôt qu'il sera possible.

---

(1) GAZIER : *Lettres à Grégoire*, p. 52.

» En foi de ce au greffe de la municipalité de Saint-Geniez, le 21 janvier 1791, l'an Il de la Liberté.

» François Chabot (1). »

L'éloge que Chabot vient de faire de la constitution civile du clergé était-il sincère? On serait tenté de le croire, mais voici une réflexion assez inattendue, et qui permet d'en douter : « la constitution civile du clergé m'affligea un peu, parce que j'y voyais un chancre anti-démocratique difficile à extirper » (2).

Tant y a que le 6 février 1791, il tint la promesse du 21 janvier : en présence du maire Costy, entouré de ses officiers municipaux, il prêta le serment exigé par la loi, en même temps que le curé Rouquayrol, ses trois vicaires et quelques autres prêtres (3).

Ce déplorable exemple ne fut hélas! que trop suivi, encore que le clergé du Rouergue ait en grande majorité repoussé le schisme, mais faute de direction, plusieurs ecclésiastiques péchèrent sans doute par ignorance.

Il semble qu'il faille les excuser dans une certaine mesure, si l'on songe que peu s'en fallut que l'évêque de Rodez, Mgr de Colbert de Castle Hill, ne se mît à la tête des schismatiques.

---

(1) Arch. municip. de Saint-Geniez.
(2) Arch. nat., F. 7, 4637, n°s 17 à 37
(3) Arch. municip. de Saint-Geniez.

Député de l'ordre du clergé aux états généraux, ce prélat, d'ailleurs très recommandable, mais d'une science théologique insuffisante, se trouvait à Paris, et déjà il avait préparé un mandement pour justifier sa conduite et engager son clergé à prêter le serment, lorsque le vénérable abbé Malrieu (1), son collègue, prêtre ferme et instruit, se présenta à son hôtel, au milieu de la nuit, et quelques heures avant qu'il ne se mît en route pour regagner son diocèse.

« Y pensez-vous, Monseigneur, lui dit-il, et voulez-vous qu'il soit dit qu'un Colbert a perdu l'Église de Rouergue ? Levez-vous à l'instant et partez pour l'Angleterre. »

L'évêque qui était couché ne répondit rien, mais le lendemain, après avoir déchiré son mandement il montait dans sa chaise de poste et prenait le chemin de l'exil (2).

Quatre évêques, sur cent trente-cinq, prêtèrent le serment.

Thiers, dans son *Histoire de la Révolution* constate avec peine que le plus grand nombre des ecclésiastiques résista « avec une feinte modération et un attachement apparent aux principes », mais

---

(1) Jean-Pierre Malrieu, député du clergé aux États généraux, né le 19 novembre 1740, mort à Rodez le 28 octobre 1829.

(2) Récit fait à l'abbé Servières par le Dr Marion qui le tenait d'original.

il ajoute que « l'Assemblée n'en persista pas moins dans la nomination des nouveaux évèques et curés, et fut parfaitement secondée par les administrations ».

En ce qui concerne celles-ci, on doit remarquer qu'il y eut d'honorables exceptions et que l'exemple de la résistance partit souvent d'en bas, c'est-à-dire des laïques.

Il nous sera sans doute permis de reproduire ici les observations que le président de l'administration départementale de l'Aveyron adressa à ses collègues, en cette circonstance :

« Dispensé par ma place d'assister aux délibérations du Directoire, j'aurais pu prolonger mon séjour loin de vous, Messieurs, et éviter ainsi de concourir personnellement à l'exécution des nouveaux décrets, mais je dois à la foi que je professe un autre hommage qu'une absence équivoque ou un timide silence... L'Assemblée Nationale a décrété des changements dans la discipline ecclésiastique et la constitution du Clergé, mais le Chef de l'Église garde le silence, mais les premiers pasteurs rejettent unanimement ces innovations, mais les pasteurs secondaires, unis à leurs évèques, annoncent partout la plus invincible résistance... et moi, à qui il est commandé de croire et non de décider... j'irais prévenir la décision du chef de l'Église, déshonorer ma religion en plaçant ces prêtres entre la conscience et

l'intérêt, le parjure et l'avilissement, je leur dirais :
Jure ou renonce à tes fonctions, à ta subsistance !
comme en d'autres temps, on disait à des hommes :
Crois ou meurs ! Non, non, Messieurs, l'humanité
autant que la religion se révolte à cette pensée.

» Ce n'est pas là, sans doute, le prix que mes concitoyens mettaient à la confiance dont ils m'ont honoré : ils me reprocheraient un jour de l'avoir usur-
pée et je renonce aux témoignages flatteurs qu'ils
m'ont donnés si je ne puis en jouir sans trahir
ma conscience et leurs plus grands intérêts (1). »

Et après avoir écrit ces lignes, qui, hélas ! n'ont
rien perdu de leur actualité, lui aussi prenait le
chemin de l'exil.

Chabot serait sans doute resté à Saint-Geniez, et
son nom n'évoquerait, à cette heure, que le souvenir d'un moine débauché et d'un tribun de
village, si une circonstance imprévue ne l'avait
attiré loin du sol natal et jeté brusquement dans
l'arène politique.

Au début de la Révolution, la langue française
était loin d'être entendue dans toute la France.
Six millions de citoyens étaient incapables de la
parler convenablement et l'on ne comptait pas
moins de trente patois ou idiomes locaux, parfois
très différents les uns des autres.

----

(1) Démission du vicomte de Bonald, président de l'administration départementale de l'Aveyron.

De là une insurmontable difficulté pour répandre les décrets de l'Assemblée. Une Commission avait été nommée pour les traduire en langues allemande, italienne, catalane, basque et bas bretonne; mais quelle dépense, quelle complication! Et combien d'idiomes étaient laissés de côté. Sur l'avis de Grégoire (1), la Convention décida de prendre des mesures efficaces pour détruire le fédéralisme des patois, et répandre la langue française.

Auparavant, Grégoire avait voulu se renseigner et il avait adressé à chaque département une série de questions, au nombre de quarante-trois, relatives à l'état de la langue française, aux divers patois des provinces, à la façon de les supprimer en même temps qu'aux avantages et aux inconvéde cette mesure.

Chabot se chargea de répondre pour le département de l'Aveyron, et il adressa à Grégoire deux longues lettres, en date l'une du 4 et l'autre du 8 septembre 1790.

On y trouve d'intéressants détails sur l'état du Rouergue à cette époque, détails souvent noyés dans des hors-d'œuvre ou dans des diatribes violentes contre la religion.

---

(1) Baptiste-Henri Grégoire, né le 4 décembre 1750, mort le 26 mai 1831, fut évêque de Loir-et-Cher, député aux États généraux et à la Convention, il était absent lors du procès du roi.

D'après Chabot, en Rouergue, sur quarante personnes, six entendaient le français, trois étaient capables de le lire, et deux, tout au plus, de le parler.

A l'exception, dit-il, « de quelques soldats retirés qui écorchent quelque peu la langue nationale, de quelques praticiens qui la parlent et qui l'écrivent presque aussi mal que les anciens militaires, de quelques ecclésiastiques qui prononcent toutes les lettres, et d'un petit nombre de ci-devant nobles ou négociants qui ne sont presque pas sortis de leur foyer, tout le reste parle le même langage » (1).

Il suffit de lire les nombreuses élucubrations de Chabot, et, en particulier, ses lettres à Grégoire, pour se convaincre qu'il ne faisait nullement exception à la loi commune, en ce qui concerne la correction du langage : on en aura la preuve par les extraits que nous en reproduisons textuellement. En sa qualité d'ecclésiastique, il ne manquait pas de prononcer toutes les lettres, et M. Gazier fait remarquer, avec raison, que d'une longue dissertation philologique, il appert que Chabot prononçait « deusse » au lieu de « deux ».

De même, il écrivait sans hésiter que le patois

---

(1) GAZIER : *Lettres à Grégoire.*

est plutôt une langue pauvre qu'une langue
« luxurieuse » (1).

Quel dommage que l'on ne puisse pas en dire
autant du père Augustin !

Le patois serait d'après lui, une langue déri-
vée du latin et du grec, et, en fait de mots cel-
tiques, il n'aurait que ceux qui ont également
passé dans la langue française. Malgré l'occupation anglaise, il n'aurait subi, de ce chef, aucune
influence et ce serait plutôt l'anglais qui lui
aurait emprunté certains mots tels que *plurious*
qui viendrait de *plujous*.

C'est avec raison qu'il fait observer que pour
exprimer « les objets intellectuels » le patois a
recours au français, tandis qu'il abonde en mots
bas et grossiers dont se servent les paysans pour
traduire « leurs sentiments naturels ».

Et à ce propos, il ne manque pas de faire le
procès du clergé, qui « vit loin de ses paroissiens et méprise le bon paysan qu'il devrait se
glorifier d'avoir pour père ».

Il nous apprend encore que les prônes se font
partout en patois, excepté à Rodez, à Villefranche
et à Millau. Nous devons reconnaître qu'il ne
pouvait guère en être autrement, le premier

---

(1) *Ibidem*. Nous croyons devoir faire observer que dans toutes
les citations que nous ferons des écrits de Chabot, nous reprodui-
rons sans y rien changer et le style et l'orthographe.

devoir d'un pasteur étant de se faire entendre de ses paroissiens.

De même, la plupart des anciens actes sont rédigés en patois, toujours pour le même motif, à quoi, disons-le en passant, il faut attribuer la présence de certaines phrases patoises, même dans les actes écrits en latin. On remarquera, en effet, que ces phrases contiennent toujours quelque chose d'important, car les parties contractantes qui n'entendaient pas le latin et qui voulaient cependant savoir quelles obligations elles contractaient, exigeaient que celles-ci fussent exprimées en langue vulgaire, tandis qu'elles admettaient le latin pour toute la phraséologie de style, ou si l'on veut pour tout le verbiage qui, de tous temps, a fait la fortune des gens d'affaires, et dont elles n'avaient cure.

Il y avait peu d'écoles, et les curés ne les « surveillaient que pour l'article catéchisme et des mœurs, bien aises d'ailleurs que les maîtres et maîtresses d'écoles leur épargnent la peine de remplir eux-mêmes cette fonction honorable de leur ministère. En général ils aiment le repos et la bonne chère. »

Quel chemin nous avons parcouru depuis lors! Et quel est le Chabot moderne qui consentirait aujourd'hui à voir un curé surveiller une école? Parfois cependant, on rencontre dans ces lettres des considérations justes; et lorsque Chabot énumère les avantages de l'unité du langage, on ne saurait le contredire; mais aussitôt après on le voit s'égarer, et rêver, sous prétexte d'unité, un rapprochement entre toutes les religions. « Il faut espérer, dit-il, que l'Assemblée Nationale, dont l'attachement pour la religion catholique ne saurait être équivoque, ne négligera rien pour en multiplier les prosélytes. »

Ces lignes, qu'on a quelque peine à concilier avec celles où il maudit le mal que peut faire « l'esprit de prosélytisme religieux », ne doivent pas nous induire en erreur sur les véritables sentiments de Chabot. La religion catholique dont il parle, n'est point celle que nous professons, c'est une sorte de réunion de tous les cultes dissidents auxquels l'Église de Rome se réunirait, plutôt que ceux-ci ne se réuniraient à elle, réunion qui s'accomplirait sûrement si l'on se décidait à prier l'Être Suprême en langue française !

Comme si la Réforme, en particulier, n'avait eu pour but que l'adoption de la langue française !

Enfin, et ceci justifie une fois de plus le vieil adage : *nil novi sub sole*, Chabot signale les nombreuses différences qui existent, en français, entre la prononciation et l'orthographe; et le voilà qui propose de réformer celle-ci.

Grégoire, qui avait proposé ces questions le 13 août, fut touché de recevoir de Chabot des réponses aussi promptes et aussi complètes, mais ce qui le toucha davantage, ce furent les termes flatteurs qui en accompagnaient l'envoi.

En les adressant à « l'immortel Grégoire digne curé d'Emberménil », Chabot s'exprime ainsi :

« Voilà, digne et généreux ami de l'humanité, parfaite image de celui dont vous portez le nom, voilà ce que j'ai cru devoir répondre à vos quarante-trois questions... Mon temps est tout consacré à la patrie et absorbé par la défense que j'ai entreprise de tous les opprimés, ou par l'instruction de la classe la plus ignorante du peuple. Ces motifs pourront me mériter quelque indulgence auprès du plus zélé défenseur des droits de l'homme et du plus intrépide constitutionnaire.. »

« L'immortel Grégoire, ce vrai successeur des Apôtres, dont les vertus civiles et religieuses devraient faire rougir les pasteurs anti-révolutionnaires de leur égoïsme », Grégoire, « cet ami de l'humanité, ce zélé défenseur des droits imprescriptibles de tous les hommes » ne put s'empêcher de concevoir quelque affection pour un homme qui le tenait en si haute estime, aussi quelques mois plus tard, élu évêque de Loir-et-Cher, il crut acquitter une dette de reconnaissance, et s'assurer en même temps un précieux auxiliaire, en confiant à Chabot les fonctions de vicaire-général.

C'est ainsi que Chabot fut appelé loin du Rouergue. Quoi qu'on en ait dit, ce furent ses

lettres à Grégoire et non pas sa conduite scandaleuse qui le mirent en évidence. Et comme
l'écrit M. Gazier, professeur à l'Université de
Paris, et héritier des papiers de Grégoire, celui-
ci fut « impressionné vivement par ces pages,
voulut en connaître l'auteur, et ne tarda pas à
se laisser prendre par ses discours emmiellés
comme par ses protestations hypocrites » (1).

« Cet affreux scélérat s'était si bien donné l'air
d'un martyr, il avait parlé d'une manière si tou-
chante de sa pauvre vieille mère et de sa sœur,
que le nouvel évêque de Blois, trompé d'ailleurs
par des certificats mensongers, n'hésita pas à le
tirer de la misère et à le nommer vicaire épiscopal. Il vit bientôt quel homme était ce prétendu martyr (2). »

A peine arrivé à Blois, Chabot se lança dans la
politique; en un tournemain il accapare le Club
de la ville et fascine tout le monde par ses discours. Ce n'était plus le capucin à la mise plutôt recherchée et aux dehors soignés, qui avait
mené en Rouergue si joyeuse vie : « Petit, cras-
seux, vêtu d'une soutane dont on voyait la
corde, il prêchait aux clubs et dans les rues,

----

(1) GAZIER : *Étude sur l'histoire religieuse de la Révolution française*, p. 77.

(2) *Ibidem.*

entouré des enragés. On ne parlait que de lui (1). »

Fort de la confiance qu'il inspirait, il voulut essayer son pouvoir, et comme tout bon révolutionnaire, il s'attaqua d'abord à l'armée.

Le régiment de Rouergue tenait garnison à Blois et avait pour colonel le comte de Toulougeon. En peu de jours, Chabot monta une cabale et devant l'attitude énergique du colonel qui refusa de céder aux injonctions des mutinés, la moitié du régiment quitta ses quartiers et s'achemina vers Paris.

Mais une fois loin de Chabot les rebelles sentirent leurs torts et rentrèrent à Blois.

Ne pouvant désorganiser le régiment, Chabot songea à l'éloigner. C'était le moment des élections de l'Assemblée Législative, tous les électeurs se trouvaient réunis et parmi eux il y avait le maire de la ville de Mer, nommé Bésard, ancien militaire et bien vu du peuple. Chabot connaissant son influence, le détermina à faire signer une pétition tendant à obtenir le renvoi de tout corps militaire et spécialement du régiment de Rouergue.

On plaça un tonneau dans un des bas-côtés de l'église des Jacobins, où le scrutin était ouvert,

____

(1) CHEVERNY : *Mémoires*, t. II, p. 114

on mit dessus une feuille de papier avec une écritoire, et plus de vingt électeurs signèrent la pétition en un instant. Bésard allait et venait, pérorait, racolait les signataires, encourageait les timides ; il eut même l'effronterie de demander au comte de Cheverny, beau-père de M. de Toulougeon, de vouloir bien donner sa signature.

Le régiment fut renvoyé, et Chabot, à la tête de quelques brigands, parvint à chasser aussi M. de Chabrillant, officier général.

Cependant, les élections allaient leur train. Il manquait encore un quatrième député, lorsque l'abbé Tolin, qui briguait la place de vicaire épiscopal, proposa d'élire Chabot.

Quoique celui-ci ne fut qu'un intrus, arrivé dans le pays depuis six semaines, le collège électoral l'acclama et faillit faire un mauvais parti au seul électeur qui eut le courage de combattre sa candidature. Après un premier tour de scrutin sans résultat, Chabot fut élu à la majorité de seize voix. C'était le 2 septembre 1791 (1).

Le procès-verbal de l'élection ajoute que M. Chabot apprenant qu'il venait d'être nommé se présenta et offrit ses remerciements aux électeurs (2).

---

(1) *Ibidem*, p. 117, et Arch. de Loir-et-Cher. Série L, 249, R. 35-36.

(2) Arch. de Loir-et-Cher. *Ibidem*.

D'après l'auteur de la vie privée de Chabot celui-ci aurait d'abord refusé d'accepter le mandat de député, prétextant qu'il considérait « sa présence comme vicaire épiscopal à Blois plus utile que comme législateur à Paris ».

Peut-être Chabot voulut-il se faire prier, mais en tout cas, il ne s'agissait alors que d'accepter une *candidature*, et non pas un *mandat* conféré par un vote, car **M.** de Cheverny, qui assistait à l'élection, en a fait un récit très-détaillé et qui ne laisse aucun doute à cet égard :

« A peine le scrutin était-il fermé, nous dit-il, que je vis Chabot, se baissant à moitié corps, conduit par Tolin jusqu'au pied de la chaire se tapir dans l'escalier. Ici commence une scène dont on ne peut avoir l'idée. Ces enragés étaient sûrs de l'élection, les voix étaient comptées. Aussitôt Frécine se lève, fait faire silence et proclame député le sieur Chabot. Cent chapeaux volèrent jusqu'à la voûte et l'on cria : « Vive Chabot ! » A l'instant, mon homme, qui, étant très-petit, s'était caché dans la chaire, se lève par degrés, tenant ses mains croisées sur sa poitrine et parcourt lentement la salle du regard. Alors tout le monde se précipite sur les chaises, chacun veut y monter. Tout le monde placé, voici ce que dit Chabot : « Je vous rends grâces, Messieurs » de vos suffrages qui m'ont appelé à la nouvelle » législature, je jure de poursuivre le Roi, les

» ministres et le pouvoir exécutif jusqu'à la der-
» nière goutte de mon sang. »

» Des bravos, des chapeaux en l'air, des applaudissements l'accompagnèrent en triomphe jusqu'en
dehors de l'église. » (1).

Voici le texte donné par Chabot :

« Je ne vous remercie pas des suffrages dont
vous m'avez honoré, je blâmerais plutôt votre
imprudence d'avoir préféré un homme que vous
n'avez vu que quatre semaines parmi vous, à
ceux de vos concitoyens dont vous avez été à même
d'apprécier les vertus, mais c'est moins un honneur que vous me décernez qu'un devoir que vous
m'imposez. Oui, j'en sens toute l'importance. Vous
m'envoyez combattre pour vos droits. Je saurai
mourir sur la brèche. Vous m'envoyez peut-être
à l'échafaud, si quelques ennemis du peuple ont
un avantage momentané sur leurs défenseurs, mais
l'échafaud n'a rien de terrible pour moi pourvu
que le peuple triomphe et je jure de faire triom-
pher sa cause ou de mourir au poste que vous me
confiez » (2).

Tout compte fait, M. de Cheverny et Chabot
sont d'accord, mais n'oublions pas que celui-ci
écrivait deux mois avant sa condamnation, qu'il

---

(1) CHEVERNY, p. 118.
(2) *Ibidem.*

voyait déjà l'échafaud se dresser devant soi, aussi est-il permis d'attribuer à cette circonstance les paroles quasi-prophétiques que Chabot prétend avoir prononcées dès 1791.

Quoi qu'il en soit, Chabot ne dit nulle part qu'il ait fait quelque difficulté d'accepter le mandat de député ; et lorsqu'il raconte qu'un citoyen de Blois, nommé Gédoin, lui fit don d'une maison de dix à douze mille livres, pour le rendre éligible, il ajoute simplement ces mots : « et lorsqu'il m'eut décidé à accepter la députation... » ce qui ne prouve pas qu'il eût beaucoup résisté puisqu'il suffit d'un inconnu pour le décider. La résistance qu'il opposa fut celle d'un homme qui ne demande pas mieux que de se laisser convaincre. Au surplus, l'argument de Gédoin était de ceux auxquels, suivant le mot de Beaumarchais, on ne résiste guère (1).

L'Assemblée Législative devait se réunir au commencement d'octobre. Chabot se rendit à Paris ; son passage à Blois avait été court mais il lui avait cependant permis de donner l'exemple des plus abominables scandales (2).

Ce fut sans doute alors que Chabot quitta le costume ecclésiastique pour prendre des habits civils. On sait dans quelle tenue repoussante le

----

(1) Arch. nat., F. 7, 4637, nᵒˢ 17 à 37.

(2) GAZIER : *Étude sur l'histoire religieuse de la Révolution française*, p. 77.

sans-culotte affectait de se montrer à la Convention : il semble néanmoins que le « débraillé » ne fut pour lui qu'un costume de parade. Comment expliquer autrement la présence, dans sa garde-robe, d'un nombre incalculable de fracs, de redingotes et de gilets des nuances et des tissus les plus variés?

Le Chabot de la vie privée, le Chabot galant s'habillait évidemment d'autre façon que le Chabot des clubs.

C'est pour les audiences qu'il donnait tous les matins de huit à onze heures (1) où se rendaient tant de « belles solliciteuses » dont pas une ne « sortit jamais sans quelque consolation, » (2) c'est pour ces audiences, dis-je, qu'il réservait les élégantes robes de chambre en Perse ou en flanelle qui sont énumérées dans l'inventaire de son mobilier (3).

Pour la Convention, il revêtait la chemise de toile grossière, laissant voir une poitrine velue; la carmagnole et le bonnet rouge; puis, le soir, il endossait le frac en drap *suie de Londres*, ou la redingote en piqué de Marseille, qu'accompagnait une culotte de casimir blanc (4).

---

(1) Arch. nat., F. 7, 4637, n** 17 à 37.

(2) *Ibidem.*

(3) *Ibidem.*, n° 117.

(4) Arch. Nat., F. 7, 4637, n** 17.

Si l'on en doute, il suffira, pour se convaincre, de lire le récit d'un dîner dont M. de Cheverny et quelques-uns de ses amis furent les témoins à travers les ais mal joints d'une cloison.

« Dans sa chambre, on voyait un nécessaire magnifique. Nous nous enfermâmes dans une autre et nous entendîmes leurs orgies. Chabot chanta et il nous parut qu'il avait une jolie voix. Ses chansons auraient offensé les oreilles les moins chastes. Après dîner, à travers les fenêtres et les rideaux fermés, nous les regardâmes sortir sur la levée. Chabot parut. Pour moi qui ne l'avais jamais vu qu'en soutane grasse, je ne l'aurais pas reconnu : petit, mais bien fait, il avait les bottines les plus élégantes, une culotte de soie, une veste d'étoffe rouge brodée en bordure, un frac brun, une cravate blanche et brodée, une demi-coiffure négligée quoique poudrée, et un bonnet rouge brodé en forme de bonnet de police, sur l'oreille. Il cabriolait sur le quai, appelait ses convives par leurs noms, les prenait par dessous le bras et leur disait des choses fort plaisantes car ils riaient par échos. » (1).

Il est fâcheux que M. de Cheverny ne nous donne pas quelques couplets du répertoire du capucin.

Peut-être celui-ci en était-il l'auteur, car il

______

(1) CHEVERNY : t. II, p. 179.

rimait tout comme un autre. Nous verrons plus
tard quelques vers qu'il composa pendant qu'il
était enfermé au Luxembourg, mais on lui en
attribue de moins austères, et ceux que voici
n'auraient certainement ni attristé ni choqué ses
convives. Ils ont pour titre :

Infortunes et résolutions de Monsieur Chabot.

On a beau de toute manière,
Se parfumer d'eau de jasmin,
Sortant de la capucinière,
On sent toujours le capucin.

Je n'ai ni barbe, ni sandales,
Mais on me connaît aisément,
Et mes allures monacales,
Me trahissent à tout moment.

Dans un grand cercle, encor dimanche,
On me vit mettre sans façon,
Ma tabatière dans ma manche,
Mon mouchoir à mon ceinturon.

L'autre jour à Madame Luce,
Rendant un hommage nouveau,
Je pensais ôter mon capuce,
Et je fis tomber mon chapeau !

Hier, la charmante Rosalie,
Au Palais-Royal m'attaqua :
Fort dévotement, je m'écrie :
Ave virgo, Spes unica !

Jeudi soir, je rendais visite,
Me croyant toujours capucin,
Je dis au laquais de Mélite,
Annoncez le père Augustin.

> Je chante une chanson nouvelle,
> J'espère un petit compliment,
> Ah ! Monsieur, me répond la belle,
> Vous nasillez terriblement !
>
> Je vois que partout je m'affiche,
> C'en est trop, je rentre au couvent,
> Et contre ma barbe postiche,
> Je vais troquer mes commettants !

Il est juste d'ajouter que Chabot se défendait vivement d'être l'auteur de ces vers, en quoi il faisait preuve de modestie.

Quoi qu'il en soit, il est certain qu'à côté du Chabot sans-culotte, il y avait un Chabot muscadin, pour me servir de mots, dont l'origine est attribuée à Chabot lui-même.

Nous ne savons ce qu'il y a de vrai dans cette légende pour *muscadin*; mais *sans-culotte* paraît avoir une tout autre histoire.

On raconte qu'il aurait été lancé à l'Assemblée Nationale par le cardinal Maury (1). Un jour que celui-ci, qui n'était alors que l'abbé Maury, développait à la tribune des idées peu conformes à celles des dames de la Cour, il aperçut la marquise de Coigny (2) et la comtesse Diane de

----

(1) Jean Siffrein, cardinal Maury, né le 26 juin 1746, mort le 11 mai 1817.

(2) Louise-Marthe de Conflans, fille de Louis-Gabriel, marquis de Conflans et de Jeanne-Antoinette Portail, née en 1760, mariée en 1775 au marquis de Coigny.

Polignac (1) qui s'agitaient fort dans la galerie
où elles étaient assises et manifestaient leur désap-
probation de mille manières. Tout d'abord, il
tâcha de se contenir, puis il ne put s'empêcher
de s'écrier en les désignant :

« Monsieur le Président, veuillez donc faire
taire ces deux sans-culottes. »

Le mot fut trouvé joli, on le colporta, et plus
tard il servit à désigner les partisans zélés de la
Révolution, lesquels, dans les assemblées et dans
les clubs, ne laissaient pas de se signaler par leur
tenue bruyante et leurs interruptions.

Telle est du moins l'opinion d'un écrivain aussi
érudit que distingué, M. Gaston Maugras (2).

Tout compte fait, que sans-culotte ait pour
père l'abbé Maury ou le capucin Chabot, son
origine n'en est pas moins cléricale, ce qui ne l'a
pas empêché de faire fortune. Il est vrai que
Chabot, s'il n'en était pas le père, en fut au moins
le protecteur, et dès lors, on comprend que Maury,
le voyant en aussi mauvaise compagnie, n'ait pas
tenu à faire valoir les droits de paternité qu'il
pouvait prétendre sur lui (3).

---

(1) Diane de Polignac, chanoinesse, sœur du comte Jules de
Polignac.

(2) Gaston MAUGRAS : *Le duc de Lauzun*, t. II, p. 390.

(3) Tous les autres faits contenus dans ce chapitre sont empruntés soit aux *Mémoires de Cheverny*, soit au *Mémoire de Chabot*, F.
7, 4637, nᵒˢ 17 à 37.

CHAPITRE III

•

A L'ASSEMBLÉE LÉGISLATIVE

Arrivée de Chabot à Paris. — Validation de son élection. — L'Assemblée Législative et l'état des partis. — Les clubs. — Première capucinade. — Suite de la mutinerie du régiment de Rouergue. — Chabot tombe malade : Mlle Descoings. — La question religieuse et le serment civique. — Changement de ministère. — Fabrication de faux assignats à Londres et l'agent Aragon. — La guerre : défaites de Mons et de Tournay. — Prétendu complot. — Affaire Bertrand de Molleville et Montmorin. — Dénonciations de Carra. — Arrestation de Chabot — Le juge de paix La Rivière.

Chabot arriva à Paris au commencement d'octobre 1791 et s'installa près de la Madeleine, rue Basse-du-Rempart, dans une hôtellerie où il trouva, pour le prix de cent livres par mois, le vivre et le couvert (1).

Ici une question se pose : comment pourra-t-il

____

(1) Bibl. Nat., Lc, 32, 9.

subvenir aux lourdes charges que va lui imposer son séjour à Paris, alors qu'il ne possède pour toutes ressources, que sa pension capucinale de 700 livres?

Au temps où il était dans le cloître, il gagnait environ trois mille livres par an pour ses travaux « spirituels et corporels » (1). Les économies qu'il avait pu· réaliser sur cette somme, aussi bien que sur celles que le frère quêteur avait su extorquer à des pénitentes naïves, ne devaient pas être très-considérables, si l'on en juge par la joyeuse vie qu'il avait accoutumé de mener. Sa famille était pauvre, et son père, dont il blâme la « tyrannique dilapidation » (2), ne lui venait certainement pas en aide.

On est donc en droit de se demander où il puisait les fonds qui lui étaient nécessaires. Ses goûts de dépense et son caractère font supposer qu'il ne devait être guère scrupuleux sur le choix des moyens de se les procurer. C'est là un point qu'il convient de noter.

Le 2 octobre, l'élection de Chabot fut validée par l'Assemblée Législative.

Deux partis se formèrent tout d'abord dans cette Chambre, composée d'hommes nouveaux,

---

(1) Arch., Nat., F.7, 4637, n° 38.
(2) *Ibidem.*

puisque les membres de la Constituante n'avaient pu être réélus.

A droite, les Constitutionnels, à gauche, les Girondins.

Les premiers voulaient conserver la royauté, les seconds poursuivaient la chimère d'une république honnête et modérée, ce que Thiers a appelé plus tard la république conservatrice. Mais parmi ceux-ci il y avait des modérés et des exaltés; d'un côté, les Vergniaud (1), les Brissot (2), les Gensonné (3), les Barbaroux (4), les Guadet (5), et de l'autre, tout prêt à devenir un nouveau parti, un véritable trio de coquins : Basire (6), Chabot et Merlin, de Thionville (7).

---

(1) Pierre-Victurnien Vergniaud, né le 31 mai 1753, exécuté le 31 octobre 1793, député à la Convention, vota la mort du Roi.

(2) Jean-Pierre Brissot, né à Chartres le 14 janvier 1754, exécuté le 31 octobre 1793. Député à la Convention, il vota la mort du Roi.

(3) Armand Gensonné, né le 10 août 1758, exécuté le 31 octobre 1793, député à la Législative et à la Convention. Il vota la mort du Roi.

(4) Charles-Jean-Marie Barbaroux, né à Marseille le 6 mars 1767, exécuté à Bordeaux le 25 juin 1794, député à la Convention. Il vota la mort du Roi.

(5) Marguerite-Élie Guadet, né le 20 juillet 1758, exécuté le 15 juin 1794, député à la Convention. Il vota la mort du Roi.

(6) Claude Basire, né à Dijon le 15 mai 1764, exécuté le 5 avril 1794, fut député à la Législative et à la Convention. Il vota la mort du Roi.

(7) Antoine-Christophe Merlin, de Thionville, né le 13 septembre 1762, mort le 14 septembre 1833, député à la Convention, était absent lors du procès du roi.

> — Connaissez-vous rien de plus sot
> Que Merlin, Basire et Chabot?
> — Non, je ne connais rien de pire
> Que Merlin, Chabot et Basire.
> Et personne n'est plus coquin,
> Que Chabot, Basire et Merlin.

C'était le germe de la Montagne.

Entre les Constitutionnels et les Girondins il y avait une masse flottante qui votait avec les uns ou avec les autres, suivant les circonstances. On lui donna le nom peu flatteur de « Ventre ».

Après avoir exposé l'état des partis, Thiers ne peut se tenir d'ajouter cette remarque pleine de justesse : « Ainsi, par la marche naturelle et progressive de la Révolution, le côté gauche de la première assemblée devait devenir le côté droit de la seconde. »

Voilà plus d'un siècle qu'il en est toujours ainsi : mais comment l'historien qui avait une vision si nette des choses, a-t-il pu, devenu plus tard chef du Gouvernement, rêver d'une république conservatrice?

A côté de l'assemblée, se dressaient des clubs destinés à diriger l'opinion et à peser sur les décisions des représentants du peuple.

Le Club des Jacobins et celui des Cordeliers obéissaient l'un à Robespierre (1) l'autre à Des-

-----

(1) Maximilien-François-Marie-Isidore-Joseph de Robespierre, né à Arras en 1758, exécuté le 28 juillet 1794, vota la mort du Roi.

moulins (1). En face d'eux, on voyait le Club des Feuillants, composé de tous les éléments modérés et condamné par cela même à l'insuccès, car la mesure et la tolérance sont absolument contraires à la raison d'être des clubs.

Le premier décret de l'Assemblée Législative fut relatif au cérémonial, et montra bien quel était l'esprit de la Chambre. Les titres de Sire et de Majesté furent abolis, et pour ne pas choquer l'égalité, le trône du Roi fut remplacé par un fauteuil absolument semblable à celui du Président. Il est juste de dire que le Roi ayant décidé de ne pas se rendre à l'Assemblée, celle-ci rapporta son décret, en quoi elle s'honora, car un manque de courtoisie retombe toujours sur celui qui s'en est rendu coupable.

Mais Chabot n'avait pas manqué de prendre part à la discussion, et pour ses débuts, il s'était écrié : « Le peuple qui vous a envoyés ne vous a pas chargés de porter plus loin la Révolution, mais il espère que, représentants de sa dignité, vous la ferez respecter, que vous ne souffrirez pas par exemple que le Roi vous dise : « Je viendrai à » 3 heures », comme si vous ne pouviez pas lever la séance sans l'attendre » (2).

---

(1) Benoit-Camille Desmoulins, né le 2 mars 1760, exécuté le 5 avril 1794, fut membre de la Convention. Il vota la mort du Roi.

(2) *Gazette Nationale*, 1791, p. 1164.

Une pareille inconvenance de la part de Louis XVI méritait d'être soulignée, Chabot le fit, et inaugura ainsi ses « Capucinades » en même temps qu'il sauvegarda la dignité de la France (1) !

On n'a pas oublié la mutinerie qui précéda le départ du régiment de Rouergue, lorsqu'il tenait garnison à Blois. Les coupables qui avaient déserté regagnèrent bientôt leurs quartiers, mais, en ce temps-là, le respect de la discipline existait encore, et l'autorité militaire punit d'emprisonnement quatre des principaux meneurs coupables d'avoir dénoncé leurs chefs comme « perturbateurs et prédicateurs de contre-révolution » (2).

Cependant l'Assemblée avait voté l'amnistie, lorsque Chabot apprend, le 30 septembre, que trois des meneurs sont encore sous les verrous. A peine arrivé à la Chambre, il bondit à la tribune pour dénoncer le ministre de la Guerre et lui demander compte de sa conduite.

A dire le vrai, Chabot devait bien à ces égarés de les prendre sous sa protection, lui qui les avait poussés à la révolte et qui, tout compte fait, était le vrai coupable. Aussi crut-il sans doute acquitter une dette en montant à la tribune, encore que les termes peu mesurés dont il se

---

(1) C'est le nom que l'on donna aux dénonciations de Chabot.

(2) *Gazette Nationale*, 1791, n° 293, p. 1222.

servit pussent faire croire qu'il donnait plutôt libre cours à sa haine de l'armée, haine assez explicable chez lui. La vue d'un sabre est quelquefois gênante, surtout lorsqu'on n'est pas du même côté de la barricade! Le ministre de la Guerre, Duportail, (1), n'eut pas grand'peine à répondre à Chabot : un des meneurs était depuis longtemps en liberté, mais l'usage qu'il en avait fait inspirait de sérieuses craintes pour le cas où l'on aurait délivré immédiatement ses compagnons, aussi avait-on jugé prudent de les retenir encore quelques jours. D'ailleurs la dénonciation de Chabot devenait sans objet, tous les prisonniers étant relachés au moment où parlait le Ministre.

En lisant dans la *Gazette Nationale* le compte rendu de cet incident, ne serait-on pas tenté de croire qu'on lit un journal du jour?

Peu auparavant, le 11 octobre, Chabot avait déjà mis sur la sellette Duportail, ainsi que son collègue, le ministre de la Marine, à propos des traitements des officiers absents de leurs corps, traitements qui n'étaient pas portés comme impayés; et le lendemain, il demandait à l'Assemblée de rendre les ministres responsables de ce qu'il considérait comme un détournement.

---

(1) Louis Lebègue Duportail, né le..., mort en 1802, ministre de la Guerre, le 10 octobre 1790, donna sa démission en décembre 1791, sur une dénonciation de Couthon et de Lacroix.

Il obtint, ce jour-là, les applaudissements d'une partie de l'Assemblée, et ce qui lui fut encore plus agréable, ceux des galeries tout entières.

Cependant, son insistance à occuper la tribune provoquait parfois des protestations de la part de ses collègues et il ne manquait pas de s'en plaindre. « Vous ne voulez pas m'entendre, leur disait-il, lorsque la patrie est en péril... » (1) et il dénonçait le passage à la frontière de certains objets portant le chiffre royal. Merlin l'appuyait, donnant à entendre que l'on préparait un second Varennes, et un autre membre de l'Assemblée signalait le départ de soixante-quinze chevaux de Versailles pour Coblentz.

L'Assemblée, refusant d'ordonner les poursuites qui lui étaient demandées, renvoya cette dénonciation au Ministre de l'Intérieur (2).

C'était quelquefois le tour de Chabot à être dénoncé. M. George d'Épinay se plaignit de sa présence à l'Assemblée de la section de la place Vendôme, lors de la nomination du maire. Chabot s'y était introduit sans carte, et après avoir exercé déjà ses droits dans une autre section. L'affaire fut transmise au directoire du département, composé des membres les plus en vue de l'Assem-

---

(1) *Gazette Nationale*, n° 302, p. 1261.
(2) *Ibidem*.

blée Constituante : le duc de la Rochefoucauld (1),
Talleyrand (2), Beaumetz (3) ,Desmeuniers, etc.,
mais nous ignorons quelle en fut la suite (4).

Au mois de novembre, Chabot tomba malade.
Obligé de garder le lit, il manda successivement
le docteur Leroy et un chirurgien d'Avignon,
mais ce fut surtout aux soins d'une jeune et
aimable personne qu'il dut d'être guéri.

« J'avais fait connaissance avec une femme
jeune, jolie, bien faite, pleine de grâces, d'esprit
et de talent, je croyais avoir trouvé une amie,
que dis-je, une mère, car je dois la vie à ses
soins... » (5).

Mais voilà qu'au bout de trois mois cette jeune
personne, qui affectait le patriotisme le plus
ardent et offrait à Chabot sa main et son cœur,
en même temps qu'une fortune plus considérable
que celle de Léopoldine Frey, essaya, paraît-il,
d'influencer le député dans une question délicate;

---

(1) Louis-Alexandre duc de La Rochefoucauld, né en 1743,
mort en 1792, fut député aux États généraux de 1789, et président
de l'Administration départementale de Paris.

(2) Charles-Maurice de Talleyrand-Périgord, né le 13 février
1754, mort le 17 mai 1838.

(3) Bon-Albert Brios de Beaumetz, né à Arras le 23 décembre
1759, mort à Calcutta vers 1809, député à l'Assemblée Constituante
puis membre du Directoire, appuya la demande que firent les prêtres insermentés pour obtenir une pension, et fut obligé d'émi-
grer.

(4) Arch. Nat., R.1, 9. Tuetey, t. I, n° 2952.

(5) Arch. Nat. F.7, 4637, n°* 17 à 37.

et celui-ci sourd à toutes les promesses, insensible à toutes les séductions, n'hésita pas de chasser celle dont l'amour venait de le guérir.

C'est du moins ce qu'il raconte, et nous verrons ce qu'il faut penser de ce récit; notons seulement que le galant capucin, arrivé à Paris depuis un mois, n'avait guère tardé à s'attacher par les liens de « l'amour, de l'intérêt et de la reconnaissance » (1), une aimable compagne, heureuse de lui accorder ses faveurs.

Cette belle tentatrice, qui est désignée autre part sous les initiales D. C., n'est autre que Mlle Descoings ou des Coings, ancienne femme de chambre de Madame Adélaïde, et qui joignant à ses charmes personnels trois mille livres de revenus, préféra jouir de sa liberté et se lancer dans la vie galante.

Elle assistait souvent aux séances de l'Assemblée, ce qui était alors fort à la mode, et là, elle aperçut Chabot dont les déclamations la séduisirent (2).

Ce fut le classique coup de foudre : dès lors, Mlle Descoings ne peut se tenir de faire part de sa flamme à une de ses amies, laquelle était, croyons-nous, la baronne de Haëlder, agent secret de la Prusse, fondatrice de la Société fraternelle

____

(1) Arch. Nat., F. 7, 4637, n°° 17 à 37.
(2) Bibl. Nat., Le, 32, 9.

des deux sexes, et chez qui fréquentait Chabot, en même temps qu'un essaim de jeunes et jolies personnes d'une vertu peu farouche (1).

Chabot fut prié à dîner par la baronne et présenté à Mlle Descoings. On sait ce qu'il résulta de cette première entrevue.

Cependant, d'après l'auteur du *Tableau de la vie des députés*, le récit de Chabot ne serait pas tout à fait exact.

Mlle Descoings aurait proposé à Chabot de l'épouser, et celui-ci aurait refusé, sans que ce refus eût amené une rupture entre les deux amants.

Où est la vérité ? Écoutez Chabot, c'est lui qui va vous le dire. « Un royaliste en a publié une [action généreuse] dans une vie écrite en 92, sous la dictée des Feuillants et de la Cour. Je puis donc invoquer ce témoignage qui fera connaître à mes concitoyens le peu d'empire qu'ont obtenu sur mon esprit les femmes qui en ont eu le plus sur mon cœur » (2). Et il raconte aussitôt comment il chassa Mlle Descoings.

Or, l'auteur dont Chabot invoque le témoignage s'exprime ainsi : « Chabot ne voulut acquiescer à aucune proposition de mariage, mais il ne cessa

---

(1) *Revue de la Révolution*, 1888, p. 564.

(2) Arch. Nat., F.7, 4637, n°s 17 à 37.

pas de la voir » (1). Au cours de son récit, il ne
fait d'ailleurs aucune allusion aux offres corrup-
tives de Mlle Descoings, ce qui permet de supposer que si Chabot ne les a pas acceptées, il n'a
pas eu non. plus à les repousser.

N'oublions pas d'ailleurs que Chabot a écrit son
récit uniquement en vue de sa défense. Accusé de
corruption, accusé de s'être laissé séduire par les
femmes, qu'y a-t-il d'étonnant s'il altère les faits
pour faire parade de sa vertu, et de l'énergie avec
quoi il aurait renoncé à de chères affections pour
sauver son honneur ? Au moment où il écrivait,
il croyait Mlle Descoings en émigration, il pouvait
donc l'accuser, sans crainte d'être démenti.

Chabot était complètement guéri vers le milieu
du mois de février et il reparut à l'Assemblée.
Il est difficile de dire combien de temps encore durèrent ses relations avec Mlle Descoings,
nous savons seulement que celle-ci devint la
maîtresse de Delaunay (2), d'Angers, au mois de
juin 1792 (3).

Mlle Descoings, interrogée sur les rapports que
son amant entretenait avec Chabot, n'hésita pas
à charger ce dernier. Elle l'accusa de malversa-

---

(1) Bibl. Nat., Le, 32, 9.

(2) Joseph Delaunay (d'Angers), né le 24 décembre 1752, exécuté le 5 avril 1794, vota la mort du Roi.

(3) Arch. Nat., W. 342-648, liasse IV.

tions, commises de concert avec l'abbé d'Espagnac, et lui reprocha la complaisance excessive qu'il avait montrée envers les banquiers étrangers, enfin, d'après ses dires, Chabot avait acquis, avant son mariage, une fortune assez importante dont l'origine était plus que louche (1).

Voici la lettre qu'elle écrivit au Président de la Convention : « Je suis bien fâchée, citoyen, que tu es présidans dans ce moment. Ses à toi que je désir donné les clefs de l'intrigue de Chabot et des autres, cela est nexeser pour connaître la vérité et cette vérité doit éclaté pour connaître les coupables. Tu a dut recevoir hier un paquet de lettres de moi. Je te prie dis faire droit.

» Je suis avec fraternité,

» Descoings de Launay

» Au citoyen Voulland (2) Président de la Convention Nationale, rue Croix-des-Petits-Champs » (3).

Faut-il voir dans ces dénonciations la vengeance d'une maîtresse abandonnée ou le zèle d'une femme, à défendre celui qu'elle aime? Les deux hypothèses sont également vraisemblables.

---

(1) Arch. Nat., W. 342-648, liasse IV.

(2) Jean-Henri Voulland, né le 11 octobre 1751, mort le 23 février 1801, député à la Convention, vota la mort du Roi.

(3) Arch. Nat., W, 342-648.

Mlle Descoings avait sans aucun doute ressenti quelque peine de la conduite déréglée de Chabot, lorsqu'elle vivait avec lui.

Malgré l'amour qu'il affichait pour sa maîtresse, Chabot n'était certes pas un amant fidèle. Ne voulant rien changer à ses habitudes, il se livrait aux orgies les plus scandaleuses. Rarement il se couchait la tête saine, et plusieurs fois ses compagnons de débauche furent obligés de le porter ivre-mort sur son lit. Ses excès furent tels, que son hôte, poussé par les autres locataires de la maison, lui signifia d'avoir à déménager.

Chabot quitta la rue Basse-du-Rempart pour aller demeurer, avec son ami Grangeneuve (1), rue Saint-Thomas-du-Louvre, n° 18, où nous le retrouverons au mois de mai (2).

Pendant les quatre mois d'absence de Chabot, la Révolution avait gagné du terrain.

Ce fut d'abord la question religieuse qui vint rendre encore plus tendus les rapports du Roi avec l'Assemblée. La constitution civile du clergé avait divisé les prêtres en deux camps : d'un côté les assermentés, de l'autre les réfractaires ; ceux-ci privés de toutes fonctions, conservaient cependant

---

(1) Jean-Antoine Lafargue de Grangeneuve, né le 4 juillet 1751, exécuté le 21 décembre 1793, fit partie de la Convention. Dans le procès du Roi il vota pour la détention.

(2) Bibl. Nat., L., 32, 9 et Arch. Nat., D, III, 248.

une pension, et la liberté d'exercer leur culte. Mais le schisme ne prospérait pas au gré de ceux qui l'avaient provoqué; les paysans, en très grand nombre, repoussaient les prêtres assermentés, aussi l'Assemblée voulut-elle briser toutes les résistances. Le 27 novembre, elle exigea de nouveau le serment, prohiba le culte privé et prononça la déportation, ou même la détention, contre ceux qui refuseraient d'obéir. Louis XVI, encouragé par Barnave (1) et Lameth exerça son droit de veto et refusa d'éloigner les prêtres insermentés attachés à sa chapelle. La liberté des cultes décrétée pour tout le monde, devait exister, disait-il, pour lui comme pour ses sujets.

Le directoire du département soutint le Roi en cette circonstance, et rédigea une pétition dont certains passages semblent avoir été écrits pour l'heure présente.

« L'Assemblée fait dépendre, pour tous les ecclésiastiques non fonctionnaires, le paiement de leurs pensions de la prestation du serment civique, tandis que la Constitution a mis expressément ces pensions au rang des dettes nationales. Or, le refus de prêter un serment quelconque peut-il détruire le titre d'une créance reconnue?

---

(1) Antoine-Joseph-Marie-Pierre Barnave, né à Grenoble le 22 octobre 1761, exécuté le 18 novembre 1793, fut député à la Constituante.

... L'Assemblée nationale refuse à tous ceux qui ne prêteraient pas le serment civique la libre profession de leur culte... Or, cette liberté ne peut être ravie à personne, elle est consacrée à jamais dans la *Déclaration des droits de l'homme* » (1).

Desmoulins n'hésita pas à demander la mise en accusation du directoire et de nombreuses adresses vinrent combattre l'effet que pouvait produire la pétition.

Louis XVI, voulant se concilier l'opinion, apporta certains changements au Ministère, et il fit appel à des membres du parti constitutionnel, de plus il prit des mesures contre les émigrés, puis, comptant sur le bon effet de ces concessions, il signifia le veto apposé sur le décret contre les prêtres insermentés. Cette politique de bascule sembla réussir un instant : le veto fut accueilli sans trop de difficultés. D'ailleurs il n'était que suspensif; la discussion fut reprise au mois de mai. Il s'agissait cette fois d'assujettir tous les prêtres au serment civique et de déporter ceux qui troubleraient l'ordre.

Chabot s'opposa à l'obligation du serment, mais en revanche, il demanda que sur la réquisition de vingt citoyens, les prêtres fussent tenus de prendre l'engagement de ne pas troubler la tranquillité publique et de respecter la liberté des

____

(1) THIERS : *Histoire de la Révolution.*

cultes (en commençant sans doute par ne pas exercer le leur!) (1).

Cette proposition bizarre fut renvoyée à une autre séance, et, lorsqu'elle revint à l'ordre du jour, le 24 mai, Chabot prit la parole pour la combattre, peine assurément inutile, car personne ne songeait à la soutenir. (2).

L'Assemblée, dédaignant tout artifice, trancha le débat en votant la déportation des prêtres insermentés. C'était net, et l'on savait au moins à quoi s'en tenir sur la liberté des cultes.

Quoique le veto mis par le Roi au décret sur le serment eût été accueilli sans opposition, le calme qui semblait régner n'était qu'apparent.

Les négociations engagées avec l'Autriche se poursuivaient sans amener aucun résultat et la guerre devenait imminente.

A l'occasion du 1ᵉʳ janvier 1792, les députés avaient jugé de bon goût de marquer leur mauvaise humeur, en décidant que les hommages qu'ils avaient coutume de présenter au Roi, le premier jour de l'an, ne le seraient plus à l'avenir; et reprenant le décret, déjà voté une fois et puis rapporté, ils avaient supprimé les titres de Majesté et de Sire.

---

(1) *Gazette nationale*, 16 mai 1792, p. 575.
(2) *Ibidem*, 24 mai 1792, p. 607.

Quelques jours plus tard, un député se présentait chez Louis XVI, le chapeau sur la tête, donnant ainsi l'exemple d'un sans-gène qui, sans aucun doute, ne serait pas toléré aujourd'hui.

Monsieur, frère du Roi, le prince de Condé et quelques autres émigrés de marque furent mis en accusation tandis que leurs biens étaient placés sous séquestre sans que personne s'y opposât.

Le ministère disloqué par le décret rendu contre Delessart (1), céda la place à un nouveau cabinet, formé par Dumouriez (2), lequel fit appel aux Girondins pour l'aider dans l'accomplissement de la tâche qu'il assumait.

Assez habile pour n'avoir pas mécontenté les Jacobins, allié à la Gironde, n'inspirant pas trop de craintes au Roi, Dumouriez n'avait contre soi que les Feuillants dont il prenait la place.

La guerre allait par ailleurs opérer fatalement une diversion, et moins que tout autre, le nou-

---

(1) Delessart (Claude-Antoine-Valdec de Lessart dit) né en 1742, exécuté le 9 septembre 1792, fut maître de requêtes, puis contrôleur des finances, ministre de l'Intérieur le 25 janvier 1791, ministre des Affaires étrangères le 20 novembre 1791, en remplacement de Montmorin, il fut remplacé par Narbonne le 6 décembre. Il fit l'intérim de la Guerre du 11 décembre 1791 au 8 janvier 1792, et fut mis en accusation le 10 mars 1792, et égorgé à Versailles après les massacres de septembre.

(2) Charles-François Duperrier Dumouriez, né le 25 janvier 1739, mort le 14 mai 1823. Le nom « Dumouriez » est une altération du nom « de Mouriès ».

veau chef du ministère devait être fâché qu'elle devint inévitable.

On prétend que la maladie modifie le caractère du malade, et que la meilleure preuve de guérison est le retour du naturel. Si cela est vrai, Chabot était bien guéri lorsqu'il reparut à la Chambre. Dès le 21 février, le délateur montait à la tribune.

Quelque temps auparavant, on avait découvert à Londres, une fabrique de faux assignats : un agent de la marine et du commerce, en résidence à Bristol, en fut informé et s'empressa de faire arrêter les faux monnayeurs qu'il envoya à Paris.

Il se nommait Aragon, mais comme il tenait à n'être pas connu, il prit le nom de Jean-Louis. Le Comité des assignats, appréciant le service rendu, demandait à la Législative de récompenser Aragon en lui accordant une somme de vingt-cinq mille livres.

Chabot, qui avait eu vent de cette affaire (et nous verrons de quelle façon), combattit avec énergie la proposition du Comité; il dévoila le nom de l'agent, prétexta qu'il n'avait fait que son devoir (comme si l'on ne récompensait pas chaque jour le devoir accompli) et ajouta qu'il avait violé le droit des gens en ordonnant des visites domiciliaires à Londres, ce dont on devait le blâmer et non pas le féliciter. Il lui reprocha aussi de n'avoir pas envoyé à Paris les planches d'assignats, donnant à entendre qu'il le soupçonnait de vouloir en faire usage (1).

Il paraissait si au courant de ces incidents que l'Assemblée lui demanda de révéler tout ce qu'il en savait.

Mais Aragon, averti de ce qui se passait, écrivit aussitôt au Comité pour réfuter les allégations de Chabot. Il n'était ni secrétaire de l'ambassadeur, ni consul de France comme on l'avait prétendu, mais simple agent, et ses appointements, fixés à quinze mille livres, atteignaient à peine cinq mille livres. Les visites domiciliaires étaient le fait du chevalier Wright, qui avait sans doute qualité pour les ordonner; et, quant aux planches, elles avaient été envoyées le 14 avril au ministre Delessart (2).

Aragon rappelait aussi le préjudice que lui causait la divulgation de son nom et les dénonciations de Chabot, enfin, pour achever d'édifier l'Assemblée, il racontait comment Chabot avait eu connaissance de cette affaire.

« Un pareil langage, disait-il, est-il convenable dans la bouche d'un homme, qui n'a pu vous faire sa dénonciation que par un abus de confiance?

» Le 7 janvier devant partir pour Londres par

______

(1) *Gazette nationale*, 23 février 1792, p. 218.
(2) Arch. Nat., BB3. 198, et Tuetey, VI, n° 35-42.

ordre de M. le Ministre de la Justice, je fus chez
M. Belleroche, rapporteur de mon affaire. Ne le
trouvant point, je passai dans son cabinet pour
lui écrire. Là, je trouvai un homme en robe de
chambre et en pantoufles, qui me dit qu'il était
l'ami de M. Belleroche et membre de l'Assemblée.
Je m'empressai de lui conter mon affaire et je lui
fis lecture de la lettre que j'écrivais; et M. Belleroche m'apprit, le 23 février, que cette personne
était... M. Chabot! » (1).

Voilà donc l'usage que celui-ci faisait d'une
confidence qu'il avait surprise en abusant de la
naïveté d'Aragon.

C'est une habitude, en France, que de rejeter
·sur des innocents les fautes dont nous sommes
seuls coupables, moyen commode d'échapper
aux responsabilités encourues, et dont nous
n'avons que trop d'exemples.

La guerre est déclarée, un échec imprévu vient
déranger nos plans, les événements ne marchent
pas au gré de nos désirs, et aussitôt, sans vouloir
rien entendre, sans examiner si nous n'avons
aucune imprudence à nous reprocher, ou même
s'il n'existe pas quelque explication toute naturelle
de nos revers, on crie à la trahison!

Il en était de même en 1792. Nos armées

---

(1) Arch. Nat., BB3. 198, et Tuetey, VI, n° 35-42.

venaient d'essuyer à Mons et à Tournay deux défaites successives dont il n'aurait pas été bien difficile de découvrir la cause, mais, comme le dit
Thiers, les partis mettent toujours les hommes
à la place des circonstances afin de s'en prendre
à quelqu'un des maux qui leur arrivent.

Le trio de coquins dont Chabot était le chef, se
chargea de rechercher les traîtres et de les dénoncer.
Chabot crut que ce serait peu d'accuser quelques
citoyens d'avoir communiqué à l'ennemi les plans
de campagne de Rochambeau. Bien plus grand
serait l'effet produit si l'on pouvait grouper
un certain nombre de faits, les relier à l'aide de
preuves plus ou moins sérieuses, et révéler au
peuple étonné, mais toujours crédule, l'existence
d'un véritable complot dirigé contre la patrie.

Car le complot est un aide précieux pour un
gouvernement aux abois, et chose curieuse, pour
être ancien, cet aide n'a point perdu de son efficacité. Il n'est rien de tel, si l'on veut se débarrasser des gêneurs, réveiller les endormis, rallier
les traînards, et surtout égarer l'opinion, toutes
choses excellentes pour atteindre à l'aise le but
secret que l'on poursuit.

En pareille matière, l'invraisemblance est un
gage de succès. Prêtez à vos adversaires les plans
les plus absurdes, les mesures les plus ridicules,
attribuez les plus noirs desseins aux gens en
qui l'on avait le plus de confiance, et le public,

loin d'être surpris par ce concours de circonstances étranges qui le devrait mettre en éveil, vous croira sur parole et admirera l'adresse des conspirateurs capables de si bien dissimuler leurs abominables projets.

Comme le dit Basile, « croyez bien qu'il n'y a pas de plate méchanceté, pas d'horreur, pas de conte absurde qu'on ne fasse adopter aux oisifs d'une grande ville en s'y prenant bien ».

Pour accréditer ce complot, Chabot fit choix d'un journaliste nommé Carra (1), homme peu recommandable et qui avait passé quelques années de sa vie en prison.

Celui-ci se rendit aux Jacobins le 7 mai et signala l'existence d'un Comité autrichien, auteur de la trahison et dont faisaient partie Bertrand de Molleville et Montmorin (2).

« Le mal est fait, il germe, il rampe, il chemine, et, *rinforzando*, de bouche en bouche il va le diable. »

Cependant, ce Comité était d'une espèce tout à fait particulière. « Se réunissant tantôt dans un lieu, tantôt dans un autre, mais jamais de manière

---

(1) Jean-Louis Carra, né à Pont de Veyle (Ain), le 11 mars 1742, exécuté le 31 octobre 1793, fut accusé de vol et obligé de quitter la France, encore que cette accusation n'eût pas été prouvée. Il voyagea en Allemagne, devint secrétaire d'un hospodar de Moldavie et du cardinal de Rohan, fonda les *Annales patriotiques*. Élu à la Convention, il vota la mort du Roi.

(2) Arch. Nat., D, III, 248, 27

à former ce que l'on appelle proprement un Comité » (1), c'est une sorte de conciliabule secret qu'il est impossible de trouver matériellement en fonctions (ce qui dispensait les dénonciateurs d'en démontrer l'existence).

On prétendait qu'il tenait quelquefois ses séances à Bagatelle, où la Reine allait tous les jours, ou bien à la Briche, près d'Épinay, où le Roi tenait un conseil trois fois la semaine. La princesse de Lamballe (2) y jouait un rôle considérable, et, pour donner quelque fondement à cette allégation, de prétendus émissaires de la princesse se présentaient chez certaines personnes pour les prier de se rendre au rendez-vous qu'ils leur fixaient.

C'est ainsi que M. Richet de Serizy avait tâché d'y attirer Régnaud de Saint-Jean d'Angély (3) en l'assurant qu'il y rencontrerait Malouet (4), tandis qu'un inconnu, qui se disait l'ami de Pétion (5), s'adressait à Malouet pour le prier

---

(1) Arch. Nat., D, III, 248, 27.

(2) Marie-Thérèse-Louise de Savoie-Carignan, princesse de Lamballe, née en 1749, massacrée en 1792.

(3) Melchior-Louis-Étienne comte Régnaud de Saint-Jean d'Angély, né le 3 décembre 1761, mort le 16 mars 1819, fut député aux États généraux.

(4) Arch. Nat., D, III, 248. Pierre-Victor Malouet, né le 11 février 1740, mort le 7 septembre 1814. Ministre de la Marine sous Louis XVIII.

(5) Jérome Pétion de Villeneuve, né le 3 janvier 1756, mort le 20 juin 1794, député à la Convention, maire de Paris, vota la mort, mais défendit le sursis.

de faire parvenir au Roi un avis important. Une autre fois, un individu revêtu du costume ecclésiastique sollicitait le même Malouet d'apposer son nom sur une liste de fidèles sujets de Sa Majesté.

Et pendant ce temps, des journalistes mercenaires, qui faisaient du mensonge et de la calomnie un véritable trafic, se répandaient dans les groupes populaires, et colportaient les accusations les plus formelles contre le fameux Comité (1).

Deux d'entre eux, Geanthon et Gout, furent un jour arrêtés à la sortie du Palais-Royal, et conduits sous escorte au secrétariat central du quartier, ils y furent reconnus pour des repris de justice! (2).

Tels étaient les moyens à quoi l'on avait recours pour faire croire à l'existence d'un complot.

Cependant, MM. Bertrand de Molleville (3) et de Montmorin (4) portèrent plainte, et dans un mémoire adressé au juge de paix de la section Henri IV, ils signalèrent les agissements de Carra et de ses complices.

Le juge, qui se nommait Étienne de la Rivière, était un homme droit et intègre. Il entendait

---

(1) Arch. Nat., D, III, 248.

(2) *Ibidem*.

(3) Antoine-François, comte Bertrand de Molleville, né en 1744, mort le 19 octobre 1818.

(4) Armand-Marc comte de Montmorin, né le 13 octobre 1745, massacré le 2 septembre 1792, fut ministre.

accomplir son devoir et ne se laisser arrêter par aucune considération de personnes. Saisi de la plainte de Molleville et de Montmorin, il fit comparaître Carra, Serizy, Régnaud et la princesse de Lamballe (1).

Celle-ci n'eut pas de peine à se disculper, et démontra que le jour où, d'après Serizy, elle aurait réuni chez elle, à Paris, le Comité, elle se trouvait à la campagne (2).

Serizy paru fort embarrassé : il nia ce qui lui était reproché, mais il avoua certaines conversations avec Régnaud, en ayant soin d'ajouter que ces conversations étant secrètes, celui-ci n'aurait pu les révéler sans forfaire à l'honneur.

Régnaud fit une réponse à peu près semblable et se retrancha derrière le secret que l'on doit aux confidences d'un ami (3).

Mais la déposition de Malouet vint confirmer la plainte de Bertrand et de Montmorin. Il affirma que Régnaud lui avait demandé s'il était vrai qu'il assistait avec Bertrand aux réunions tenues chez la princesse de Lamballe, réunions auxquelles Serizy l'avait prié de se rendre (4).

Ce témoignage très-précis était d'un grand poids

---

(1) Arch. Nat., D, III, 248
(2) *Ibidem.*
(3) *Ibidem.*
(4) *Ibidem.*

en raison de l'honorabilité de Malouet, et il suffit à éclairer la religion du juge de paix.

Carra reconnut tout ce dont il était accusé, et comme le juge lui demandait où il avait puisé des renseignements assez exacts pour pouvoir accuser les plaignants, il répondit qu'il les tenait de MM. Basire, Chabot et Merlin. Il s'appuya aussi sur un discours de Rœderer (1), lequel interrogé, déclara que son discours n'avait aucun rapport avec les faits dont il était question, et que d'ailleurs il ne pensait pas qu'il fallût voir dans une trahison la cause de nos malheurs à Mons et à Tournay (2).

Carra se retranchant derrière Chabot et ses amis, le devoir du juge était tout indiqué.

Dès le lendemain, Basire, Merlin et Chabot furent appelés. Ils comparurent devant le juge, d'assez mauvaise grâce, et déclarèrent qu'ils avaient agi dans l'exercice de leurs fonctions, c'est-à-dire en qualité de membres du Comité de Surveillance, et que, par suite, ils ne devaient aucun compte de leurs actes à la justice (3).

De deux choses l'une, ou bien le Comité autri-

---

(1) Pierre-Louis, comte Rœderer, pair de France, né le 15 février 1754, mort le 17 décembre 1835.

(2) Arch. Nat., D, III, 248.

(3) *Ibidem.*

chien existait, et alors il fallait le poursuivre, ou bien les dénonciations de Carra n'étaient qu'une calomnie, et, en ce cas, il fallait donner suite à la plainte de Bertrand et de Montmorin.

Le juge fut très-habile en admettant l'existence du Comité autrichien, encore qu'elle ne fût aucunement démontrée; et se fondant d'une part sur les aveux de Chabot, Basire et Merlin et de l'autre, sur leur refus de parler, il se rendit à l'Assemblée législative pour lui demander communication de toutes les pièces qu'elle possédait au sujet du Comité autrichien (1).

Cette attitude avait l'avantage de ne pas mécontenter les dénonciateurs, puisqu'on tenait le plus grand compte de leur dénonciation, et elle ne nuisait en rien à MM. Bertrand et de Montmorin, dont l'innocence serait indiscutablement prouvée, s'il était établi que le Comité autrichien n'existait pas; enfin, elle était dictée par le devoir même du juge, chargé de réprimer tout ce qui pouvait porter atteinte à la sûreté de l'État.

Mais au lieu d'accepter avec joie le concours de la justice, nos trois compères en furent très-courroucés, et cela se comprend, si l'on se rappelle que le complot était une pure invention de leur part.

---

(1) Arch. Nat., D., III, 248.

. L'Assemblée Législative, consultée sur l'accueil qu'il convenait de faire à la demande du juge de paix, décida de la passer à l'ordre du jour, attendu que les communications de MM. Chabot, Basire et Merlin n'émanaient pas du Comité de Surveillance (1).

C'était reconnaître que les dénonciateurs avaient agi en leur nom personnel et non pas dans l'exercice de leurs fonctions, aussi le juge, voulant à tout prix, éclaircir cette affaire, prit le parti de décerner des mandats d'amener contre Chabot et ses amis. Il se fondait sur un article de la Constitution qui permettait d'arrêter les députés en certains cas, tout en subordonnant la continuation des poursuites à la décision de l'Assemblée.

Le trio comparut donc devant le juge, mais par force, et refusant de répondre aux questions qui lui étaient posées, il argua de l'inviolabilité parlementaire et protesta contre l'atteinte grave qu'elle venait de recevoir.

Le juge n'avait plus qu'à solliciter l'avis de l'Assemblée. C'était le 19 mai. L'arrestation des trois députés avait provoqué une agitation extraordinaire. Le même jour, un représentant monta à la tribune pour signaler « le grand attentat qui

______

(1) *Gazette Nationale.*
(2) D, III, 248.

venait d'être commis contre la Constitution, et, par conséquent, contre la liberté et la sûreté de l'État » (1).

Merlin se lève à son tour et fait un dramatique récit de l'arrivée chez lui des trois gendarmes qui l'ont appréhendé et conduit chez le juge. Chabot se joignait à lui, lorsque le Président annonça que le juge de paix demandait à être admis à la barre.

Une violente discussion s'engage, plusieurs députés s'opposent à ce que le juge soit *admis* à la barre et veulent qu'il y soit *mandé* pour rendre compte de sa conduite. L'Assemblée se range à cet avis, et, lorsque M. de la Rivière comparaît, elle renvoie au Comité de législation l'examen des mesures à prendre contre lui (2).

Ainsi tous ces incidents aboutirent à la mise en accusation du juge de paix qui fut envoyé à Orléans, où il put méditer à l'aise sur les dangers que présente parfois l'accomplissement du devoir.

---

(1) Arch. Nat., C. 147 — C.,I, 230 et séance du 19 mai 1792 dans *la Gazette Nationale*.

(2) *Ibidem*.

CHAPITRE IV

LE COMITÉ AUTRICHIEN

Papiers brûlés à Sèvres. — Encore l'affaire Montmorin. — Serment
de la Garde du Roi. — Chabot dénonce le duc de Brissac. —
Autres dénonciations. — Le Comité autrichien.

Divers faits habilement présentés avaient con-
tribué à accréditer l'existence d'un complot dont
le Comité autrichien était l'auteur. Il était temps
de développer et de préciser les accusations. Ce
rôle, Chabot ne voulait le céder à personne.

Mais, pour ménager ses effets et piquer la
curiosité, il eut soin de ne pas révéler tout d'un
coup les preuves qu'il prétendait posséder.

L'affaire des papiers brûlés à Sèvres lui servit
d'entrée en matière. Mme de la Motte (1), dont on
sait le rôle dans l'affaire du Collier, venait de com-

---

(1) Jeanne de Valois, comtesse de la Motte, née en 1756, morte
en 1791, célèbre par le rôle qu'elle joua dans l'affaire du Collier.

poser, contre la Reine, un nouveau libelle qui allait être répandu, lorsqu'un ami de la famille royale offrit d'en obtenir la suppression si l'on voulait bien donner mille louis qu'exigeait l'éditeur. La Reine refusa, mais le Roi, averti de ce qui se passait, fit acheter l'édition tout entière et l'envoya à Sèvres, où elle fut brûlée au milieu de deux cents ouvriers parmi lesquels il y avait près de cent quatre-vingts jacobins (1).

Un fait aussi simple devait prendre une gravité exceptionnelle en passant par la bouche de Chabot.

Le 28 mai, celui-ci informa l'Assemblée que cinquante-deux ballots de papiers venaient d'être brûlés à Sèvres, et, quoique M. Laporte, directeur de la manufacture de porcelaine, affirmât que ces ballots ne contenaient autre chose que le libelle de Mme de la Motte, il rapprocha ce fait de l'incident de Neuilly où douze Suisses avaient arboré la cocarde blanche, et déclara qu'il fallait y voir la preuve d'un complot tendant à la dissolution de l'Assemblée, et dont cent quatre-vingt-deux pièces, qu'il avait en sa possession, établissaient l'existence (2).

Puis, s'attaquant de nouveau à M. de Mont-

---

(1) *Mémoires de Madame Campan*, cités par Thiers.

(2) *Gazette Nationale*. Séance du 19 mai 1792.

morin, il représenta sa fuite en Angleterre comme un aveu de culpabilité.

Cependant, à la reprise de la séance, un coup de théâtre assez amusant se produit. Le Président donne lecture d'une lettre de M. de Montmorin déclarant qu'il n'a pas quitté Paris (1).

Chabot ne se déconcerte pas pour si peu. Tel Costecalde lorsque parut devant lui Rugimabaud qu'il avait, prétendait-il, vu manger par un requin !

Il s'appuya sur une lettre des officiers municipaux de Boulogne qui l'informaient que Montmorin s'était embarqué le 8 et il essaya d'établir sa bonne foi. Mais un membre de l'Assemblée poussa l'indiscrétion au point de lui demander comment il avait pu concilier la fuite de Montmorin avec les deux plaintes que celui-ci avait formulées, le 13 et le 20 mai, plaintes où la présence du plaignant était visée par le juge (2).

A cette question, il n'y avait guère rien à répondre. Chabot s'empressa de changer de sujet et d'attaquer une autre victime, le duc de Brissac.

Celui-ci était accusé d'avoir fait prêter à la Garde qu'il commandait, le serment d'accompa-

---

(1) *Gazette Nationale.* Séance du 19 mai 1792.

(2) *Ibidem.*

gner le Roi partout où il voudrait aller, ce qui démontrait bien le projet d'une évasion prochaine.

Chabot cita à l'appui de sa dénonciation, le témoignage de Rigal et de Bourdon de Ris, qui servaient tous deux dans la Garde. En outre, il signala la conduite de deux aides de camp, qui, le jour de la Pentecôte, tenaient, à haute voix, dans un café, les propos les plus injurieux, à l'adresse de quelques membres de l'Assemblée, parmi lesquels il figurait au premier rang (1).

C'était peu pour justifier un décret d'accusation, et encore faut-il ajouter que plusieurs des faits invoqués étaient faux. Bourdon de Ris, sous-lieutenant de la Garde, écrivit au Président de l'Assemblée pour protester, tant en son nom qu'au nom de ses parents, contre les allégations mensongères de Chabot.

« Veuillez bien vous persuader que le nommé Chabot, votre collègue, est un fourbe, que nous n'avons jamais été que trois, connus sous le nom de Bourdon, dans la Garde du Roi, que de nous trois, pas un n'a jamais connu le nommé Chabot, qu'il est faux, absolument faux, qu'aucun de nous ait eu la bassesse de s'adresser à lui pour une dénonciation... » (2).

---

(1) Arch. Nat., C., 168, C. 1415 et D. III, 235.
(2) Arch. Nat., F.7, 4637, 7.

Becquey (1) fit aussi remarquer combien le témoignage de l'ex-capucin était rendu suspect par l'erreur qu'il avait commise à propos de la prétendue fuite de Montmorin, et il s'étonna que, de tous les membres du Comité de surveillance, Basire fût seul à connaître les preuves sur lesquelles on prétendait fonder l'accusation.

— « Tous les membres les connaissent, s'écrie Chabot, sauf les cinq derniers, car la confiance ne se commande pas ».

— « Nous sommes bien heureux de n'avoir pas la confiance de cette canaille », riposte Calvet (2), l'un des membres auxquels Chabot venait de faire allusion.

Aussitôt des protestations s'élèvent de tous côtés : pour les apaiser, l'Assemblée envoie Calvet à l'Abbaye. Mais Chabot escalade la tribune et déchaîne un nouveau tumulte en racontant que Jaucourt (3) vient de le menacer de cent coups de bâton ! On apostrophe Jaucourt, qui tient tête à l'orage : c'est dans un entretien privé où Chabot manifestait l'intention de le dénoncer au

---

(1) Becquey, né à Vitry-le-François le 24 septembre 1760, mort à Paris le 2 mai 1849, fut envoyé par la Haute-Marne à la Législative.

(2) Méric-Jean-Jacques-Louis Calvet, né à Foix le 19 août 1760, mort ...., siégea à la Législative parmi les modérés.

(3) Arnail-Francois, marquis de Jaucourt, ministre, pair de France, né le 14 novembre 1757, mort le 5 février 1852, fut député à la Législative et colonel de Condé-Dragons.

Comité de bienveillance qu'il a proféré cette menace.

Et aussitôt, l'Assemblée se retournant contre Chabot, à qui elle reproche d'avoir bien à tort provoqué une scène scandaleuse, passe à l'ordre du jour (1).

La mise en accusation de Brissac (2) fut cependant votée.

Quant à l'affaire de Sèvres, elle avait été renvoyée au Comité de Surveillance diplomatique, chargé d'examiner les dénonciations de Chabot.

Il faut avouer que ce Comité n'était pas sans besogne avec un tel pourvoyeur qui ne s'occupait « pas d'autre chose que de déjouer des complots », c'est lui-même qui le dit, et il aurait pu ajouter, de les inventer.

Tantôt c'est Rouyer (3) et Brunel (4) envoyés en mission près de l'armée des Pyrénées, et qu'il accuse de favoriser le fédéralisme (5) ;

---

(1) *Gazette Nationale*, 1792, n° 152.

(2) Louis-Hercule-Timoléon de Cossé, duc de Brissac, né en 1734, mort en 1792.

(3) Jean-Pascal Rouyer, né le 17 mars 1761, mort le 20 octobre 1819, député à la Législative et à la Convention, vota la mort du Roi.

(4) Ignace Brunel, né à........., mort à Toulon le 19 mai 1795, maire de Béziers, fut envoyé par l'Hérault à la Convention ; dans le procès du Roi, il vota pour la réclusion.

(5) *Gazette Nationale*, 1792, n° 184, 58, 217. Nous devons faire remarquer à nos lecteurs que nous avons groupé ici plusieurs dénonciations faites par Chabot à des dates diverses, soit à la Législative, soit à la Convention.

Couppé (1), arrêté à Mantes, et qu'il veut interner à Paris (2); Grangeneuve (3); le général
Servan (4); Condorcet (5), coupable d'avoir
critiqué la nouvelle Constitution (6); Couhey,
qui a applaudi à la lecture d'un bulletin d'un
prétendu Comité de Salut Public (7); la députation de l'Ardèche (8); Laplaigne (9), du
Gers, qui essaie d'empêcher le peuple d'accepter la Constitution (10), et la citoyenne Lacombe,
qui est intervenue pour demander la grâce de
M. de Rey (11).

---

(1) Gabriel-Hyacinthe Couppé de Kervennion, né à Lannion
le 15 mars 1757, mort le 25 février 1832, fut député à la Constituante et à la Convention. Il vota pour la réclusion, dans le procès
de Louis XVI.

(2) *Gazette Nationale*, 1793, n° 187.

(3) *Ibidem*, 1792, n° 169.

(4) *Ibidem*, 1793, n° 191. Joseph Servan de Gabey, ministre et
général, né le 14 février 1741, mort le 20 mai 1808.

(5) Marie-Jean-Antoine-Nicolas Caritat, marquis de Condorcet,
né à Ribemont (Aisne) le 16 septembre 1745, mort le 27 mars
1794, fut accusé sur la dénonciation de Chabot. Il se cacha d'abord
chez M⁰ᵉ Verney, puis prit le nom de Pierre Simon, et fut arrêté
à Clamart où il s'empoisonna. Député à la Législative et à la Convention, il vota contre la mort du Roi.

(6) *Gazette Nationale*, 1793, n° 191.

(7) *Ibidem*, n° 192. François Couhey, né en 1757, mort, en ....
député à la Convention, vota pour la détention du Roi.

(8) *Ibidem*, n° 195.

(9) Antoine-Louis Laplaigne, né le 22 octobre 1746, mort le 16
janvier 1827, député à la Législative et à la Convention, vota la
mort du Roi.

(10) *Gazette Nationale*, 1793, n° 191.

(11) Rose Lacombe, de son vrai nom Claire Lacombe, fille de
Bertrand Lacombe et de Jeanne-Marie Gauché, était née à Pamiers,
le 4 mars 1765. Actrice en province, elle alla à Paris vers 1792, et

Un autre jour, il attaque le Ministre de la Justice qui n'a pas poursuivi les juges de paix qui ont arrêté Pétion et Manuel (1) ; le Roi-de-Flagis, auteur d'un livre encouragé par La Fayette (2) ; Montesquiou, soupçonné de trahison (3) ; Menou (4), qui commandait aux Tuileries le 10 août (5) ; Chambon (6), qui a tiré son sabre contre un patriote (7) ; Lesterps Beauvais (8),

---

fut une des premières à s'enrôler dans la Société des Femmes républicaines révolutionnaires. On prétend qu'elle s'amouracha de M. de Rey, neveu de l'ancien maire de Toulouse, ce qui expliquerait la démarche qu'elle fit auprès de Chabot. Mais cela n'est pas démontré. Il faut accepter avec de grandes réserves le témoignage de l'ex-capucin qui, suivant la remarque de M. Léopold Lacour (*Trois Femmes de la Révolution*, Plon, éditeur), était parfaitement capable, en vue d'un succès de tribune, d'un gros mensonge ou d'une mise au point équivalant à un mensonge.

Arrêtée le 12 avril 1794, elle fut relâchée après une longue détention.

(1) *Gazette Nationale*, 1792, n° 196. Louis-Pierre Manuel, né en 1751, mort le 17 novembre 1793, député à la Convention, vota pour l'appel au peuple et la détention.

(2) *Ibidem*, n° 234. Marie-Paul-Joseph-Roche-Yves-Gilbert du Motier, marquis de La Fayette (1757-1834).

(3) *Ibidem*, n° 269.

(4) Jean-François de Menou, né le 13 septembre 1756, mort le 13 août 1810, général, fut battu par La Rochejacquelein et accusé par Robespierre. Défendu par Barère et acquitté, il se distingua en Égypte. Plus tard, il se fit mahométan.

(5) *Gazette Nationale*, 1792, n° 278.

(6) Aubin Bigorie, chevalier du Chambon, né à Lubersac le 13 août 1757, mort le 29 novembre 1793, fut envoyé à la Convention. Il s'échappa après le 31 mai et fut arrêté à Lubersac. Il vota la mort du Roi.

(7) *Gazette Nationale*, 1793, n° 24.

(8) Benoit Lesterps Beauvais, né le 22 août 1750, exécuté le 31 octobre 1793, député à la Convention, vota la mort avec sursis.

envoyé en mission à la Manufacture d'armes de Saint-Etienne (1) ; enfin, c'est La Fayette qu'il poursuit d'une haine implacable et qu'il veut traiter comme « une bête fauve » (2).

Il s'en prit même à Marat (3), qui avait osé dire que la nation serait forcée de renoncer à la démocratie pour se donner un chef (4).

Mais cette fois-là, les rieurs ne furent pas de son côté. Quelques jours auparavant, Chabot avait imaginé un complot en s'appuyant sur le témoignage d'un nommé Viard, qui fut lui-même arrêté comme conspirateur. Marat, ayant flairé le piège tendu à Chabot, l'en avait prévenu. Mais celui-ci n'avait rien voulu entendre, et s'était couvert de ridicule. Aussi, lorsqu'il accusa Marat, ce dernier se borna à répondre qu'il lui était bien pénible d'avoir à se défendre contre des « patriotes sans vertu, pétris d'amour-propre et choqués de ce qu'il les avait traités de dindons » (5).

Cependant, à la fin de mai, Chabot, jugeant l'opinion suffisamment préparée à entendre ses révélations, se décida à frapper un grand coup,

______

(1) *Gazette Nationale*, 1793, n° 234.

(2) *Ibidem*, 1792, n° 233.

(3) Jean-Paul Marat, né le 24 mai 1745, assassiné le 14 juillet 1793.

(4) *Gazette Nationale*, 1792, n° 361.

(5) *Ibidem*, n° 344.

et, le 4 juin, il prit la parole pour dénoncer le fameux Comité autrichien.

« J'ai promis à l'Assemblée Nationale et à la nation entière les preuves d'un grand complot contre la liberté et la Constitution ; j'ai promis de démontrer qu'il existait en France, dans le sein même de la capitale, et à côté de vous, des hommes assez pervers pour réaliser le projet insensé de faire rétrograder la Révolution française dans le sens même de Léopold ; des hommes qui, comme le Ministre autrichien, calomnient la majorité des représentants du peuple français, qu'ils vouent à l'exécration publique et à la mort, comme une troupe de factieux ; des hommes qui insultent impunément au peuple le plus généreux qui veut bien faire grâce à ses oppresseurs, les honorer même de sa confiance, pourvu qu'ils acceptent le titre de frère qu'il leur offre ; des hommes qui appellent le fer des tyrans et le feu de la guerre sur une patrie qui ne fut jamais souillée que de leurs crimes, le tout pour conserver quelque hochet d'une vanité dont ils devraient rougir, dans un siècle de philosophie et de lumières ; et leur prétexte, c'est que Louis XVI est esclave à leurs yeux, lorsqu'il fait exécuter les lois d'une nation de vingt-cinq millions d'hommes libres, lorsqu'il est assis sur un trône élevé par la volonté nationale et, par là même, respecté par tous les vrais citoyens ; lorsque cette volonté à mis entre ses mains tous les moyens possibles de le faire chérir de tous les gens de bien, j'ai presque dit de s'en faire adorer; en un mot, j'ai promis de démontrer qu'il existe au milieu de nous des hommes coalisés avec les rebelles d'outre-Rhin et, par là même, avec la maison d'Autriche; que ces hommes se réunissent pour trahir la nation et pour saper les bases de notre liberté, c'est-à-dire que j'ai promis de démontrer l'existence d'un Comité autrichien » (1).

Après cet exorde, que nous avons cité en entier afin de donner une idée du ton général du discours, l'Assemblée pouvait croire que Chabot, puisant dans son volumineux dossier, lui apporterait une démonstration précise et irréfutable de la conspiration dont il prétendait connaître tous les détails.

Il n'en fut pas ainsi. Chabot parla très longuement, mais d'une façon plutôt confuse et sans apporter ni faits nouveaux, ni preuves décisives.

On en pourra juger par le résumé qui va suivre.

Le complot qui avait pour but de faire rétrograder la Révolution datait de loin. Il s'agissait tout d'abord d'enlever le Roi et de le conduire a Caen suivant les uns, en Brabant suivant les autres, car les témoignages invoqués ne concor-

____

(1) *Gazette Nationale* du 6 juin 1792.

daient pas sur ce point, et, si l'on ne pouvait y réussir, on le poignarderait pour rejeter l'odieux de ce crime sur les Jacobins et sur l'Assemblée Nationale.

D'ailleurs, que le Roi fût enlevé ou qu'il fût mis à mort, le résultat devait être le même, c'est-à-dire le rétablissement de la Royauté, grâce à l'intervention des Puissances.

L'Assemblée, cela va de soi, était condamnée à disparaître. « J'ai appris par une confidence, disait M. Brunet, officier municipal de Montpellier, qu'un grand nombre de gens partent de tous les points pour se rendre en masse à Paris, où ils comptent se réunir au nombre de vingt mille et se joindre à la Garde du Roi, sous prétexte de le défendre et tenter de dissoudre l'Assemblée Nationale » (1).

D'après M. Bernafaix, il ne s'agissait pas seulement de dissoudre l'Assemblée, mais d'en égorger les membres; voici ce qu'il écrivait :

« Un *brave citoyen* m'a dit hier au soir : j'ai été voir *une fille*, domestique chez un noble, *elle* m'a dit que son maître partait cette nuit pour Paris, pour se réunir aux trente mille hommes qui doivent sous peu égorger l'Assemblée Nationale » (2).

---

(1) *Gazette Nationale* du 6 juin 1792.
(2) *Ibidem.*

Cette conspiration était connue même en Angleterre, si l'on en croit un billet adressé à M. Audouin (1) dès le mois de septembre 1791 : « Les élections vont grand train, Brissot et beaucoup d'autres sont fiers d'en être. Pauvres gens ! Que je les plains ! Les infortunés ne voient pas le précipice qui s'ouvre de plus en plus sous leurs pas. Je leur prédis que leur élection sera pour chacun d'eux un brevet de mort, de mort tragique » (2).

Enfin, le lieutenant de vaisseau de Saint-Hilaire, promettant de payer ses dettes après la contre-révolution, avait ajouté : « Ne dites pas si elle n'avait pas lieu, car elle est certaine » (3).

Convaincu par ces différents témoignages, Chabot s'écriait : « Je demande si des lettres de Nantes, de Poitiers, d'Amiens, de Montpellier, de Toulouse, de Brest et de toutes les principales villes du royaume ne justifient pas la dénonciation du complot que je vais remettre sur le bureau » (4).

Eh bien, non, elles ne la justifiaient pas, car

---

(1) Pierre-Jean Audouin, né à Paris en 1760, mort à ......, était surnommé « le sapeur » parce qu'il avait été sapeur au bataillon de la section des Carmes. Député à la Convention et aux Cinq-Cents, il se distingua par sa violence, fonda le *Journal Universel* et le *Journal des Hommes libres*. Il vota la mort du Roi.

(2) *Gazette Nationale*, 1792, 6 juin.

(3) *Ibidem.*

(4) *Ibidem.*

la plupart de ces témoignages sont anonymes, quand ils ne sont pas de seconde ou de troisième main.

C'est M. Bernafaix qui raconte *qu'un brave citoyen* lui a dit *qu'une fille* domestique chez *un noble* lui avait dit que son maître allait partir pour Paris; ainsi sur trois témoins mis en cause, deux restent inconnus, et, quant au troisième, M. Bernafaix, homme fort honorable sans doute, tout ce que nous savons de lui c'est qu'il habitait Poitiers.

Inconnu également l'Anglais qui a écrit à M. Audouin, et qui, d'ailleurs, se borne à traduire une opinion, qui avait peut-être cours à Londres, mais sans préciser aucun fait.

M. Brunet signale de nombreux départs pour Paris; ce sont des faits qu'il a pu constater, mais, quand il veut en expliquer la cause, sur quoi s'appuie-t-il? Sur ce qu'il a entendu dire. Mais que ne disait-on pas en ce temps-là, où la peur, l'incertitude, l'absence de nouvelles disposaient les esprits à tenir pour vrais les bruits les plus invraisemblables.

N'est-il pas permis de penser que si M. de Saint-Hilaire avait jugé la contre-révolution aussi prochaine qu'il semblait le dire, il eût peut-être choisi, pour le paiement de ses dettes, une date moins rapprochée ?

La Garde du Roi, qui devait recevoir les conjurés débarqués de la province, venait d'être licenciée sur la proposition de Basire. Chabot la dénonça néanmoins. « Seuls, disait-il, les bons citoyens se sont retirés dans leurs départements, et les autres, qui sont la majorité, vils scélérats gangrenés d'aristocratie, se préparent à partir pour Coblentz » (1).

A côté de la Garde, il y avait le régiment des suisses, « recruté parmi des gens sans aveu et animés des pires intentions, qui se permettent de cracher sur les journaux où on parle de l'Assemblée et qui ont les poches pleines d'assignats dont on ignore la provenance » (2).

Et enfin, tous les nobles et prêtres réfractaires dont l'arrivée à Paris est signalée par les municipalités qui leur ont délivré des passeports (3).

Tout est préparé pour les recevoir et pour les armer. Cent mille cocardes blanches sont commandées; Carrier et Jolivet fabriquent six mille sabres sur lesquels sont écrits ces mots : Vivre ou mourir pour le Roi; l'arquebusier Courtois, rue Saint-Honoré, a vendu deux cents paires de pistolets, et trois mille cent quarante-six cartouches ont été livrées par la fabrique de Versailles (4).

---

(1) *Gazette Nationale*, 1792, 6 juin.
(2) *Ibidem.*
(3) *Ibidem.*
(4) *Ibidem.*

Toute cette partie du rapport fut accueillie assez froidement par l'Assemblée, qui ne paraissait pas ajouter une grande importance aux dénonciations de Chabot.

Tout compte fait, la République n'existait pas encore, Louis XVI était toujours roi : dès lors, était-ce donc un crime que de faire serment de le défendre et de mourir pour lui?

Pendant que des citoyens français tâchaient à renverser la Monarchie et à pousser la Révolution plus avant, faut-il s'étonner si d'autres citoyens, également français, essayaient, de leur côté, de sauver la Monarchie et d'enrayer la Révolution?

Et s'il faut trouver des conspirateurs, irons-nous les chercher parmi ceux qui défendent la Constitution ou parmi ceux qui la veulent détruire? Parmi ceux qui veulent mourir pour leur Roi ou parmi ceux qui veulent l'assassiner?

D'ailleurs, même en tenant pour démontré ce complot qui, lorsqu'on a fait la part de l'exagération, se résume à la défense du Roi, on y chercherait vainement la preuve de l'existence de ce Comité autrichien, qu'on avait promis d'établir. Mais voici que Chabot prononce le nom de M. de Montmorin, qui rappelle les dénonciations de Carra et les incidents qui valurent au trop consciencieux juge de paix La Rivière, d'être envoyé sur les bords de la Loire. Nous allons sans doute être pleinement édifiés.

Hélas! nous n'apprendrons rien de bien nouveau. MM. de Montmorin et de Lessart ont payé environ 1.500.000 livres de dépenses secrètes pour les Affaires étrangères; on a répandu dans tout le royaume les libelles et les journaux les plus abominables. Ne voilà-t-il pas des preuves décisives de l'existence du Comité autrichien? (1).

Le duc et la duchesse de Fitz-James (2), pendant leur séjour à Rome, adressaient leurs lettres à la princesse de Chimay et à Mme de Maillé, sous le couvert de M. de Montmorin, qui les fit disparaître de crainte qu'on apposât les scellés au Ministère. Or, M. de Montmorin a prétendu qu'il n'avait soustrait aucune pièce du bureau des Archives étrangères (3).

Ce sont les prétendues réunions tenues à la Briche, à Bagatelle, à Auteuil, dont il a été déjà question, et qui ont été démenties lors de l'enquête faite par M. de La Rivière; c'est le comte de Rivaldy qui habite Paris, reçoit un grand nombre de personnes et possède un coffre-fort plein d'argent et d'assignats; le duc de Nivernois (4)

---

(1) *Gazette Nationale*, 1792, 6 juin.

(2) Jacques-Charles, duc de Fitz-James, né le 26 novembre 1743, mort en émigration.

(3) *Gazette Nationale*, 1792, 6 juin.

(4) Louis-Jules Barbon Mancini-Mazarini, duc de Nivernois, né en 1716, mort en 1798, fut ambassadeur à Rome, à Berlin et à Londres.

qui se rend tous les jours chez Louis XVI ; Mme de Boufflers (1) qui reçoit plus de quarante lettres par jour ; M. Vienne chez qui l'on fait chaque nuit des « orgies remarquables », et où l'on a vu entrer un domestique revêtu de la livrée de la Reine ; M. d'Aguesseau qui a un train de maison et donne des repas que sa fortune ne saurait comporter ; c'est, au bois de Boulogne, un défilé de plus de cent voitures, dont les maîtres se traitaient hautement de comtes et de marquis ; M. Cousin qui est allé à Bruxelles voir le prince de Condé, et enfin, Mme de Brionne qui a osé dire que le Roi avait à Paris un parti formidable (2).

Que peut-on demander de plus ? Et cependant ce n'est pas encore tout. Les généraux trahissent ! Dillon écrit à Monsieur : « Laissez-nous travailler, vous nous jugerez à l'ouvrage. Comment voulez-vous que je ne sois pas pour vous, moi, et Rochambeau, ainsi que nos braves officiers dépouillés comme vous ? » (3). La Fayette tient des discours infâmes contre le peuple de Paris (4). Mais, à ces mots, l'Assemblée interrompt Chabot : « Vous prêchez la dissolution de l'armée », s'écrient les uns ;

---

(1) Marie-Charlotte-Hippolyte, comtesse de Boufflers-Rouvrel, née Camper-Saugeon, née en 1724, morte vers 1800.

(2) *Gazette Nationale*, 1792, 6 juin.

(3) *Ibidem.*

(4) *Ibidem.*

« qu'on envoie Chabot à l'Abbaye », disent les autres, et M. Lacépède (1) ajoute : « Je crois qu'il est impossible de douter que celui qui a écrit à M. Chabot de semblables lettres ne soit le serviteur le plus fidèle des émigrés. Et lorsque de pareilles calomnies ont été débitées de sang-froid, à la tribune de l'Assemblée Nationale, j'avoue que, si je n'avais vu tous les membres se lever avec indignation, je craindrais que, dans trois jours d'ici, l'armée ne fût dissoute. Mais heureusement, j'espère partager le mépris dont vous les couvrez » (2).

En vain Chabot essaie de répondre. Les cris et les protestations redoublent. « Je ne conçois pas, dit un député, comment on peut entendre de sang-froid ceux qui, comme M. Chabot, travaillent à semer la division entre les généraux et les troupes, et comment on ne voit pas que ces divisions entre les patriotes sont inventées pour perdre la chose publique » (3).

M. Dubayet se lève pour prendre la défense de La Fayette. « Je demande que l'on écoute toutes les pièces que M. Chabot a à nous lire, sans disconvenir cependant combien il importe à la liberté fran-

---

(1) Bernard-Germain-Étienne de Laville-sur-Illon, comte de Lacépède, pair de France, colonel d'infanterie en Allemagne, auteur de plusieurs ouvrages d'histoire naturelle, fut député à la Législative. Né le 24 décembre 1756, il mourut le 6 octobre 1825.

(2) *Gazette Nationale*, 1792, 6 juin.

(3) *Ibidem*.

çaise de donner à l'homme qui a combattu dans les deux mondes pour la liberté, un témoignage éclatant de la confiance publique. Oui, ces calomnies ne détruiront pas sa gloire, et une diatribe anonyme ne nous fera pas perdre le souvenir de sa vie entière. J'atteste à la nation que j'ai vu M. La Fayette verser son sang pour la liberté, oui, s'il est un homme qui ne puisse vivre que pour la liberté, c'est M. La Fayette » (1).

Déconcerté par ces manifestations, Chabot veut se ressaisir et expliquer ses dénonciations. « Persuadé comme vous que M. La Fayette ne peut pas perdre un instant la confiance dont la nation française lui a donné de si éclatants témoignages, j'ai cru qu'il était utile qu'il connût les calomnies que les ennemis de la patrie débitent contre lui, afin qu'elles le fissent, s'il est possible, redoubler de zèle, pour détruire tous les soupçons dont on cherche à l'environner » (2).

En voyant tout à coup le capucin prendre la défense de celui qu'il venait d'attaquer, l'Assemblée ne peut se tenir de rire.

Chabot, fort marri de son échec, proposa de nommer une commission chargée de choisir, dans son dossier, les pièces qu'il convenait de lire, mais

---

(1) *Gazette Nationale*, 1792, 6 juin.
(2) *Ibidem.*

il s'attira cette verte riposte de M. Dumas : « Non, Monsieur, nous voulons entendre toutes les pièces, afin que l'on connaisse à quoi se réduisent toutes les conspirations dont on nous berce depuis si longtemps. » Et M. Lemoutey appuya cette proposition, afin que l'Assemblée sût ce qu'elle devait ordonner relativement à Chabot.

Celui-ci, rendu plus circonspect, se borna à lire quelques pièces sans importance et conclut en proposant l'adoption d'un décret ainsi conçu.

Art. 1. — Immédiatement après la publication du présent décret, tous les citoyens français qui iront prêter le serment civique devant leurs municipalités respectives seront armés de fusils, sabres ou piques, selon les facultés de la commune.

Art. 2. — Tous ceux qui n'auront pas prêté ledit serment dans la huitaine seront désarmés sans délai.

Art. 3. — La ville de Paris est déclarée en état de guerre jusqu'à l'armement et désarmement prescrits par les précédents articles.

Art. 4. — L'Assemblée ordonne à ses Comités réunis de lui faire un rapport sur les chefs de la conspiration qui doivent être accusés ou envoyés devant les tribunaux.

Des cris « *A l'Abbaye* » accueillent la lecture de ce décret. On somme Chabot de déclarer si c'est au nom du Comité de Surveillance qu'il a fait son rapport. Plusieurs membres de ce Comité déclarent qu'ils ont demandé en vain que le dossier leur fût communiqué.

M. Beaumarchais précise que l'achat de soixante mille fusils dont a parlé Chabot a été fait par le Ministre de la Guerre.

Enfin, sur la proposition de Guadet, l'Assemblée décide que les pièces mentionnées dans le rapport seront envoyées aux Comités réunis, à l'exception de celles qui sont relatives aux généraux et autres officiers de l'armée, et qu'elle voue au mépris qu'elles méritent.

Ainsi se termina la dénonciation du Comité autrichien et l'histoire de ce fameux complot que Chabot avait composée avec tant de soin.

Une seule chose était vraie, on en eut la preuve lors de la découverte de l'armoire de fer, mais Chabot n'en avait pas parlé : c'était la mission dont Mallet du Pan (1) avait été chargé auprès de l'empereur d'Autriche.

Or, pouvait-on en faire un crime à Louis XVI ? Menacé comme il l'était, à la veille d'être déposé et mis en prison, lui était-il donc interdit d'essayer de se défendre ?

S'il avait voulu, comme le prétendait Chabot, se mettre à la tête des massacreurs de l'Assemblée, certes il eût agi autrement.

---

(1) Jacques Mallet du Pan, né en 1749, mort le 10 mai 1800.

Bourrienne raconte que le 20 juin, tandis que les Tuileries étaient assiégées par la populace, un jeune officier d'artillerie, le capitaine Bonaparte, se promenait devant ce palais où, quelques années plus tard, il devait recevoir tous les rois de l'Europe. Indigné de la longanimité du monarque en présence du danger qui le menaçait, lui et sa famille, Bonaparte ne put s'empêcher de dire aux deux amis qui l'accompagnaient : « Comment a-t-on pu laisser entrer cette canaille? Il fallait en balayer quatre ou cinq cents avec du canon, et le reste courrait encore » (1).

Au même instant, que faisait Louis XVI? Il donnait l'ordre d'ouvrir les portes du château, comme il devait, le 10 août, défendre aux Suisses de se servir de leurs armes!

Et voilà celui qu'on accusait de vouloir verser le sang de son peuple!

----

(1) *Mémoires de Bourrienne.*

CHAPITRE V

Changement de ministère. — Lettre de La Fayette. — 20 juin. — Rôle de Chabot. — Chabot et Grangeneuve. — La déchéance du Roi est proposée. — 10 août. — Massacres de Septembre. — Élections de la Convention. — Chabot est élu par le Loir-et-Cher. — Chabot et le Comité de surveillance. — Affaire Viard. — Chabot, Fauchet, Menou, la princesse de Rohan et Henri Blackwood. — Procès de Louis XVI.

Le veto opposé par le Roi aux décrets sur le serment des prêtres et sur la formation d'un camp de vingt mille hommes avait amené la démission du ministère. Dumouriez, qui désapprouvait ces décrets tout en les croyant nécessaires, partit pour l'armée dans l'espoir d'y recouvrer, grâce à quelques succès, sa popularité bien compromise.

Le Roi, livré à ses propres forces, dut s'adresser de nouveau aux Feuillants qu'il avait déjà abandonnés pour les Girondins. Ni les uns, ni les autres n'étaient les maîtres de la situation : les

Girondins manquaient de fermeté et leur haine pour les Constitutionnels les poussait plutôt vers la gauche; quant aux Feuillants, soutenus à regret par la Cour, et sans influence sur le peuple, l'exercice du pouvoir paraissait devoir être une lourde charge pour eux, lorsque La Fayette leur vint en aide.

Celui-ci, dans une lettre adressée au Roi et où il fit preuve d'un grand courage, n'hésita pas à dénoncer les Jacobins, auteurs de tous les désordres.

« C'est dans leurs séances publiques, disait-il, que l'amour des lois se nomme aristocratie et leur infraction patriotisme : là, les assassins de Désilles reçoivent des triomphes, les crimes de Jourdain trouvent des panégyristes, là, le récit de l'assassinat qui a souillé la ville de Metz vient encore d'exciter d'infernales acclamations... Que le règne des clubs, anéanti par vous, fasse place au règne de la loi, leurs usurpations à l'exercice ferme et indépendant des autorités constituées... leurs combinaisons sectaires aux intérêts de la patrie, qui, dans ce moment de danger, doit réunir tous ceux pour qui son asservissement et sa ruine ne sont pas les objets d'une atroce jouissance et d'une infâme spéculation. »

Ces fières paroles d'un général adoré de ses soldats ne pouvaient être du goût de ceux que la vue d'un sabre importunait et qui ne voyaient dans l'armée qu'une bande de prétoriens.

La droite de l'Assemblée les acclama et l'on allait en voter l'impression, lorsque Vergniaud demanda la parole pour s'y opposer, prétextant qu'il n'était pas admissible de recevoir des leçons d'un général armé. En vain Thévenot, répliqua-t-il que l'Assemblée devait accepter de la part de La Fayette les vérités qu'elle n'osait pas se dire à elle-même, la Gironde l'emporta, grâce à l'aide de ceux qui devaient l'envoyer, quelques mois plus tard, à l'échafaud.

L'alarme était grande parmi les Jacobins qui, persuadés de la nécessité de frapper un coup décisif, organisèrent la journée du 20 juin, ce qui fut d'autant plus facile que depuis longtemps on fomentait l'insurrection.

Dès la fin de mai, Santerre et ses amis tenaient des conciliabules secrets, soit à l'église des Enfants Trouvés, soit aux Quinze-Vingts.

Tout était donc prêt, lorsque, sous le prétexte de fêter l'anniversaire du serment du Jeu de Paume, on décida de présenter au Roi une pétition, et d'armer tous les patriotes, c'est-à-dire, tous les révolutionnaires.

Malgré la résistance du Directoire, qui refusa d'autoriser pareille manifestation, et grâce à l'inaction complaisante de Pétion, maire de Paris, les manifestants purent se réunir et ils se rendirent à l'Assemblée qui, avertie de leur dessein mais peu rassurée, se demandait s'il ne vaudrait pas mieux ne recevoir qu'une délégation des pétitionnaires.

Avant que l'accord sur la conduite à suivre ne fût établi, la foule envahit la salle des séances, où, pendant une heure, elle défila, criant, dansant, agitant des branches d'olivier et des bâtons, et poussant la férocité jusqu'à promener, au bout d'une pique, un cœur de veau avec cette inscription : « cœur d'aristocrate ».

On évalue à huit mille le nombre des manifestants (1) qui, de là, se dirigèrent vers les Tuileries, où l'on sait quelle fut leur attitude.

Le rôle de Chabot, en cette circonstance, est assez difficile à préciser. L'effet de la journée du 20 juin fut contraire à ce qu'on attendait, et, comme le fait remarquer Thiers, « par une réaction naturelle, la faveur était toute pour la famille royale exposée à tant de dangers et d'outrages et une extrême défaveur régnait contre les auteurs supposés de l'insurrection ».

Tout mauvais cas, dit-on, est niable, voilà pourquoi personne ne voulait assumer la responsabilité des excès qui avaient marqué ce mouvement révolutionnaire.

Chabot, dans une lettre à Brissot, lui reproche amèrement la part qu'il y avait prise. « Tu peux te vanter d'avoir suscité l'insurrection du 20 juin

____

(1) TAINE, t. V, p. 248.

et d'avoir ainsi compromis le sort de la liberté (1).

Cependant, le 25 juin, le Président de l'Assemblée recevait une lettre signée de trois habitants du faubourg Saint-Antoine, lesquels accusaient Chabot d'avoir, dans la nuit du 19 au 20, rassemblé le peuple dans une église et de lui avoir conseillé de s'armer contre ceux qui s'opposeraient à ses vues et à l'assassinat du Roi (2).

L'authenticité de cette lettre fut niée par des rapports de police rédigés trop à la hâte, et dans le dessein trop évident de justifier Chabot, pour qu'il soit possible de les accepter sans réserves. Ils sont datés du 27, et l'on se demande comment on avait pu, en si peu de temps, procéder à une enquête sérieuse (3).

Chabot se défendit en prétendant (4) qu'il s'était rendu au faubourg Saint-Antoine pour y prêcher le calme et dissuader les citoyens de se présenter en armes chez le Roi, mais le procès-verbal des Quinze-Vingts, qu'il invoque en sa faveur, se borne à constater qu'il recommanda la modération, et n'entre pas dans d'autres détails (5).

---

(1) Bib. Nat., Lb, 41, 272.

(2) Arch. Nat. D, XL, 14. — Legendre déclara à Boissy d'Anglas qu'on avait le projet de tuer le Roi. RœDERER : *Chronique des cinquante jours.*

(3) Arch. Nat., F. 7, 4637.

(4) *Gazette Nationale,* séance du 27 juin 1792.

(5) Arch. Nat., D, XL, 14.160.

D'autre part, il est à peu près démontré que Chabot avait assisté aux conciliabules tenus chez Santerre (1), et il paraît bien difficile d'admettre qu'il ait joué le rôle pacificateur qu'il s'attribue après coup.

En tous cas, s'il se défend d'avoir encouragé l'insurrection du 20 juin, il revendique hautement sa part dans celle du 10 août.

L'attitude si digne de la famille royale avait eu raison des passions populaires surexcitées par quelques meneurs. Sur un seul mot de la Reine, une fille, qui l'accablait des plus grossières injures, était tombée à genoux et tout en larmes; et des citoyens, venus avec le ferme dessein de tuer le Roi, s'étaient retirés après l'avoir vu et en disant : « C'est pourtant dommage, cet homme a l'air d'un bon b.... » (2). Le coup était manqué : il fallait le refaire et le mieux préparer.

L'arrivée de La Fayette qui venait de nouveau offrir ses services à la Cour, les nombreuses adresses envoyées au Roi d'un grand nombre de départements, les pétitions qui affluaient à l'Assemblée, inspirèrent une si grande terreur aux Jacobins qu'ils sollicitèrent l'aide de Dumouriez. Mais celui-ci refusa de les entendre. Il fallut donc se tourner d'un autre côté.

---

(1) Claude Santerre, né en 1752, mort en 1809.
(2) PRUDHOMME *Crimes de la Révolution*; t. III, p. 43.

Ce fut alors que Grangeneuve s'offrit en victime
et consentit à se laisser tuer, afin que sa mort,
imputée à la Cour, ameutât le peuple. Chabot le
loua fort de son dessein et lui proposa même de
partager son sort. «Deux assassinats, dit-il, vau-
dront encore mieux qu'un seul. »

Et voilà les deux amis qui conviennent de l'heure
à laquelle ils se rendront en un lieu déterminé et
de la façon dont ils s'entretueront.

Malheureusement, ce plan échoua par la faute
de Chabot, qui négligea d'aller au rendez-vous.
Grangeneuve l'y attendit vainement et puis rentra sain et sauf, faute d'avoir rencontré son meur-
trier.

On n'avait pu assassiner le Roi, le 20 juin;
peut-être y réussirait-on cette fois. Malgré tout
ce qu'on a pu dire, il n'est pas contestable que
la mort de Louis XVI n'entrât dans les plans de
plusieurs chefs de l'insurrection. Et si l'on en
doutait, il suffirait, pour s'en convaincre, de
relire les paroles cyniques prononcées à la Convention par Merlin.

« Si j'ai quelque chose à me reprocher, disait-il
le 3 décembre 1792, c'est de n'avoir pas suivi, le
10 août, la première inspiration qui me disait de
vous épargner la peine de juger Louis XVI longuement » (1).

------

(1) Taine, t. V, p. 341.

En tous cas, il paraissait possible de faire voter la déchéance.

Cette idée, lancée par les journaux, fit son chemin dans les clubs, ainsi qu'à l'Assemblée où elle fut émise par Crestin.

Chabot s'empressa d'en demander la discussion immédiate, aux applaudissements répétés des tribunes. La droite tout entière et une partie de la gauche protestent violemment et demandent que Chabot soit envoyé à l'Abbaye. La discussion se termine par un rappel à l'ordre, mais quelques jours après, la section de Mauconseil, sans tenir compte de l'Assemblée, et sans doute pour l'entraîner, décréta qu'elle ne reconnaissait plus Louis XVI pour roi des Français (1).

Au même moment, la ville de Marseille écrivait à la Législative pour demander l'abolition de la royauté et des bandes de fédérés envahissaient Paris. Tout paraissait à point pour l'exécution des plans du Comité insurrectionnel. Il fallait néanmoins compter avec Pétion, qui, redoutant l'issue d'une lutte, préférait arracher la déchéance à la faiblesse de l'Assemblée et menaçait d'user de son influence pour faire avorter l'insurrection.

Les Jacobins ne voulaient rien entendre, prétextant qu'on ne pouvait pas compter sur une

____

(1) TAINE, t. V. p. 281.

Chambre qui venait d'absoudre « le scélérat La Fayette ».

« D'ailleurs, disait Chabot, si Pétion s'oppose au mouvement populaire, on le fera arrêter, afin de l'empêcher d'agir. »

Au fond, c'était ce que désirait Pétion, qui nouveau Pilate, voulait simplement mettre sa responsabilité à couvert. Il l'a lui-même avoué : « Je désirais l'insurrection, mais je craignais qu'elle ne réussît pas. Ma position était critique : il fallait faire mon devoir de citoyen, sans manquer à celui de magistrat; il fallait conserver tous les dehors et ne pas m'écarter des formes. Quoiqu'on eût projeté de me consigner chez moi on oubliait, on tardait de le faire. Qui croyez-vous qui envoya par plusieurs fois presser l'exécution de cette mesure? C'est moi, oui, c'est moi » (1).

Pendant que l'on expédiait chez lui les quatre cents hommes qui devaient le garder à vue, Mandat, commandant du château, et qui avait en poche l'ordre de repousser la force par la force, était saisi et mis à mort. Ainsi, par la trahison de l'un et par l'assassinat de l'autre, le succès du 10 août était assuré.

Le jour même, le Roi fut « suspendu provi-

---

(1) *Pièces intéressantes pour l'histoire.* Pétion.

soirement de la royauté » et la réunion d'une Convention nationale décidée.

Chabot, qui avait parlé à l'Assemblée en faveur de la déchéance, qui avait sonné le tocsin dès le 8 août, parce qu'il croyait l'insurrection nécessaire pour le lendemain (1), qui enfin reprocha plus tard à Brissot de lui ravir l'honneur d'avoir organisé le 10 août, essaya tout d'abord de faire preuve de modération et sembla déplorer les excès du peuple.

Envoyé avec Goupilleau et Duhem (2) pour publier les décrets de l'Assemblée, il se rendit aux Tuileries dont une partie brûlait, « ce qui était véritablement malheureux, car les Français se feraient la guerre à eux-mêmes s'ils ne respectaient pas les propriétés publiques » (3).

---

(1) Bib. Nat., Lb. 41, 272.

(2) Pierre-Joseph Duhem, né à Lille en 1760, mort en Allemagne le 25 mars 1807, fut député à la Convention, puis il se retira à Mayence, où il était médecin en chef de l'hôpital lorsqu'il mourut. Il vota la mort du Roi. Pendant l'hiver 1794-1795 les députés émus de la cherté des vivres pensèrent qu'il fallait faire quelque chose pour le peuple, et, sans plus tarder, ils portèrent leur indemnité quotidienne de 18 à 36 livres! Duhem fut du très petit nombre de ceux qui votèrent contre cette proposition, et il prononça à cette occasion ces paroles fort justes dont on a malheureusement perdu le souvenir : « Lorsqu'il s'agit d'augmentation nous ne devons parler de nous qu'en dernier lieu... Des mesures de ce genre, même justifiées matériellement, mais indécentes, pendant certaines crises, sont toujours impolitiques, prises à part, et ne devraient découler que d'une réforme générale dans laquelle tous les petits traitements auraient d'abord trouvé leur compte. » (Voir *Thermidor et Directoire*, par M. George Deville, pages 71, 76, 84 et 85.)

(3) *Gazette Nationale*, séance du 10 août 1792.

Puis, chargé de protéger les Suisses arrêtés par la populace et dont la vie était en danger, il les accompagna à l'Abbaye et rédigea un certificat qu'il fit signer aux officiers municipaux afin de constater que, grâce à son intervention, les prisonniers étaient sains et saufs (1).

Enfin, le 17 août, il monta à la tribune et s'efforça de rejeter sur les membres du côté droit de la Chambre la responsabilité de l'insurrection.

« Oui, s'écria-t-il, c'est vous autres, c'est vous qui l'avez faite, c'est l'absolution de La Fayette qui a fait répandre le sang français aux Tuileries et vous me paraissez couverts du sang de vos concitoyens » (2).

Et il termina son discours en demandant de chasser de l'armée tous les officiers qui la déshonoraient.

Deux jours plus tard, il proposait la nationalisation de l'armée (3), suivant le plan qu'il avait eu soin de préparer entre le 20 juin et le 10 août. Ce plan, dont nous parlerons plus loin, obtint peu de succès et Chabot reconnaît que si l'Assemblée feignit de l'écouter avec attention, ce fut uniquement parce qu'elle voulait le ménager, afin

---

(1) Arch. Nat., C. 156, 305.

(2) *Gazette Nationale*, séance du 17 août 1795.

(3) *Ibidem*, séance du 19 août 1792.

de se servir de sa popularité pour sauver La Fayette » (1).

La journée du 10 août, trop connue pour qu'il soit nécessaire de la raconter, fut suivie des massacres de septembre, qui dépassèrent en horreur tout ce que l'on pouvait concevoir. « Il ne faut pas traduire les conspirateurs devant les tribunaux ordinaires, disait Brissot, mais devant un tribunal d'exception, sorte de chambre ardente qui décidera souverainement et en dernier ressort ».

Et c'est ce qui fut fait. Sur un mot de Maillard, chef de la bande des Tape-dur, les prisonniers étaient livrés au peuple qui, se plaignant de les voir mourir trop vite, décida de ne les frapper qu'avec le dos des sabres et de les faire courir entre deux haies d'égorgeurs, comme jadis les soldats qui passaient par les baguettes (2).

Chabot se défend d'avoir participé à cette journée, dont il veut rendre Brissot responsable : « C'est de ta bouche, lui dit-il, que j'ai appris, le 2 septembre au matin, le complot de massacrer les prisonniers, et je t'ai conjuré d'engager l'Assemblée à se mettre à la tête de la Révolution... Je croyais que l'Assemblée pouvait seule mettre un terme à l'anarchie... » (3).

---

(1) Arch. Nat., F. 7, 4637, 17 à 37.
(2) TAINE, t. VI, p. 51.
(3) Bib. Nat., Lb. 41, 272.

Et il ajoute que Brissot a favorisé le 2 septembre, dans l'espoir d'y voir périr Morande (1), témoin de ses escroqueries (2).

Ce serait, croyons-nous, se tromper que de prendre au pied de la lettre les doléances de Chabot sur les massacres de septembre, doléances inexplicables chez l'un des principaux organisateurs de la journée du 10 août. Il est en effet permis de se demander pourquoi il se serait, en cette circonstance, séparé des Marat, des Robespierre et des Danton.

En réalité, Chabot manifeste des regrets peu sincères, il croyait inutile de se compromettre sans raison, et la cause de son attitude se trouve dans cette phrase de son mémoire justificatif : « ... Je n'avais plus besoin de provoquer le mouvement insurrectionnel, il me suffisait de le suivre ou d'en sonner la charge » (3).

C'est-à-dire qu'après avoir mis la Révolution en marche, après avoir surexcité les passions populaires, il jugeait habile d'affecter des airs de modération, pendant qu'il se réjouissait en secret du succès de ses manœuvres.

Voilà pourquoi, le 24 août, prévenu du danger que couraient les sœurs de charité de la Made-

____

(1) Charles Thévenot de Morande, né en 1748.
(2) Bib. Nat., Lb. 41, 272.
(3) Arch. Nat., F. 7, 4637, 17 à 37.

leine, accusées d'avoir puni une élève qui avait manifesté sa joie en apprenant qu'on recevait le serment civique des femmes, il se rendit à la Section du Roule, où il parvint à calmer le peuple et à reconduire les religieuses chez elles sans incident fâcheux (1), ce dont il ne manqua pas de se glorifier à l'Assemblée.

De même, le 2 septembre, après avoir accompagné à l'Abbaye la députation de l'Assemblée Législative, il l'accusa de n'avoir rien fait pour sauver les prisonniers. Mais lui, que faisait-il tandis que Dusaulx (2), au lieu de calmer le peuple, lui parlait de ses écrits académiques et de la prise de la Bastille (3), et que Manuel « semblait légitimer les massacres par sa présence? » (4).

Écoutez-le, il va nous dire : « Si j'accompagnai mes collègues à l'Abbaye, ce fut *sans une commission spéciale* (5), c'était ton parti [le parti de Brissot] qui les donnait, je n'en eus d'autre que celle de mon courage et de mon humanité » (6) «... et j'atteste que j'ai touché la main à plus

---

(1) Tuetey, t. V, n° 4040.

(2) Jean Joseph Dusaulx, né le 28 décembre 1728, mort le 31 mars 1799, fut député à la Législative et à la Convention. Dans le procès du Roi, il vota pour la détention et le bannissement.

(3) Bib. Nat., Lb. 41, 272.

(4) *Ibidem.*

(5) *Ibidem.*

(6) *Ibidem.*

de cent cinquante fédérés et que je les ai baignés de mes larmes » (1).

Ceci nous permet de rectifier une erreur commise par M. Aulard qui prétend que le « 2 septembre, Chabot fit partie de la députation envoyée par la Convention (*sic*) sur les lieux du massacre » (2).

. Notons aussi que M. Aulard confond l'Assemblée Législative avec la Convention, laquelle ne date que du 21 septembre.

Quoiqu'il n'entre pas dans le plan de notre ouvrage de rapporter les détails de cette sanglante journée, il nous paraît impossible de ne pas relever les lignes inconcevables qu'elle a inspirées à Louis Blanc, et qui montrent jusqu'à quel point l'esprit de parti peut fausser le jugement d'un historien. D'après cet auteur, c'est « d'un prêtre que vient la première provocation et c'est à une tentative d'évasion que se rapportent les premiers massacres » (3).

Comment, voilà des prêtres entassés dans des voitures et conduits à l'Abbaye, où la mort les attend ; l'un d'eux, poussé à bout par les menaces de la foule, s'oublie jusqu'à frapper de sa canne un fédéré qui riposte en l'égorgeant, et l'on ose

---

(1) *Gazette Nationale*, 10 février 1793.
(2) AULARD : *Les Orateurs de la Législative*, t. II, p. 29.
(3) Louis BLANC. *Histoire de la Révolution.*

prétendre que le provocateur, c'est la victime? On arrive à l'Abbaye, le premier prêtre qui descend de voiture tente de s'enfuir, mais il est aussitôt massacré et l'on veut lui faire un crime d'avoir essayé de sauver sa vie!

Mais Louis Blanc oublie que les massacres de septembre furent, non pas le résultat de l'effroi causé par la prise de Longwy et l'investissement de Verdun, mais le fait d'une bande de scélérats qui eut soin de se tenir dans la coulisse après avoir déchaîné la colère du peuple; il oublie que le Comité de surveillance avait donné l'ordre de juger tous les prisonniers de l'Abbaye, sauf l'abbé Lenfant (1), et que les exécuteurs de cet ordre reçurent le salaire auquel ils prétendaient avoir droit.

Jourdan (2), président des Quatre-Nations, reçut la visite de quelques égorgeurs qui demandaient le prix de leur journée, Billaud-Varennes (3) qui se trouvait auprès de lui, proposait de leur donner un louis, mais, comme on ne savait dans quelle caisse puiser, le citoyen L... offrit

---

(1) MORTIMER TERNAUX, *Histoire de la Terreur.*

(2) Jean-Baptiste Jourdan, né le 19 décembre 1757 mort .....
.............., député à la Convention, vota pour le bannissement du Roi.

(3) Billaud Varennes, né en 1762, mort en 1819, membre de la Convention et du Comité de Salut public. Il vota la mort du Roi.

d'en référer à Roland (1) chez qui il devait dîner le jour même (2).

On a retrouvé les arrêtés de plusieurs sections qui accordent une indemnité aux « travailleurs » (c'est ainsi qu'on appelait les tape-dur), et M. Granier de Cassagnac (3) a publié un fac-simile des bons de vingt-quatre livres délivrés par le Comité des Quatre-Nations (4).

En présence de ces preuves, que reste-t-il de l'étrange assertion de Louis Blanc?

Le nombre des victimes atteignit le chiffre de douze cents.

Parmi les quelques prisonniers qui échappèrent au massacre, se trouvaient l'abbé Sicard, successeur de l'abbé de l'Épée (5). Plusieurs historiens ont prétendu qu'il devait à Chabot d'avoir eu la vie sauve, et celui-ci a tout fait pour le laisser croire. Cela n'est pas exact, l'abbé Sicard fut reconnu et sauvé par un horloger nommé Monnot, qui l'entraîna au Comité où il demeura prisonnier. Deux jours plus tard, il écrivit à l'Assemblée pour

---

(1) Jean-Marie Roland de la Platière, né le 19 février 1734, mort le 15 novembre 1793, député à la Convention.

(2) MORTIMER TERNAUX, *Histoire de la Terreur.*

(3) Adolphe Granier de Cassagnac, né le 11 août 1806, mort le 31 janvier 1880.

(4) MORTIMER TERNAUX, *Histoire de la Terreur.*

(5) Charles Michel, Abbé de l'Épée, né en 1712, mort en 1789, fondateur de l'Institut des sourds-muets.

demander d'être mis en liberté, et, grâce à l'intervention de Pastoret (1), Hérault (2) et Romme (3), le Comité d'instruction publique le délivra (4).

Ce n'est pas d'ailleurs le seul acte de clémence que Chabot se soit attribué indûment et déjà, le 20 août, la municipalité de Meudon avait écrit au Président de la Législative pour protester contre un article du *Courrier francais*, où il était dit que Chabot avait sauvé quinze Suisses détenus au château de Meudon.

« La municipalité de Meudon n'a pas vu sans étonnement et même sans quelque peine, que les faits qui se sont passés à Meudon ont été dénaturés dans quelques écrits, notamment dans le *Courrier français*, où il est dit que M. Chabot a été nommé commissaire pour se rendre à Meudon et a sauvé quinze Suisses de la fureur du peuple, faits qu'elle dément formellement, vu qu'il n'y a

---

(1) Claude-Emmanuel Joseph-Pierre, marquis de Pastoret, pair de France, né le 24 décembre 1755, mort le 20 décembre 1840, fut député à la Législative.

(2) Marie-Jean Hérault de Séchelles, né le 20 septembre 1759, exécuté le 5 avril 1794, fit partie de la Législative et de la Convention. Absent, lors du procès du Roi, il n'eut pas à exprimer son opinion.

(3) Charles-Gilbert Romme, né le 26 mai 1754, exécuté le 17 juin 1793, député à la Législative et à la Convention, vota la mort du Roi.

(4) MORTIMER TERNAUX, *Histoire de la Terreur*.

point eu de Suisses en station au château de Meudon et qu'on n'y a pas vu M. Chabot » (1).

Cependant, les élections, commencées le 26 août, étaient terminées et, le 21 septembre, la Convention se réunit. Élue sous l'influence de la terreur causée par les massacres de l'Abbaye, elle comprenait de nombreux représentants du parti le plus avancé et, par un fait analogue à celui qui s'était passé lors des élections de 1791, la gauche de la Législative devint la droite de la nouvelle Assemblée.

Le parti constitutionnel n'existait plus, il était remplacé par la Gironde, que la Plaine séparait de la Montagne.

Dès le premier jour, Chabot, réélu par le Loir-et-Cher, saisit l'occasion de paraître à la tribune. Manuel, voulant rehausser aux yeux du peuple la dignité et l'éclat de la représentation nationale, demandait que le président de la Convention fût logé aux Tuileries et toujours précédé de la force publique (2).

Cette proposition ne pouvait être du goût de ceux qui avaient remplacé le trône du roi par un fauteuil, et supprimé les titres de *sire* et de *majesté*; elle indigna particulièrement Chabot, qui

---

(1) Arch. Nat., C. 159, chemise C. 1, 336.
(2) *Gazette Nationale*, 21 septembre 1792.

la fit rejeter en disant que les représentants du peuple devaient être fiers de ressembler aux sans-culottes, c'est-à-dire à la majorité de la nation.

Manuel n'insista pas, mais la Montagne ne manqua pas de reprocher à la Gironde d'avoir voulu décerner à Pétion les honneurs souverains; car, elle commença, dès le premier jour, cette lutte dont on trouve les traces à chaque pas et qui devait finir par le triomphe de la Montagne.

En ce temps-là, les comités et les ministères étaient encore aux mains de la Gironde dont il fallait se débarrasser pour s'emparer du pouvoir. Lorsque, le 25 septembre, Roland donna sa démission, Chabot s'opposa vivement aux démarches que certains députés avaient entreprises pour décider le ministre à revenir sur sa détermination. « Il ne serait pas, disait-il, de la dignité de la Convention de priver, par des invitations ordonnancières, Roland de devenir votre collègue. Sans doute, le ministère est environné d'écueils, mais n'y en a-t-il pas aussi autour de vos fonctions? » (1).

A dire le vrai, la dignité de la Convention et les intérêts de Roland préoccupaient fort peu Chabot; ce qu'il souhaitait, c'était d'éloigner le ministre, ainsi que le remarqua Royer qui ne put

----

(1) *Gazette Nationale*, 25 septembre 1792.

s'empêcher de dire : « Il y a certaines personnes qui seraient fâchées de voir encore Roland au ministère, parce que cet homme veille trop sur les agitateurs du peuple » (1).

Rien n'était plus exact : les Montagnards ne pardonnaient pas à Roland sa conduite lors des événements de septembre et sa résistance aux empiètements de la Commune.

Une occasion de prendre leur revanche parut s'offrir à eux dans les premiers jours de décembre.

Grangeneuve dénonça certains conciliabules d'où était exclue la majorité du Comité de surveillance et qui se tenaient chez Chabot (2).

Pour se disculper, celui-ci prétendit qu'on lui avait dévoilé une conspiration dont plusieurs de ses collègues étaient complices, ce qui l'obligeait à les tenir à l'écart ; et, pressé de s'expliquer, il communiqua le rapport qu'il avait rédigé.

Un individu, nommé Achille Viard, était venu lui rendre compte d'une mission dont il avait été chargé récemment, et voici ce qu'il lui avait appris. Muni d'une lettre de Fauchet pour Lebrun (3), Ministre des Affaires étrangères, Viard avait reçu de celui-ci l'ordre d'aller à Londres trouver Masselin,

---

(1) *Gazette Nationale*, 25 septembre 1792.

(2) *Gazette Nationale*, 7 décembre 1792.

(3) Charles-François Lebrun, duc de Plaisance, né en 1739 mort en 1824, fut élu troisième consul.

agent du duc d'Aiguillon (1), et de rapporter les paquets qu'on lui confierait. A Londres, il avait vu le duc d'Aiguillon, Narbonne, les évêques de Saint-Pol-de-Léon, de Lisieux, d'Angoulême, et beaucoup d'autres émigrés qui s'attendaient au rétablissement de la royauté, assurés qu'ils étaient du concours de plusieurs membres de la Convention, parmi lesquels Fauchet et Roland.

Cependant, il était revenu en France sans rapporter aucun message, mais il devait repartir au premier jour pour aller chercher la réponse du duc d'Aiguillon, lorsque, dans l'intervall:, et bien qu'il ne connût pas Roland, il avait reçu de Mme Roland une invitation à quoi il n'avait pas répondu.

La lecture de ce rapport souleva quelques protestations qui montraient le peu de créance qu'il rencontrait dans l'Assemblée. Chabot continua par la lecture d'une lettre adressée au Président de la Convention, et dans laquelle Narbonne, Malouet, John Waris et Williams sollicitaient l'honneur de défendre Louis XVI et annonçaient qu'ils se rendraient à la Convention avec une garde de douze mille hommes pour y protéger le Roi. Cette

---

(1) Armand-Désiré de Vignerod Duplessis-Richelieu, duc d'Aiguillon, né le 31 octobre 1761, mort à Hambourg le 3 mai 1800 député à la Constituante, commanda pendant quelque temps l'armée à la place de Custine, émigra en 1792.

fois, la Chambre n'y tint plus, et ce fut un éclat de rire général !

On examine les signatures, celles de Narbonne et de Malouet sont reconnues fausses ; comment d'ailleurs croire Narbonne et Malouet assez naïfs pour dévoiler par avance un tel projet, à supposer qu'ils eussent l'intention de l'exécuter ?

Quant à John Waris et à Williams, personne ne les connaissait, mais Viger raconta qu'un inconnu, l'ayant invité à écrire à Marat sous un nom supposé, lui avait conseillé de prendre celui de John Naris, qui ressemble fort à Waris, et il invoqua à cet égard le témoignage de Marat.

Celui-ci affirme tout d'abord qu'il n'a jamais reçu de lettre signée de ce nom-là, mais Viger insiste, et Marat finit par convenir du fait, puis il ajoute que le but de la dénonciation de Viard n'est autre que de ridiculiser le Comité de Surveillance qui a pris au sérieux de pareils bavardages. De son côté, Fauchet demande la parole pour expliquer le rôle qu'il a joué dans ce prétendu complot. Achille Viard vint un jour lui demander une lettre d'introduction auprès de Lebrun ; il ne crut pas devoir la lui refuser et lui remit le billet qu'on va lire.

« 30 septembre.

» Ministre Citoyen,

» Le citoyen Achille Viard vient de recevoir de Londres une lettre du sieur Masselin, homme d'affaires du ci-devant duc d'Aiguillon, qui le mande en Angleterre pour le charger de papiers importants, contenant la découverte d'une machination infâme. Je charge le citoyen Viard de vous remettre cette lettre et de prendre vos ordres.

» FAUCHET. »

Mais Chabot revient à la charge. En rapprochant le journal de Viard et la lettre de Narbonne, il a découvert le « fil d'une trame » et il ajoute : « Si vous ne m'aviez forcé à tout découvrir à ce moment même, je pouvais parvenir à la preuve juridique de cette conspiration : alors j'aurais dénoncé Roland, ear, fût-il un ange, je n'aurais pas cru devoir l'épargner plutôt qu'un autre » (1).

N'était-ce pas reconnaître qu'il poursuivait Roland par-dessus tout.

La Convention décida d'entendre Viard, lequel vint redire ce que Chabot avait déjà raconté, mais, à mesure qu'il parlait, l'embarras de ses réponses, les contradictions qu'on y relevait, montraient clairement qu'il n'était qu'un imposteur. On en eut la preuve lorsqu'il avoua qu'il avait demandé une audience à Mme Roland (2), et que celle-ci, après l'avoir écouté, lui avait répondu qu'elle ne

---

(1) *Gazette Nationale*, 7 décembre 1792.

(2) Marie-Jeanne Phlipon, femme de Roland, née en 1754, exécutée en 1793.

s'occupait pas des affaires politiques et qu'il devait s'adresser à son mari, s'il avait quelque chose d'important à communiquer.

Mme Roland, interrogée, déposa dans le même sens; ainsi, il apparut aux yeux de tous que Chabot avait impudemment menti en prétendant que Mme Roland avait adressé à Viard une invitation à laquelle celui-ci aurait refusé de se rendre.

Mme Roland obtint les honneurs de la séance, et Viard fut mis en prison, tandis que Chabot, mécontent, regagnait sa place sous les huées d'un grand nombre de ses collègues.

On se bornerait à le railler pour sa crédulité, si ses mensonges ne démontraient sa mauvaise foi. Dominé par son amour de la délation, et poussé par la haine qu'il avait pour Roland, il n'avait pu se tenir d'accepter pour vrais les dires bien invraisemblables de Viard. Faut-il faire remarquer que ce n'était pas la première fois qu'il accusait un innocent?

On se souvient qu'il avait dénoncé Menou; cependant, plus tard, il dut reconnaître son erreur et Menou lui ayant écrit pour se plaindre du préjudice qu'il avait éprouvé, Chabot lui en adressa ses plus humbles excuses dans la lettre suivante :

« 30 septembre 1792.

» Citoyen, vous avez eu tort de ne pas me citer plus tôt au tribunal de ma conscience. J'aurais déjà rempli toute justice, je ne vous écris qu'après avoir fait auprès du Ministre de la Guerre tout ce qui dépend de moi pour vous faire restituer la place que vous avez perdue par mon inconsidération. Je voudrais que cette restitution dépendît totalement de moi et de mes amis. Je connais peu le ministre Pache que j'estime, mais j'espère qu'il aura quelques égards aux raisons que je lui donne pour votre activité.

» Je vous salue fraternellement mais avec de remords bien cuisants.   » F. CHABOT » (1).

Chabot éleva quelquefois la voix en faveur d'accusés, tels que le général Arthur Dillon, Westermann, la princesse de Rohan ou l'Irlandais Blackwood.

Si l'on comprend qu'il soit intervenu pour défendre Westermann (2) et, à la rigueur, le général Dillon (3), on se demande quels motifs cachés lui firent prendre la défense des autres, qui étaient des ennemis déclarés de la Révolution.

La princesse de Rohan-Rochefort, née d'Orléans-Rothelin, avait été arrêtée pour avoir essayé de procurer à l'ancien ministre Bertrand quelque

----

(1) MORTIMER TERNAUX.

(2) *Gazette Nationale*, n° 359, 1792. — François-Joseph Westermann, né le 5 septembre 1751, exécuté le 5 avril 1794.

(3) *Ibidem* n° 286.

argent qu'il désirait emprunter. Il n'en fallait pas davantage pour mériter l'échafaud, et tel eût été le sort de la princesse sans l'intervention d'une jeune et jolie femme qu'elle recevait au temps que son salon était le rendez-vous de tout ce que Paris comptait de plus élégant.

Celle-ci qui se nommait Thérèse Cabarrus (1) usa de son crédit auprès de Tallien (2) pour l'intéresser à la princesse de Rohan, et Tallien s'empressa de déférer au désir de « son idole ».

Chabot, toujours galant, l'aida de son mieux, et représenta la princesse comme une folle qu'il fallait envoyer aux Petites-Maisons et non pas au tribunal révolutionnaire. Cependant, malgré les efforts de ses défenseurs, la princesse n'en comparut pas moins devant les juges, qui finirent par l'acquitter (3).

Quelques jours plus tard, Henri Blackwood, jeune Irlandais fort riche, fut arrêté à Angoulème et accusé d'avoir favorisé des envois d'argent à plusieurs émigrés. Il se défendit aussi mal qu'il était possible, et fut convaincu d'avoir servi d'intermédiaire à Mmes de Montalembert et Gautier.

---

(1) Thérèse Cabarrus, fille du comte Cabarrus, épousa en premières noces Tallien et en secondes noces le prince de Chimay.

(2) Jean-Lambert Tallien, né le 23 janvier 1767, mort le 10 novembre 1820, député à la Convention, vota la mort du Roi.

(3) *Gazette Nationale*, 5 novembre 1792.

Chabot, chargé du rapport, conclut à la culpabilité de Blackwood, dont il demanda la grâce,
sous le prétexte qu'il fallait « donner avant tout
une preuve éclatante des vertus hospitalières de
la République » (1).

Serait-il téméraire de se demander si les charmes de Thérèse Cabarrus et les guinées de Blackwood n'eurent aucune influence sur sa conduite?
Bien que nous n'ayons aucune preuve qui nous
permette d'accuser Chabot, nous ne devons pas
cependant oublier que les femmes et l'argent eurent
toujours sur lui un empire auquel il parvint rarement à se soustraire.

Durant les premiers mois de la Convention, le
rôle de Chabot fut peu considérable. Notons seulement qu'il appuya l'abolition de la Cour mar-
tiale, chargée de juger les auteurs du 10 août
(2) et soutint l'inéligibilité des membres de la
Convention à toutes fonctions publiques pendant
six ans (3).

Lors du procès de Louis XVI, il s'opposa à la
nomination d'experts chargés de vérifier les papiers
de l'armoire de fer (4) ainsi qu'à l'expulsion des

-----

(1) *Gazette Nationale*, 1793, n° 15.

(2) *Ibidem*, 1792, n° 299.

(3) *Ibidem*, n° 302.

(4) *Ibidem*, n° 352.

membres de la famille royale, avant que la Convention n'eût statué sur le sort du roi (1).

Après avoir voté la mort, parce que « le sang du tyran devait cimenter la République » (2), il combattit la demande de Benoît Leduc, qui voulait être autorisé à rendre à Louis XVI les honneurs de la sépulture (3).

Dans les premiers jours de février, il s'opposa aux poursuites que l'on proposait d'exercer contre les égorgeurs du 2 septembre (4) et il commença la lecture de son projet sur les finances (5), mais il fut interrompu par son envoi en mission dans les départements de l'Aveyron et du Tarn, où nous allons bientôt le suivre.

(1) *Gazette Nationale*, 16 décembre 1792.
(2) *Ibidem*, 1793, n° 20.
(3) *Ibidem*, n° 24.
(4) *Ibidem*, n° 41.
(5) *Ibidem*, n°⁸ 62 et 63.

CHAPITRE VI

SYSTÈME FISCAL — PROJET DE CONSTITUTION

Système fiscal. — Contributions. — Impôt proportionnel, impôt progressif. — Projet d'établissement d'un cadastre. — L'impôt doit frapper le capital et non le revenu. — Chabot adversaire des impôts indirects. — Diminution du nombre des assignats. — Loi du Maximum. — Projet de Constitution. — Origine du droit de propriété. — Organisation de la représentation nationale, de la justice et de l'armée.

Avant de suivre Chabot dans ses diverses missions, il convient d'étudier ses idées économiques et sociales que nous trouvons développées dans un mémoire sur les finances et dans un plan de constitution.

Dans le premier de ces écrits, Chabot expose longuement son système fiscal, et dans le second, il parle surtout de l'organisation de la représentation nationale, de la justice et de l'armée.

« Les contributions doivent être décrétées sur la base des besoins de la nation » (1).

---

(1) Arch. Nat., F. 7, 4637, nᵒˢ 43 à 57.

Tel est le principe du système fiscal de Chabot, principe à quoi l'on ne saurait trouver à redire, pourvu que la nation ne se crée pas de besoins imaginaires.

« Ces contributions seront réparties proportionnellement ou progressivement, suivant les facultés de chaque contribuable » (1).

Voilà établie la distinction entre l'impôt proportionnel et l'impôt progressif. Pendant son séjour en Rouergue et dans le Tarn, Chabot fit l'essai de celui-ci, mais d'une façon tout à fait exceptionnelle. D'ailleurs, les taxes progressives qu'il établit frappaient le revenu, tandis que d'une manière générale, il combat l'impôt sur le revenu et lui préfère l'impôt sur le capital, en se fondant sur des raisons que nous exposerons plus loin.

Mais l'impôt présente à ses yeux un vice capital, c'est l'arbitraire qui préside à sa répartition. Vérité qui ne saurait nous surprendre tant elle est évidente. Il n'en est pas moins intéressant d'en recueillir l'aveu de la bouche même de Chabot.

« L'Assemblée Constituante a décrété 240 millions de contribution territoriale... elle a réparti ces 240 millions entre tous les départements, et

----

(1) Arch. Nat., F. 7, 4637, nᵒˢ 43 à 57.

il est inutile de dire que la base de l'impôt est
pour le moins arbitraire et que les départements
qui avaient des députés influençants *(sic)* dans le
Comité ont été épargnés. Je pourrais citer Bordeaux, mais j'aime mieux citer ma propre commune » (1).

Et Chabot nous apprend que son père qui devrait
payer 240 livres n'est imposé que de 50, d'où il
suit que d'autres départements doivent être gre-
vés à tort de la différence. Il faut donc remédier
à cet inconvénient, et voici le système qu'il propose.

Établissement du cadastre des biens territo-
riaux et commerciaux de chaque commune, dans
toute la France, et répartition du chiffre total des
impôts au prorata de la valeur des biens impo-
sables, telle qu'elle ressort du cadastre. Supposons que celle-ci s'élève à cent milliards et que
l'impôt soit d'un milliard, chaque contribuable
sera imposé d'un centième de son capital.

Rien de plus simple que l'établissement de ce
cadastre, il suffira d'obliger les contribuables à
déclarer eux-mêmes la valeur de leurs biens. C'est
le système de la déclaration, et, pour rendre celle-
ci sincère, on frappera les contribuables convaincus de fraude d'une double taxe, dont le produit

---

(1) Arch. Nat., F. 7, 4637, nᵒˢ 43 à 57.

servira à dégrever ceux qui les auront dénoncés.

On pourrait peut-être objecter qu'adopter pareille mesure c'est donner une prime à la délation, mais ce reproche ne touche guère Chabot, qui est persuadé que les déclarants seront sincères, d'abord pour ne pas encourir une surtaxe, et ensuite parce qu'une fausse déclaration ne modifierait en rien leur part contributive. On comprend le premier motif, mais le second a besoin d'être expliqué, et voici comment Chabot essaie de le faire.

« On expliquera aux contribuables qu'une fausse déclaration ne les soulagerait pas de l'impôt, parce que les besoins de la République ne pouvant varier au gré de l'avarice des contribuables, si au lieu de déclarer cent milliards, ils n'en déclarent que quatre-vingt-dix-neuf, au lieu d'être imposés du centième du capital, ils seront imposés du quatre-vingt-dix-neuvième, et ainsi de suite » (1).

Le raisonnement est spécieux. Sans doute, il importe peu d'être imposé à 1 0/0 sur 100 francs ou à 2 0/0 sur 50 francs, si l'impôt doit atteindre toujours le même chiffre, soit 1 franc, mais ce n'est là qu'un des côtés de la question. Un exemple va le faire comprendre.

---

(1) Arch. Nat., F. 7, 4637, n°ˢ 43 à 57.

Voici trois contribuables : A, B et C, qui possèdent chacun un capital de 100 francs et doivent payer 1 0/0 de ce capital, soit en tout 3 francs. Ils ne déclarent que 50 francs, la moitié de la valeur réelle. L'impôt ne varie pas, et les trois contribuables réunis paieront 3 francs comme s'ils n'avaient rien dissimulé, seulement, en ce cas, leur impôt représentera 2 0/0 du capital déclaré, tandis qu'il n'aurait représenté que 1 0/0 du capital réel : le résultat restant le même, ils n'avaient pas d'intérêt à faire une fausse déclaration. Mais, à côté de cette hypothèse, la seule qu'envisage Chabot, en voici une autre où le résultat est sensiblement modifié.

Supposons que le contribuable A, redoutant les suites d'une déclaration inexacte, avoue son capital de 100 francs, tandis que B et C, plus hardis, déclarent l'un 60 francs et l'autre 40, que va-t-il se passer? Ce n'est plus sur un capital de 300 francs qu'il faut percevoir l'impôt de 3 francs, mais sur un capital de 200 francs, par où le taux de l'impôt s'élève de 1 0/0 à 1,50 0/0. Donc :

A paiera 1 fr. 50 c. 0/0 sur 100 francs, soit 1 fr. 50 c.

B paiera 1 fr. 50 c. 0/0 sur 60 francs, soit 90 centimes.

C paiera 1 fr. 50 c. 0/0 sur 60 francs, soit 60 centimes.

Total : 3 francs.

On voit le bénéfice que B et C ont réalisé en dissimulant la valeur de leurs biens, et comment A est récompensé de sa sincérité!

Chabot se trompe donc lorsqu'il prétend que la fausse déclaration des contribuables ne peut pas modifier leur part contributive et que, par suite, elle est sans intérêt. Cela ne serait vrai que si tous les contribuables réduisaient dans une même proportion la valeur de leurs biens, ce qui est pratiquement impossible.

L'intérêt de chacun d'eux est de rejeter une partie des impôts sur le voisin, mais il faut concilier cet intérêt avec la nécessité d'éviter une double taxe. Et c'est là ce qui peut aider à la sincérité des déclarations. Cette double taxe n'est pourtant pas sans danger et ce ne serait pas la première fois que l'on verrait un remède engendrer un nouveau mal. L'appât d'une prime va susciter bien des dénonciateurs; et qui donc décidera entre eux et les contribuables dénoncés? Des commissaires nommés spécialement pour cet office. Or, il est permis de craindre que ceux-ci ne tiennent souvent plus de compte des personnes que des faits, et que l'on ne retombe en cet arbitraire que Chabot se flatte de faire disparaître. En principe, toute dénonciation sera accueillie avec faveur, puisque, si elle est exacte, elle contribuera à amener un abaissement du taux de l'impôt, et, très probablement, les décisions des commissaires viendront plus d'une fois donner raison au fabuliste :

> Selon que vous serez puissant ou misérable,
> Les jugements de cour vous feront blanc ou noir.

Quoi qu'il en soit, supposons que le système de Chabot soit adopté, le cadastre des biens a été dressé et l'impôt réparti comme il convient. Cet impôt frappe le capital et non pas le revenu. C'est le contraire de ce qui se passe actuellement. Pourquoi donc cette différence? Chabot va nous le dire. C'est parce qu'il est « plus aisé de vérifier la valeur d'un fonds que celle d'un revenu net : les contrats de vente, les actes de partage entre frères, les baux à ferme même peuvent servir à vérifier la valeur d'un fonds et jamais celle du revenu » (1).

Mauvaise raison en vérité, car n'est-ce pas de ces mêmes actes de partage ou de donation, de ces mêmes baux que l'on déduit aujourd'hui le revenu imposable? Ce qui est possible à l'heure actuelle, et qui, du reste, s'est toujours fait, ne présentait certainement pas d'insurmontables difficultés au temps où écrivait Chabot.

Il n'est pas vrai de dire qu' « imposer le capital ou le revenu, cela revient au même » (2). Oui,

---

(1) Arch. Nat., F. 7, 4637, n°ˢ 43 à 57.
(2) *Ibidem.*

cela serait exact, si un même capital produisait
le même revenu, or qui prétendra qu'il en est
ainsi? Il y a des biens qui représentent une grande
valeur et qui cependant ne rapportent presque rien.
Quel est le revénu d'un terrain à bâtir qui attein-
dra le prix de deux cents francs le mètre? Est-il
en rapport avec le capital et sera-t-il juste de
l'imposer comme tel?

En ce cas, beaucoup de propriétaires seraient
dans l'impossibilité absolue de payer leurs contributions!

C'est encore une erreur de prétendre que
« l'impôt sur le revenu touche plus fortement les
petits propriétaires, une petite propriété rappor-
tant moins, toutes proportions gardées, qu'une
grande » (1) et cela parce que les frais de culture
sont plus élevés.

En admettant que ceci fût vrai, imposer le
revenu et non pas le capital serait le seul moyen
de remédier à cette inégalité de rendement. Le
petit propriétaire retirant de ses biens un produit
moindre serait par le fait imposé sur un chiffre
moins élevé, mais s'il existe une différence dans
le rendement proportionnel d'une petite et d'une
grande propriété, elle est à l'avantage de celle-là.
Plus une propriété est petite, mieux elle est

---

(1) Arch. Nat., F. 7, 4637, nᵒˢ 43 à 57.

cultivée, et, toutes choses égales d'ailleurs, plus elle produit.

En résumé, jusqu'ici rien ne justifie la préférence accordée à l'impôt sur le capital, mais voici un autre argument que Chabot considère comme décisif.

« Imposer le revenu, c'est tuer l'industrie, en d'autres termes, saper la société par les fondements » (1). Cela demande quelques explications; il convient d'abord de savoir ce que Chabot appelle l'industrie, et l'exemple qu'il donne à l'appui de sa thèse va nous l'apprendre.

« Une femme achète un terrain vague qui lui coûte cinquante livres. Elle passait les nuits à aller arracher les pierres qui couvraient ce terrain et à y porter de la terre et du fumier. Dans six mois, ce terrain fut changé en un très joli jardin de la valeur de quatre à cinq cents écus, pouvant produire cent livres au moins de revenu net. Il n'était allivré que deux sols et six deniers de taille : quel est l'exacteur qui aurait pu le lui imposer ensuite vingt livres? » (2)

Il apparaît bien nettement de ces lignes que l'industrie, dont l'essor serait paralysé par l'impôt sur le revenu, n'est autre chose, aux yeux de Chabot, que le travail. Par son industrie, c'est-à-

---

(1) Arch. Nat. F. 4637, nᵒˢ 43 à 57.
(2) *Ibidem*.

dire par son travail, la bonne femme a transformé un terrain inculte en un jardin fertile, elle
mérite d'être encouragée, or l'impôt perçu sur
ses revenus ne pourrait que la dégoûter d'entre-
prendre pareil travail une seconde fois. Tel est
bien le raisonnement de Chabot.

On pourrait lui répondre qu'il est plus facile
d'abandonner vingt livres sur un revenu de cent,
que de payer deux sols et quelques deniers pour
une terre dont on ne tire aucun produit, mais
voyons avant tout si l'impôt sur le revenu mérite
réellement le reproche qui lui est adressé?

Est-ce que par hasard, il n'en serait pas de
même avec l'impôt sur le capital?

Assurément, le jardin de la bonne femme
n'aurait pas été plus épargné : à la réfection
annuelle du cadastre, on n'aurait pas manqué
de lui donner une valeur en rapport avec son
revenu, et dès lors on ne voit pas très-bien ce
qu'aurait gagné « l'industrie » à l'impôt établi sur
le capital.

Il est vrai que Chabot, prévoyant l'objection,
voulait que le capital restât invariablement fixé
au même titre tant que l'immeuble ne changerait
pas de propriétaire, mais qu'une mutation vînt à
se produire, par décès, par vente ou de toute
autre façon, et l'on procédait immédiatement à
une nouvelle estimation du capital imposable
d'après la valeur réelle.

C'était donc une espèce de prime que Chabot entendait donner à ceux qui, par leur travail, amélioraient leur bien.

Or, rien n'empêchait de faire de même avec l'impôt sur le revenu. Il suffisait de ne pas modifier le chiffre de celui-ci tant que l'immeuble resterait aux mêmes mains.

On pourrait s'étonner que Chabot n'eût pas aperçu ce détail, mais il ne faut pas oublier que son esprit était absorbé par une autre face du problème. Devançant sur ce point nos économistes modernes, il avait entrevu la distinction qu'il convient de faire entre les revenus provenant du capital et ceux qui proviennent du travail. L'impôt ne doit pas les frapper également.

C'était bien là le sentiment de Chabot, et la prime qu'il accorde aux propriétaires qui améliorent leur bien en est une preuve, seulement il se perdait dans l'exécution de son plan : distinguer dans le revenu la part du capital et celle du travail lui paraissait une difficulté insurmontable qu'il croyait éluder en supposant à toutes les propriétés un revenu égal de 5 0/0 et en ne tenant pas compte de l'excédent. Or, il ne se doutait pas que, procéder de cette façon, c'était tout simplement résoudre le problème. Au-dessous de 5 0/0, le revenu provenait du capital, au dessus, il était le produit de « l'industrie » ou du travail. Solution fausse dans bien des cas, hâtons-nous de le

dire, mais qui devait détruire toutes les préven-
tions que Chabot pouvait avoir contre l'impôt
sur le revenu.

Tout compte fait, cette distinction, fondée sur
l'origine des revenus, est la partie la plus intéressante du système fiscal de Chabot et nous
l'avons vue, à l'heure actuelle, chercher à s'intro-
duire chez nous avec les cédules de M. Poincaré.
Le nom seul a changé, on la désigne sous le
gracieux vocable de « discrimination ». A des
choses que l'on croit nouvelles, il faut des mots
nouveaux !

Assurément, il n'est pas possible de nier qu'elle
n'ait quelque fondement, mais elle n'échappe pas
à la critique. A force d'établir des nuances, on
complique singulièrement les choses.

La grande supériorité de notre impôt foncier
consiste dans la stabilité de la valeur imposable.
Avec ces distinctions d'origine, cette valeur
change constamment et devient difficile à estimer.
Ce qui était revenu du travail pour la femme
qui a transformé son champ en jardin sera
revenu du capital pour ses successeurs.

C'est du reste un des reproches que l'on peut
adresser à l'impôt progressif sur le revenu tel
qu'on paraît vouloir l'appliquer. Un capital de
cent mille francs, possédé par la même personne,
sera soumis à un impôt différent de celui qui le
frappera si demain, par suite de mutation, il est

possédé par plusieurs individus. Tandis qu'avec le système actuel, il suffit d'augmenter le taux de l'impôt dans une proportion donnée pour obtenir le rendement désiré ; avec l'impôt progressif, il faudrait remanier chaque année l'assiette de l'impôt et c'est là une opération difficile, coûteuse et aléatoire.

Chabot a aussi entrevu le principe de la déduction des dettes dans l'évaluation de l'actif. C'est ce principe, mal dégagé sans doute, mais indiqué cependant, qu'il cherche à appliquer lorsqu'il veut que le capital imposable d'un débiteur soit diminué d'une somme égale au montant des emprunts contractés. Voici, par exemple, un propriétaire dont la fortune consiste en un bien estimé 20.000 livres et grevé de 10.000 livres de dettes. Doit-il être imposé sur un chiffre de 20.000 livres ? Évidemment non, puisque son avoir ne dépasse pas 10.000 livres. Cependant, dans le système de Chabot, il sera imposé comme s'il possédait 20.000 livres, seulement, il aura le droit de se faire rembourser par son créancier l'impôt afférent aux 10.000 livres dont celui-ci est le véritable propriétaire. Et cela n'a rien que de très-raisonnable.

Les impôts indirects ne trouvent pas grâce devant Chabot, parce qu'ils « exigent une armée de rats de cave, d'inspecteurs, d'espions et de scélérats » et aussi parce qu'ils frappent ceux qui consomment « ceux qui, par leur folle dépense, vivifient toutes les parties de l'industrie » (1).

« Ce seraient donc les jouissances que vous imposeriez et non la propriété. Il faudra donc taxer celles de l'homme corrompu ! » (voilà qui ressemble fort à un plaidoyer *pro domo*) « Que dis-je, il faudra taxer toutes les jouissances que la solution du problème de la cycloïde donna à Pascal, et celles des libertins, des séducteurs, des corrupteurs de la jeunesse... Si vous ne taxez pas toutes les jouissances, vous êtes injustes, si vous les taxez toutes, il vous faut une armée de percepteurs, et, ce qui est encore plus difficile, il faut partout des percepteurs incorruptibles. Ah ! le beau système pour les fripons et pour ceux qui veulent rétablir la Monarchie en créant une armée distincte par ses intérêts du reste de la nation... On peut multiplier les percepteurs et les agents à son gré, en un mot, on peut facilement enchaîner la nation en la ruinant. (2) »

Cette critique du fonctionnarisme, dont nous souffrons tant, ne manque pas de justesse, et il est piquant de la trouver sous la plume d'un conventionnel, mais il faut faire observer que cette armée qui pouvait rétablir la Monarchie, peut parfois aussi contribuer puissamment à

---

(1) Arch. Nat., F. 7, 4637, n⁰ˢ 43 à 57.
(2) *Ibidem*.

maintenir la République. Voilà pourquoi, à l'heure actuelle, elle compte parmi les gardiens de l'assiette au beurre plus de soutiens que l'armée qui défend nos frontières!

Chabot vantait aussi les mérites de l'impôt progressif, mais il le réservait pour les riches (1).

D'après lui, il devait servir à payer l'instruction publique et les secours, car « il s'agit ici de combler les fossés de la misère et, pour cela, il faut y faire ébouler les grosses fortunes » (2).

Malheureusement, il a négligé de développer sa pensée sur ce dernier point, il allait sans doute y travailler dans le mémoire que nous venons d'analyser et d'extraire, lorsqu'un rapport de Barère attira son attention d'un autre côté.

Nous devons étudier maintenant les idées qu'il émit à propos des assignats et de la loi sur le Maximum.

Depuis le jour où les assignats avaient été émis sur la proposition de Bailly, une crise monétaire des plus violentes ne cessait de sévir et créait au gouvernement les plus grandes difficultés. La valeur du papier-monnaie baissait constamment, si bien qu'au mois d'août 1793, un franc métal valait 6 francs assignats. On s'imagine sans peine les embarras qui résultaient d'une telle différence

---

(1) Arch. Nat. F. 7, 4637, n°s 43 à 57.
(13) *Ibidem.*

entre la valeur nominale et la valeur réelle des assignats. Le rentier qui touchait ses revenus, le créancier qui recevait le remboursement d'une créance étaient contraints d'accepter le papier-monnaie pour sa valeur nominale, et il en était de même des ouvriers qui, faute de savoir s'entendre pour relever le prix de leur travail, devaient, eux aussi, supporter les effets de la baisse des assignats.

D'un autre côté, les marchands ne voulaient plus livrer leurs marchandises au prix ordinaire, qu'ils majoraient de façon à s'assurer un bénéfice; d'où renchérissement de la vie et diminution des ressources.

Une telle situation se traduisait par la colère au peuple et les scènes de désordre auxquelles il se livrait.

De nombreuses causes contribuaient à la baisse du papier-monnaie : l'énorme stock qu'on en avait émis, l'incertitude du gage sur lequel il reposait, la crainte d'une contre-révolution dont le succès aurait réduit à rien la valeur des assignats gagés sur des biens nationaux, et, enfin, la fabrication de faux assignats.

On recherchait de préférence le papier qui portait l'effigie royale et faisait prime parce que l'on supposait qu'il serait respecté par la Monarchie rétablie. D'autre part, les actions des grandes compagnies de finances, telles que la Compagnie des Indes, offraient un placement avantageux et par conséquent recherché.

C'est pour tâcher d'enrayer cette crise que la Convention vota la loi du Maximum, mais Chabot, qui se piquait de quelque savoir en matière de finances, n'avait pas attendu jusqu'alors pour se préoccuper de cette question.

Dès le mois de juin 1792, il s'était mis à écrire un long mémoire sur la situation financière de la France et sur les moyens de l'améliorer (1).

Lorsqu'il demanda la parole pour en donner lecture, la Convention ne voulut pas l'entendre et elle décida que son rapport serait renvoyé aux Comités. Ceci ne faisait pas l'affaire de Chabot qui se défiait de la plupart de ses collègues, aussi ne leur communiqua-t-il qu'une partie de son travail qu'il s'efforça de rendre inintelligible, ce à quoi il réussit.

D'après lui, Vernier fut le seul qui parvint à le comprendre et à deviner qu'il tendait à établir un « gouvernement à la portée des sans-culottes et corrosif des grandes fortunes » (2).

Au commencement de février, il essaya de nouveau d'exposer ses idées; Marat fit échouer cette tentative, en prétextant que Chabot n'était que le « porte-parole de la Marche et qu'il y avait

----

(1) Arch. Nat., F. 7, 4637, nᵒˢ 17 à 37.
(2) *Ibidem*.

d'autres questions plus importantes à étudier (1). »

Il fut plus heureux quelques jours plus tard (2), cependant il ne put achever sa lecture, un décret l'ayant envoyé en mission, et il dut attendre le 31 juillet pour obtenir une délibération de l'Assemblée. Le remède qu'il proposait consistait dans la diminution de la masse des assignats par la démonétisation de ceux qui portaient l'effigie du Roi. Cette mesure devait produire un double effet : d'abord une baisse de moitié sur la valeur des denrées, puisque l'on supprimait la moitié de « leur signe représentatif », ensuite la ruine des Vendéens, des émigrés et des ennemis de l'extérieur qui avaient, disait-on, accaparé tous les assignats royaux. On assurait que Pitt en détenait pour cinq cents millions (3). Du même coup, disparaissaient les fabriques de faux assignats de Londres et de Liège dont les contrefaçons portaient toutes l'effigie du Roi.

A la vérité, il fallait bien supposer que plus d'un sans-culotte avait sacrifié son patriotisme à la prudence, en recherchant surtout le papier à l'image du tyran. Chabot croyait avoir tout prévu, et voici le projet qu'il proposait :

Tous les assignats royaux au-dessus de vingt

---

(1) Arch. Nat., F. 7, 4637, nos 17 à 37.
(2) *Ibidem.*
(3) *Ibidem.*

cinq livres seraient démonétisés et ne pourraient être reçus qu'en paiement de l'arriéré des contributions ou des achats de biens nationaux, et cela jusqu'au 1ᵉʳ octobre.

Ceux de moins de vingt-cinq livres seraient échangés à certaines conditions: tous les citoyens payant plus de cinq cents livres d'impôt devraient déclarer la quantité d'assignats qu'ils possédaient et les faire contresigner après les avoir revêtus de leur signature. En outre, ils étaient obligés de les échanger dans le délai d'un mois.

Le mois suivant, les assignats non échangés devaient être encore reçus en paiement des biens nationaux ou remplacés par un bon à valoir sur les biens des émigrés. Enfin, au bout de deux mois, on brûlerait tous les assignats existant encore et deux années de fers puniraient les citoyens convaincus de fraude.

On permettait cependant de conserver un assignat de chaque espèce comme « un monument de la faiblesse des premiers représentants du peuple » (1).

Pour assurer le succès de cette opération et surtout pour atteindre les ennemis de la République, il fallait de toute nécessité garder le secret le plus absolu, sinon les porteurs d'assignats

____

(1) Arch. Nat., F. 7, 4637, nᵒˢ 17 à 37.

royaux se hâteraient de les jeter sur le marché, et la crise ne serait que plus aiguë. '

Malheureusement, Chabot n'avait pu se tenir de jaser, et, comme il se vantait un jour de connaître un moyen de réduire le nombre des assignats, Proly l'invita plusieurs fois chez lui, en compagnie de Camille Desmoulins, et il le mena dîner chez le banquier Simons où se trouvaient réunies quelques personnes curieuses de connaître le fameux secret. C'est là, dans ce milieu tout à fait désigné pour recevoir ses confidences et surtout pour les mettre à profit, que Chabot donna lecture du mémoire qu'il n'avait pas voulu livrer au Comité (1).

A dire le vrai, il prétend qu'il n'en lut qu'une faible partie, ce dont il fut très aise lorsqu'il sut qu'il avait dîné chez un banquier (2), mais est-ce bien exact? Est-il bien sûr de n'avoir pas laissé échapper quelques paroles imprudentes? On dit bien souvent *inter pocula* des choses qu'il vaudrait mieux taire.

Tant y a que le 31 juillet, lorsqu'il monta à la tribune pour développer son système, il se heurta à l'opposition de Fabre d'Églantine. Cambon intervint dans la discussion et demanda l'ajournement; Chabot préféra poser la question

---

(1) Arch. Nat., F. 7, 4637, nᵒˢ 17 à 37.
(2) *Ibidem*.

préalable, mais le projet fut voté avec des amendements si nombreux qu'il n'en restait plus grand chose.

L'effet produit ne fut pas celui qu'on espérait, et la démonétisation des assignats influa si peu sur le cours des marchandises qu'il fallut recourir à la loi du Maximum.

Cette loi, son nom l'indique, fixait le plus haut prix que pouvait désormais atteindre une marchandise quelconque, elle était la conséquence forcée de l'avilissement du papier-monnaie. Déjà, au mois de mai, en présence de la rareté du pain, on avait fixé le prix du blé, mais cette fois, il fallait s'engager plus avant dans la même voie, et faire pour les marchandises de première nécessité ce qui avait été fait pour les grains. Ces marchandises comprenaient : le pain, la viande, les grains, la farine, les légumes, les fruits, le charbon, le bois, le beurre, le chanvre, le lin, le sel, les cuirs, les boissons, le suif, les salaisons, les draps, la laine et toutes les étoffes excepté les soieries. Étaient accapareurs et punis de mort tous ceux qui les possédant ne les mettaient pas en circulation et refusaient de les vendre au prix fixé.

L'application de cette loi entraînait des déclarations, des vérifications, des visites domiciliaires et toutes sortes de formalités plus vexatoires les unes que les autres.

De plus, la loi n'atteignait les marchandises que chez le détaillant; or celui-ci les avait parfois achetées beaucoup plus cher qu'il ne lui était permis de les revendre et, dans de pareilles conditions, il aimait mieux fermer boutique que de continuer un commerce désastreux.

Le peuple se plaignait et ne reculait pas devant les pires excès. Peu à peu, le gouvernement fut acculé à des mesures de plus en plus sévères, et il en arriva au point de déclarer suspect tout marchand qui cesserait son commerce. Il fallut réglementer jusqu'à l'ordre dans lequel seraient servis les acheteurs qui se présenteraient dans un magasin, limiter la quantité de marchandises qu'on aurait le droit d'acheter, en un mot, entraver la liberté des citoyens, même dans les plus petites choses.

Chabot s'éleva contre la loi du Maximum, qu'il qualifie de mesure désastreuse inspirée par le gouvernement anglais.

Il lui reprochait de réduire la production en éloignant les producteurs étrangers, d'amener la disette, de ruiner les commerçants en les obligeant à se retirer des affaires. « Cette loi, disait-il, a placé, dans chaque besoin du peuple, un cri, une plainte contre le législateur, et, dans chaque bou-

---

(1) Arch. Nat., 7, 4637, nᵒˢ 17 à 37.

tique, un moyen contre-révolutionnaire... Les conspirateurs m'ont déclaré qu'elle avait été faite pour provoquer la guerre civile » (1).

Tout en reconnaissant que, dans une République, la protection sociale n'est due qu'aux républicains (on dit aujourd'hui que ceux-ci ont seuls droit aux faveurs), il veut bien concéder qu'un aristocrate, un royaliste et même un assassin du peuple ont cependant droit « aux secours que l'humanité réclame », mais il ne voit qu'un remède à la solution désastreuse créée par la loi du Maximum.

« Que le Gouvernement devienne le pourvoyeur des sans-culottes pour les objets d'étroite nécessité et qu'il fasse payer le déficit aux riches par un impôt progressif » (2).

Puis, se rendant un hommage à lui-même, il ajoute : « qu'on lise mon mémoire sur les finances, fruit de trois années de méditation dans mon cloître ou dans ma carrière législative, on y trouvera toutes les réformes que la Convention a faites dans les finances et, j'ose dire, toutes celles que l'on y fera encore : l'idée du Grand Livre de Cambon, la mort de l'agiotage et des usures neckériennes, les grands principes de la République et un mode de contribution qui doit assurer la dé-

---

(1) Arch. Nat., F. 7, 4637, nos 43 à 57.

(2) *Ibidem*.

mocratie la plus parfaite, et refouler les grandes fortunes vers leur source populaire » (1).

En somme, sur certains points, le système de Chabot n'était autre que le socialisme d'État.

Chabot a aussi exposé ses idées politico-sociales dans un « Projet d'Acte constitutif des Français » qui fut imprimé par ordre de la Convention et dont nous allons retracer les lignes principales.

Tout d'abord, il considère les droits de l'homme (droits naturels, droits civils et droits politiques) et nous révèle incidemment sa pensée sur quelques-uns des grands problèmes sociaux dont la solution est encore indécise à cette heure, par exemple : l'origine du droit de propriété.

On sait que, parmi les économistes modernes, les uns veulent la classer dans l'occupation, les autres dans la loi, d'autres dans le travail et dans l'utilité sociale.

Chabot la place dans le travail : « Il n'est point d'autre propriété dans la nature que celle de l'industrie », or nous avons déjà vu que, pour lui, industrie est synonyme de travail (2).

Cependant il ne peut s'empêcher de reconnaître aussi l'influence de la loi et de l'utilité sociale, et, après avoir défini la propriété, « le droit indivi-duellement exclusif de jouir des biens que la

---

(1) Arch. Nat., F. 7, 4637, nos 43 à 57.
(2) Bib. Nat., Le, 38, 2416.

société nous assure par les successions, les achats etc. », il conclut de la façon suivante : « C'est donc la Société qui crée la propriété », en quoi il se trompe, car il serait plus exact de dire qu'elle se borne à régler l'exercice et la transmission d'un droit préexistant.

Plus loin, il ajoute : « Pour favoriser la population et perfectionner l'espèce humaine, il a fallu laisser aux pères l'espérance de faire jouir les enfants du fruit de leur industrie. » Ici, n'est-ce pas l'utilité sociale qu'il a en vue? M. Leroy-Beaulieu exprime la même idée quand il écrit : « On n'a d'autre moyen de stimuler la production que de lui assurer la propriété perpétuelle de ses produits » (1).

Chabot reconnaît aussi que l'occupation a été le principe de la propriété. « Soit que le genre humain ou une de ses parties aient d'abord été réunis en sociétés, les associés ont dû se partager le territoire qu'ils occupaient pour le travailler chacun selon son industrie et jouir paisiblement des fruits de leur travail... » (2).

En résumé, il a entrevu les origines du droit de propriété, quoique d'une manière plutôt confuse, mais il n'a pas su reconnaître que la propriété est un fait instinctif comme tout ce qui est essen-

---

(1) Leroy-Beaulieu : *Précis d'économie politique.*
(2) Bib. Nat., Le, 38, 2446.

tiel à l'homme, comme le langage, comme l'échange, comme la constitution de la société, comme l'établissement de la famille et de la patrie. Tous ces grands faits ne sont pas sortis d'un contrat précis, d'une convention expresse : ils sont instinctifs, parce qu'ils étaient nécessaires à la vie de l'homme et au développement humain. Ils ont ensuite trouvé leur définition, leur explication (1).

Notons aussi que Chabot a compris le lien indissoluble qui unit la liberté et la propriété individuelle et qui est prouvé par l'histoire. « Les progrès constants.de la liberté et de la propriété ont été en quelque sorte parallèles dans l'histoire de l'humanité » (2), dit encore M. Leroy-Beaulieu. Or, Chabot pose en principe que si la liberté est entravée dans l'état de nature, l'activité et le développement du travail sont comprimés dans l'état de solitude, de telle sorte que la nécessité de se soustraire à l'empire de la force, c'est-à-dire de devenir libre, est la cause dans laquelle il faut voir l'origine de la société (3).

D'où, il conclut que la société « est le résultat forcé du droit qu'ont les hommes à leur subsistance et à la propagation de leur espèce (4).

---

(1) LEROY-BEAULIEU : *Précis d'économie politique.*
(2) *Ibidem.*
(3) Bib. Nat. Le, 38, 2316.
(4) *Ibidem.*

Mais la société ne pourra exister que grâce à un gouvernement qui « dirigera les mouvements des citoyens vers le bien général de l'humanité » (1).

Quel sera ce gouvernement? Chabot veut qu'il soit représentatif et il s'oppose à l'hérédité qui serait « une absurdité et une tyrannie » (2).

D'autre part, il déclare que tous les citoyens et toutes les citoyennes ont le droit d'être armés pour la défense commune et individuelle, de juger leurs concitoyens et d'être éligibles à toutes les magistratures.

Le féminisme ne date donc pas d'aujourd'hui.

Ces principes posés, Chabot aborde les détails de la Constitution au début de laquelle il exprime l'espoir de « voir tous les habitants du globe se réunir fraternellement » (3).

Toutefois, « en attendant » la réalisation de cette chimère, il propose à ses concitoyens de se constituer en République.

La République rêvée par Chabot diffère sur bien des points de celle que nous connaissons.

Tout d'abord, elle prétend ne pas s'imposer de force : c'est librement que les citoyens la doivent accepter et, s'ils veulent jouir des droits que leur

---

(1) Bibl. Nat., Le, 38, 2316.
(2) *Ibidem.*
(3) *Ibidem.*

reconnaîtra la Constitution, « ils doivent souscrire
à ce pacte social ».

Il est vrai que Chabot ne dit pas ce qu'il advien-
dra de ceux qui refuseront leur adhésion. Il
serait pourtant intéressant de le savoir, afin d'apprécier dans quelle mesure ils seront libres de la
donner ou de la refuser, aussi comblerons-nous
cette lacune à l'aide du mémoire que Chabot adressait à Billaud-Varennes vers la fin de février 1794.

Une « révolution n'est que la régénération d'un
peuple. Cette régénération se fait en rompant
l'ancien pacte social et par l'adoption d'un nouveau. Personne ne peut être contraint à cette
adoption. La force ne rend maître que du territoire. Les vaincus demeurent libres de se sou-
mettre ou d'aller vivre sous des lois plus conformes à leurs goûts et à leurs préjugés. Pendant
tout le temps de la révolution, chacun est maître
de faire cause commune avec les révolutionnaires
ou de leur abandonner ses richesses pour aller
vivre sous un autre gouvernement et malheur à
celui qui n'émigre pas lorsqu'il porte avec lui la
haine ou le mépris des lois nouvelles » (1).

Quoi qu'il en soit, les citoyens qui auront signé
le « contrat social » continueront de jouir des
biens qu'ils possèdent depuis dix ans au moins,

____

(1) Arch. Nat., F. 7, 4637, nᵒˢ 43 à 57.

ou qu'ils ont acquis régulièrement. Ils pourront exercer leurs droits civils et naturels et leur liberté s'étendra à tout ce qui ne nuit pas à la conservation de la république.

Jusqu'ici rien de bien nouveau, si ce n'est la preuve de la propriété par la prescription décennale, mais voici les droits politiques, jusqu'alors réservés aux hommes et que les femmes vont exercer, du moins en partie.

Tous les citoyens et toutes les femmes mariées ayant atteint l'âge de vingt et un ans seront électeurs (1).

A la vérité, les femmes ne seront pas éligibles, si ce n'est aux magistratures de secours et d'instruction publique, mais elles exerceront les fonctions de jurés, soit dans les constestations civiles, soit dans les affaires criminelles intéressant des personnes de leur sexe.

Faut-il voir dans ce privilège la réalisation de la promesse, que Chabot avait faite aux femmes, d'un tribunal où elles pourraient « prononcer sur les torts de leurs maris? »

La puissance maritale est une tyrannie, aussi les conjoints pourront-ils disposer de leurs biens, chacun à son gré. Il va sans dire que le mariage est essentiellement dissoluble, non pas seulement

---

(1) Bib. Nat., Le, 38, 2416.

par consentement mutuel, mais encore par la seule volonté de l'un des époux.

Tous les enfants, qu'ils soient légitimes, naturels ou adoptifs, auront des droits égaux à la succession de leurs parents.

Pareille désorganisation de la famille ne doit pas nous surprendre de la part de Chabot, mais voici une autre réforme aussi imprévue que radicale : suppression des notaires et des greffiers, les transactions, ventes, échanges, contrats de mariage, divorces, adoptions, actes de l'état civil devant être désormais constatés par une simple déclaration affichée dans la commune où résident les parties intéressées.

Il est permis de penser que Me Rouquayrol, « le vieux formaliste » chez qui Chabot avait jadis appris quelque peu de patrocine, ne dut guère goûter cette fantaisie de son filleul. Celui-ci, d'ailleurs, ne s'arrêtait pas en un si beau chemin, et d'un trait de plume, il supprimait les tribunaux.

Le moyen de réaliser pareille réforme était d'une simplicité antique : « tous procès et contestations entre les citoyens sur le territoire de la République sont abolis » (1).

Dès lors, à quoi serviraient les tribunaux? Cependant, huit jours étaient accordés aux plai-

---

(1) Bibl. Nat., Le, 38, 2416.

deurs pour terminer les procès en cours, en recourant à un arbitrage.

Toutes les contestations étant ainsi supprimées, Chabot n'a rien de plus pressé que d'organiser la juridiction chargée de statuer sur celles qui ne manqueront pas de s'élever dans l'avenir!

C'est un jury qui sera chargé de ce soin. Tous les citoyens seront jurés dès l'âge de quatorze ans. Dans chaque commune, on dressera deux tableaux contenant chacun la moitié des jurés, mais l'un commencera par le plus jeune et l'autre par le plus âgé. On aura donc deux listes de jurés et tous les mois on formera deux jurys : le jury des adolescents et le jury des anciens, composés chacun de vingt membres pris dans l'ordre d'inscription aux tableaux.

Dans toutes les affaires, qu'elles soient civiles ou criminelles, les adolescents constateront les faits et les anciens prononceront le jugement.

Il fallait que la justice eût bien peu d'importance aux yeux de Chabot, puisqu'il en déléguait l'exercice, en partie du moins, à des enfants qui n'avaient pas encore assez de bon sens pour choisir leurs représentants, mais qui pouvaient disposer, à leur gré, de la fortune, de la liberté et de l'honneur de leurs concitoyens!

Notons aussi un détail assez bizarre de l'organisation judiciaire. Lorsqu'un citoyen dénoncera un crime, il devra se constituer immédiatement prisonnier, et souscrire à sa condamnation aux travaux publics, pour le cas où sa dénonciation serait reconnue fausse et où sa fortune ne suffirait pas à indemniser le dénoncé.

Évidemment, Chabot qui excellait dans l'art de dénoncer, voulait par là décourager ceux qui auraient été tentés de l'imiter, peut-être à ses dépens! En tout cas, le moyen était bien choisi, et, si l'on ne retrouve pas parmi les peines prévues pour les crimes, ces « travaux publics » qui devaient punir le dénonciateur calomnieux, c'est qu'il était fort inutile de les y faire figurer. Qui donc eût été assez imprudent pour s'exposer à les encourir ?

Du reste, l'échelle des peines telle que l'a imaginée Chabot est peu compliquée.

Le citoyen qui se rend coupable d'un crime, tels les « voleurs, les assassins, les adultères, etc... » ont rompu le lien qui les unissait à la société et celle-ci les rejette de son sein, ce qui veut dire qu'elle les condamne à la déportation ; ceux qui commettent un délit doivent réparer le dommage qu'ils ont causé soit à la société soit à leurs concitoyens. On les y contraindra, et, de plus, on les punira en leur imposant des travaux pénibles et en les mettant au pain et à l'eau (1).

____

(1) Bib, Nat., Le, 38, 2416.

Quant à la peine de mort, elle est abolie, « parce qu'elle est contraire aux principes de la nature et de la société ».

La République étant un gouvernement représentatif, il fallait organiser la mode d'élection des députés. Tout citoyen marié était éligible; tout citoyen et toute citoyenne mariés et âgés de vingt et un ans étaient électeurs.

Les élections se faisaient en trois fois. Au jour fixé, les électeurs de chaque section se réunissaient sous la présidence du doyen d'âge assisté de quatre secrétaires, qui étaient les deux citoyens les plus jeunes et les deux citoyennes les plus âgées.

Pourquoi ce choix bizarre? Est-ce que, par hasard, la sincérité du scrutin aurait été compromise par la jeunesse et les charmes des deux plus jeunes citoyennes? C'est ce que Chabot ne nous dit pas.

Tant y a qu'au premier tour, chaque section nommait quatre représentants, pris parmi les citoyens qui, depuis 1789, avaient donné des preuves non équivoques de leur civisme. Au second tour, on nommait seulement deux citoyens parmi les quatre qui avaient obtenu la pluralité des suffrages, et, au troisième tour, le choix devait se faire entre les deux élus du tour précédent.

Les députés étaient élus pour un an et n'étaient pas rééligibles avant six ans écoulés. Cette dernière disposition paraissait de nature à supprimer la crainte de l'électeur qui se manifeste chez les élus à la veille de leur réélection et qui donne lieu au vote précipité de tant de lois dont le but est plutôt de gagner des suffrages que de servir le véritable intérêt du pays.

L'organisation de la commune ressemblait à celle de la Chambre, avec cette différence que l'élection se faisait en deux fois.

Le projet de Constitution n'eût pas été complet sans l'organisation de la force armée. Sur un pareil sujet, un capucin ne pouvait être embarrassé.

Chaque tarasconnais *avait sa chanson*, Tartarin, lui, les savait toutes ! De même, Chabot savait tout, parlait de tout, et avec compétence. Du moins il le croyait.

Voici la description de l'armée telle qu'il la concevait.

Dès l'âge de quatorze ans, tout citoyen devait être soldat jusqu'au jour où il serait incapable de porter les armes. Revêtus de la « robe militaire, armés d'un sabre, d'un mousquet et d'une baïonnette », les citoyens étaient divisés en compagnies, et ces compagnies se réunissaient pour former des bataillons. Les officiers étaient nommés par les soldats, et pour un an seulement. Les chefs de bataillon choisissaient parmi eux le chef de la brigade. Quant aux chefs de division ou d'armée, c'est-à-dire les généraux, ils devaient être choisis par les députés parmi les chefs de bataillon.

Chaque « jour de la loi », les compagnies divi-
sées en escouades faisaient l'exercice pendant deux
heures de 5 heures à 7 heures, du 1er avril au
1er octobre, et de 10 heures à midi, du 1er octobre
au 1er avril.

« *De minimis non curat prœtor* », disait-on jadis,
on voit que tel n'était pas l'avis de Chabot qui ne
dédaignait pas de descendre jusqu'aux plus petits
détails !

En cas de guerre, chaque section envoyait un
vingtième de son contingent et puis, suivant les
nécessités, les autres vingtièmes suivaient peu à
peu. Le commandement des troupes était donné
à des généraux nommés par les Représentants
du peuple et « surveillés » par quatre représentants délégués à cet effet.

En somme, c'était la substitution de la nation
armée à l'armée proprement dite. Il est heureux
que pareille expérience n'ait pas été tentée, car on
devine trop facilement quel en eût été le résultat
en présence d'une invasion.

Cet exposé de la Constitution proposée par
Chabot ne serait pas complet si nous omettions
de rapporter certaines précautions destinées à
maintenir la République dans le droit chemin.

« Le gouvernement, dit-il, doit tendre à l'exécution des lois et veiller à la sauvegarde des
droits du citoyen, par conséquent, tout citoyen a
le droit d'appeler l'insurrection à son aide pour

renverser le gouvernement coupable d'un acte en opposition avec les lois ou avec les droits du peuple. »

C'est la même idée qui a été formulée de façon plus brève quand on a dit : que l'insurrection est le plus sacré des devoirs.

Chabot ne se contente pas d'avoir posé le principe, il montre la manière de l'appliquer et trace le plan de mobilisation des insurgés.

Décidément, il fallait qu'il eût bien peu de confiance en sa machine gouvernementale pour prévoir ainsi qu'elle pourrait se détraquer.

Et maintenant, que penser de la République de Chabot? Vaut-elle mieux, vaut-elle moins que certaines autres que nous connaissons?

A dire le vrai, nous pensons qu'elle n'en diffère pas beaucoup.

Si Chabot revenait parmi nous, il aurait sans doute quelque fierté à voir ses successeurs appliqués comme lui à désorganiser la famille, la magistrature, l'armée, en un mot la Société.

Et peut-être serait-il jaloux de leurs succès.

CHAPITRE VII

MISSIONS DE CHABOT

Envoi des Représentants en mission. — Arrivée de Chabot à Toulouse. — Il accuse Dumouriez de trahison. — Il va à Castres où il prononce un discours. — Son arrivée à Rodez. — Exécution du conscrit Boudou. — Divers arrêtés pris par Chabot. — Taxe sur les suspects. — Fonte des cloches. — Épuration des fonctionnaires. — Changements dans les noms de plusieurs villages. — Chabot retourne à Toulouse. — La Société populaire de Montpellier. — Discours de Chabot à la Métropole de Toulouse. — Affaire Mouquet. — Les pouvoirs de Chabot sont suspendus. — Mission à Amiens. — Le 26ᵉ régiment de cavalerie et la Garde nationale. — Conduite de Chabot à Amiens. — Désordres causés par sa présence. — Le commandant Lefèvre Alavoine. — Rentrée de Chabot à Paris.

Au commencement de 1793, la Convention décida l'envoi en province de Représentants du peuple, chargés « d'établir, d'appliquer ou d'aggraver le gouvernement révolutionnaire. »

Ces Représentants, munis de pouvoirs illimités, arrivaient aux chefs-lieux, présentaient leur commission et, dès lors, toutes les autorités s'inclinaient devant eux.

12

Après avoir fondé un Comité révolutionnaire, ils s'appliquaient à l'épuration des autorités locales et à l'arrestation des suspects qu'ils envoyaient souvent à l'échafaud.

Chabot et son collègue Bô (1) furent choisis pour aller exercer ces fonctions dans les départements du Tarn et de l'Aveyron.

Mais, auparavant, Chabot ne put se tenir d'aller revoir Toulouse, qui réveillait en lui de lointains mais agréables souvenirs. Il y arriva le 22 mars et, cette fois, ce ne fut pas dans l'église des Pénitents gris qu'il prit la parole, mais à la Société des Amis de la République.

Tout plein de l'importance que lui donnait la qualité de Représentant en mission, il jugea bon de s'attaquer à Dumouriez, qui avait, par prudence, suspendu l'exécution des décrets sur l'argenterie des églises dans quelques villes de la Belgique.

C'en était assez pour que Chabot l'accusât de trahison et qu'il fît voter par l'Assemblée une adresse à la Convention pour blâmer la conduite du traître.

Cependant, à la réflexion, et tandis que Chabot reprenait la route de Castres, la Société des Amis

----

(1) Jean-Batiste-Jérôme Bô, né à Mur-de-Barrez (Aveyron), le 1er juillet 1743, mort le 15 mai 1814, membre de la Législative et de la Convention, vota la mort du Roi

de la République regretta la délibération qui lui avait été arrachée par un « citoyen étranger et sans mandat ». Aussi voulut-elle réparer sa faute, et nous ne pouvons nous empêcher de rapporter ici quelques lignes de sa rétractation tant elles paraissent pleines d'actualité.

La Société des Amis de la République « a su rendre à Dumouriez la justice qu'il méritait dans les circonstances qui l'ont forcé. Elle a senti qu'il valait mieux renoncer à quelques chandeliers d'église que de soulever un peuple à qui nous avions promis amitié et protection… Chabot, général, aurait trouvé plus héroïque de mettre les soldats et la liberté aux prises avec les dévotes et les capucins de la Belgique et du Brabant…

» O brave Dumouriez, défends-nous toujours des tyrans et de leurs satellites et nous te vengerons de tes ennemis. Les clameurs d'une certaine faction t'honorent aux yeux des bons républicains, continue à la mépriser, combat pour la patrie et pour la liberté, tandis que Chabot fera (ce qu'il appelle ingénument son métier) des dénonciations » (1).

Nous verrons plus loin que Chabot essaya encore d'aller porter le trouble à Toulouse.

En attendant, il arriva à Castres le 24 mars et, le jour même, il alla avec Bô à la Société populaire

____

(1) *Journal de Toulouse*, 27 mars 1793.

où tous deux présentèrent le décret du 9 mars qui les accréditait, ainsi que les passeports qui leur avaient été délivrés (1).

Le président exprime la joie qu'il éprouve à voir arriver ces deux représentants, s'engage à leur obéir et (détail touchant) leur demande l'accolade fraternelle (2).

Le procès-verbal ne dit pas si les représentants l'accordèrent, mais, en revanche, il nous transmet les paroles mémorables que Chabot adressa à l'Assemblée : « Nous venons, dit-il, donner l'émétique au corps public, le faire suer et le purger du venin aristocratique qui le ronge depuis trop longtemps » (3).

Il faut avouer qu'en cette occasion, Chabot manqua de tact. Lorsqu'on a l'honneur de représenter la Convention Nationale, s'abaisser au rôle d'un Purgon ou d'un Diafoirus! fi donc!

Mais, deux jours plus tard, il prit sa revanche et prononça ce qu'on appellerait à cette heure un « discours-programme » du style le plus poncis et le plus ampoulé qui se puisse imaginer (4).

Ce discours, imprimé sous le titre d' « adresse des Commissaires de la Convention », fut envoyé

---

(1) Arch. du Tarn, série L, 89.
(2) *Ibidem.*
(3) *Ibidem.*
(4) Arch. du Tarn, série L, 89.

à toutes les municipalités et à toutes les sociétés populaires du Tarn et de l'Aveyron; bien qu'il porte les noms de Bô et de Chabot, il est en réalité l'œuvre de ce dernier. On y retrouve des fragments considérables du projet d'Acte constitutif et du mémoire sur les finances que nous avons déjà analysés.

Aussi n'y a-t-il pas grand'chose de nouveau à y cueillir.

C'est toujours l'éloge du Gouvernement, l'excitation à la haine des « Rois que Dieu toléra pour apprendre au peuple à les abhorrer », l'apologie de la fraternité universelle qui devait « faire du monde le séjour d'un bonheur céleste », les avantages de la guerre qui permettra de s'emparer des neuf milliards d'or que recèle la Hollande, sans parler des milliards d'argent qui ruinent l'Espagne, « guerre d'autant moins coûteuse que les suspects seront les seuls à en supporter les frais; » et enfin le procès du fanatisme ou de la religion qui est la cause de tout le mal.

Et puis, au milieu des menaces les plus formelles contre les aristocrates et les ennemis du peuple, on trouve tout à coup des phrases étonnantes, comme celle-ci : « Plaignons les aristocrates, mais ne les égorgeons pas, car l'effusion du sang humain n'a jamais servi qu'à cimenter des erreurs » ou bien encore : « gardons-nous de tuer la liberté par des défiances qui calomnient a liberté même ». Comme si ces défiances et l'effusion du sang ne se retrouvaient pas à chaque page de l'histoire de la Révolution.

Quel était donc le but de ces comités de surveillance établis dans toutes les communes sur la réquisition de Chabot, sinon de provoquer et de recevoir des dénonciations et de fournir des prisonniers aux prisons, et des têtes à la guillotine ?

. Au bout de trois jours, Chabot se rendit à Rodez où son arrivée coïncida avec l'inauguration de l'échafaud.

Un jeune conscrit, nommé Boudou, venait d'être condamné à mort pour avoir essayé de se dérober au service militaire. Plusieurs personnes, prises de pitié, crurent devoir s'adresser au tout-puissant Chabot et lui demander, en guise de don de joyeux avènement, la grâce du coupable.

Une députation, composée de quelques dames de la ville, alla trouver le Représentant du peuple. On sait comment se conduisaient Dumont, (1) Dartigoeyte (2) et d'autres en pareilles circonstance (3).

Chabot, un peu moins grossier qu'eux, ne fut

---

(1) André Dumont, né le 24 mai 1764, mort le 19 octobre 1836, fut député à la Convention, il vota la mort du Roi.

(2) Pierre-Arnaud Dartigoeyte, né à Mugron (Landes) le 12 mars 1763, mort le 25 novembre 1812, fut député à la Convention. Il vota la mort du Roi.

(1) TAINE, VII, 326-27.

cependant pas plus pitoyable, et, après avoir écouté d'assez mauvaise humeur la requête qui lui était présentée, il se borna à répondre : « est-ce bien à vous, citoyennes, qu'il convient de venir solliciter la grâce de ce coupable, vous, femmes ou filles d'émigrés, de conspirateurs ou d'ennemis de la République; réservez pour vous, les vôtres et pour vous-mêmes les demandes de grâce dont vous aurez besoin ».

Le lendemain, 31 mars, Boudou montait à l'échafaud, sous les yeux de ce même Chabot, qui avait cependant écrit quelques mois auparavant : « la peine de mort est supprimée comme contraire aux principes de la nature et de la société » (1).

Hâter le recrutement des troupes devait être l'un des principaux soucis des Représentants en mission.

La Convention avait laissé aux communes la faculté de choisir le mode de recrutement qui leur conviendrait le mieux, et celles-ci, du moins dans l'Aveyron, désignaient souvent des citoyens absents ou impropres au service, ce qui retardait beaucoup la levée de l'armée et, comme les désignations étaient faites au scrutin, il en résultait, suivant l'expression de Chabot, que « la minorité supportait seule le fardeau de la Révolution ». Pour remédier à ce double inconvénient, Chabot

---

(1) Arch. Nat., F. 7, 4637.

prit, le 30 mars, un arrêté qui autorisait le Directoire de l'Aveyron à nommer des commissaires chargés de recevoir les engagements volontaires et d'examiner très sévèrement les soldats présentés par les communes, surtout lorsqu'ils auraient été désignés par un scrutin.

Jusqu'ici, rien à dire; mais voilà que Chabot, après s'être justement élevé contre l'oppression de la minorité par la majorité, ajoute : « et, dans le cas où les communes ne fourniraient pas en entier leur contingent, les commissaires choisiront les citoyens qui leur seront dénoncés pour les plus rebelles » (1).

On ne voit pas très-bien ce que la minorité gagnait au change puisqu'il suffisait d'une dénonciation pour faire ce qui auparavant nécessitait plus de la moitié des citoyens.

Ce n'était pas assez d'avoir des soldats, il fallait les armer et, par-dessus tout, les payer et subvenir aux frais de la guerre.

Fidèle à son programme, Chabot s'empressa d'établir une taxe qui ne frappait que les suspects. « Considérant, disait-il, que les gens suspects et ceux qui ne se sont pas prononcés pour la Révolution ont appelé, par leur indifférence même, les fléaux de la guerre... » et l'on devine qu'elle était la conclusion !

---

(1) Arch. Nat., A. F. 89, registre 655.

Cette taxe était due par toute personne ayant un revenu présumé supérieur à trois cents ou à cent livres, suivant qu'il s'agissait du chef ou d'un membre de la famille (dans le département du Tarn, le revenu non imposable était de six cents ou de deux cent cinquante livres).

La taxe était progressive, et atteignait :

4 sols par livre, de 0 à 400 livres;

4 sols 3 deniers, de 400 à 800 livres;

4 sols 6 deniers, de 800 à 1.200 livres;

4 sols 9 deniers, de 1.200 à 1.600 livres; et ainsi de suite.

Le revenu devait être évalué par des commisaires spéciaux, et les réclamations jugées par le Directoire. L'impôt était exigible dans le délai de quinze jours.

Cet arrêté (1), pris à Rodez le 6 avril 1793, est presque semblable à celui que Chabot avait pris à Castres pour le Tarn, le 26 mars (2).

Disons, en passant, que si le Représentant du peuple pensait à la solde des volontaires, il avait soin de songer aussi à la sienne. Pendant son séjour à Castres, il tira, sur le district, un mandat de quatre mille livres, pour dépenses secrètes, et les rançons qu'il exigea des personnes qu'il avait

---

(1) Arch. Nat., A. F. 89, registre 655.

(2) Arch. du Tarn, série L, 89.

fait arrêter sont évaluées de quinze à vingt mille livres ! (1).

Ce n'était pas tout. Il fallait encore des canons et des fusils : Chabot demanda les uns aux églises et les autres aux suspects.

« Les cloches ont servi à rassembler les rebelles, elles doivent être fondues et converties en canons » (2). Chaque paroisse aura la faculté d'en conserver une, mais c'est là un privilège refusé aux communes où l'on a sonné le tocsin de la révolte. Dans le Tarn, chaque paroisse, pouvait, en outre, conserver son horloge (3).

Par une faveur spéciale, la cathédrale de Rodez conservait, avec son horloge, la cloche appelée Marie, ainsi que la « Mandarelle » (4).

C'est ainsi qu'on nommait et que l'on nomme encore aujourd'hui, une petite cloche, au son grêle et argentin, isolée dans un clocheton, et qui appelait jadis les chanoines à l'office de l'après-midi.

La Mandarelle jouait aussi un autre rôle dans la vie ruthénoise. Dès que ses rapides tintements se faisaient entendre, les habitants quittaient précipitamment les uns leur boutique, les autres

______

(1) *Journal de Toulouse*, 1ᵉʳ juin 1793.
(2) Arch. de l'Aveyron, série L, 159.
(3) Arch. du Tarn, série L, 84.
(4) Arch. de l'Aveyron, série L, 159.

leur atelier, et se rendaient dans la taverne voisine pour y prendre leur goûter, ordinairement composé d'un échaudé et d'une bouteille de vin.

Le capucin avait si souvent répondu à l'appel de la Mandarelle qu'il ne pouvait guère s'empêcher de lui faire grâce.

Mais il n'avait pas les mêmes raisons de s'opposer à la fonte de cinq mille livres de bronze provenant d'effets enlevés sur les places et dans les églises, et notamment de cinq colonnes qui s'élevaient dans le chœur de la cathédrale. Il fut sans pitié pour ces « monuments d'orgueil et de faste » ainsi que pour une plaque de laiton qui recouvrait le tombeau de François d'Estaing (1), évêque de Rodez, dont le nom est intimement lié au superbe clocher qu'il fit·bâtir (2).

Il ne restait plus qu'à se procurer des fusils. Le 2 avril, un arrêté, qui devait être exécutoire dans l'Aveyron et dans le Tarn, ordonna la nomination de commissaires chargés de désarmer les suspects, opération d'autant plus facile que ceux-

---

(1) François d'Estaing, né en 1460, mort le 1ᵉʳ novembre 1529, fut comte de Lyon, gouverneur d'Avignon, évêque de Rodez. Ce fut lui qui acheva la cathédrale de Rodez.

Il était fils de Gaspard d'Estaing et de Jeanne de Murols. Sa famille, l'une des plus anciennes et des plus considérables du Rouergue avait produit Dieudonné d'Estaing qui sauva la vie à Philippe-Auguste à la bataille de Bouvines.

(2) Arch. de l'Aveyron, série L, 159.

ci avaient déjà fait la déclaration des armes qu'ils possédaient.

Et puis, sous le prétexte de veiller à la sûreté générale, cet arrêté prescrivait certaines mesures destinées à montrer aux amis de la Révolution que Chabot avait l'œil ouvert sur eux : obligation pour les aubergistes et les particuliers qui logeaient un étranger d'en prévenir la municipalité, exhibition du passeport à tout citoyen qui le requerrait, création d'un comité de surveillance dans chaque district, etc.

Ce n'étaient là que des précautions anodines, mais voici que tout suspect ne vivant pas de son travail ou soupçonné de fanatisme devait être incarcéré. Dans le Tarn, on ne laissera pas à la campagne des nobles ou des suspects, on les obligera à se rendre en ville ou au chef-lieu du district (1).

Mais, pour rechercher les suspects, si habiles à se cacher, des troupes étaient nécessaires.

Un bataillon de garde-nationaux, composé de deux cents hommes, dont cinquante cavaliers, tiendra garnison à Rodez qui fournira par égales parts avec Millau et Villefranche, trente-six cavaliers et cent quatorze fantassins, Saint-Geniez devant compléter le contingent. Ce bataillon aura pour mission de maintenir l'ordre et de recher-

---

(1) Arch. du Tarn, série L 84.

cher les suspects, les réfractaires et les émigrés (1). Il se rendra là où sa présence sera nécessaire; se déplacera, se logera et se nourrira aux frais des personnes mises en arrestation.

Un arrêté semblable fut pris pour le Tarn le 19 avril (2).

Après s'être occupé de l'armée et des suspects, Chabot s'employa à l'épuration des fonctionnaires, ce qui lui permit d'exercer parfois des vengeances personnelles. Il serait trop long, et en même temps fastidieux, de rappeler ici tous les arrêtés que Chabot prit à cette occasion, voici seulement le résumé de quelques-uns, par où l'on pourra juger du zèle que le Représentant du peuple apportait dans l'accomplissement de sa mission.

C'est le Directoire de Saint-Affrique, invité à faire arrêter et emprisonner tous les prêtres, non sujets au serment civique, et qui n'ont pas prêté le serment prescrit par le décret du 12 août; c'est le citoyen Galtier, d'Ayssènes, juge de Saint-Affrique, suspendu de ses fonctions en même temps que les officiers municipaux de la commune; le citoyen Fabre, juge de paix à Cornus; le citoyen Nicolas, greffier dans le même bourg; les citoyens Dejean, juge de paix de Saint-Rome-de-Tarn; Thomas, greffier; Coulet, juge à Saint-Félix; Carce-

____

(1) Arch. de l'Aveyron, série L, 159.
(2) Arch. du Tarn, série L, 84.

nac, juge à Belmont; Canac, juge de paix à
Saint-Affrique; Carnus, greffier; les officiers municipaux de Saint-Félix, de Brusque, de Vabre, de
Saint-Rome-de-Tarn, de Saint-Victor, de Saint-
Jean-d'Alcas, de Balaguier; le maire de la Romi-
guière; le citoyen Durand, officier municipal de
Plaisance; les officiers municipaux et le maire de
Montclar; les membres du tribunal civil d'Espa-
lion, également suspendus; le citoyen Nogaret,
président du district de Sévérac, qui sera arrêté
et dont les biens seront mis sous scellés; le
citoyen Carcenac de Bourran dont les biens seront
mis sous séquestre, etc., etc. (1).

Qu'il suffise de rappeler que Chabot se vantait
d'avoir suspendu les cinq huitièmes des fonctionnaires de l'Aveyron.

Il s'attaqua aux villes et aux bourgades dont les
noms évoquaient des souvenirs de féodalité ou
de cléricalisme. Onet-le-Château devint Onet-la-
Montagne; Saint-Affrique, Montagne-sur-Sorgue;
Saint-Côme, Montagne-sur-Lot; Saint-Geniez,
Vallon-la-Montagne; Saint-Sernin, Roc-Montagne;
Sévérac-le-Château, Sévérac-la-Montagne, etc., etc.

Il faut dire que le public ne ratifia pas ces
changements qui témoignaient plutôt de l'esprit
sectaire que de l'imagination de leur auteur.
Celui-ci, d'ailleurs, était le premier à violer les lois

____

(1) Arch. Nat., A. F. 89, registre 655.

qu'il avait faites, et, dans les interrogatoires qu'il subit, ou dans les interminables élucubrations qu'il composa pour sa défense, Vallon-la-Montagne fut toujours appelé Saint-Geniez.

Le 31 avril, la Convention révoqua les pouvoirs qu'elle avait donnés à Chabot et l'invita à rentrer à Paris, mais Chabot ne tint pas compte des ordres de la Convention et il continua d'exercer les pouvoirs qu'il n'avait plus.

Il paraît que le rôle de proconsul avait pour lui de grands charmes, et nous verrons tout à l'heure qu'il rêva même d'une Convention méridionale dont il aurait été le chef et qui se serait dressée en face de la Convention Nationale.

Après l'expiration de son mandat, il resta plusieurs jours à Castres où il signa l'ordre de départ de quelques troupes demandées par le général Servan (1).

Il convoqua aussi à Castres le peuple « pour lui apprendre à gérer ses affaires » (2).

« Les royalistes abusent de la clémence de Chabot et viennent d'assassiner à Lavaur, un patriote, membre du Comité de Salut Public; les généraux de l'armée des Pyrénées trahissent, quatre d'entre eux sont déjà suspendus et plus de quinze autres sont soupçonnés »; en consé-

---

(1) Arch. du Tarn, série L, 84.
(2) *Ibidem.*

quence, il faut incarcérer les suspects et ceux qui les ont aidés, créer un Comité de Salut Public dans toutes les villes de trois mille âmes et obliger tous les citoyens à demander une carte civique.

Il va sans dire que cette carte sera impitoyablement refusée à tous les ci-devant nobles qui n'auraient pas donné des preuves de civisme, et aux fanatiques, c'est-à-dire aux prêtres catholiques aux ministres protestants et à tous ceux qui prétendent que la Révolution attaque la religion (1).

De plus, Chabot propose l'établissement d'un camp de quatre mille patriotes et d'un emprunt de quatre millions destinés à les entretenir (2).

Il commençait cependant à lasser la patience de ses administrés, si l'on en juge par une adresse envoyée le 14 mai à la Convention, et dans laquelle la Société populaire de Lacaune dénonce sa conduite. Chabot arrive à Toulouse vers le 12 mai et, s'imposant à ses collègues, il signe avec eux l'ordre de lever six cent soixante-quatre mille hommes et d'emprunter six millions six cent soixante-quatre mille livres qui devaient être fournies par les riches et au besoin imposées d'office.

Le 14, il assiste à la séance des Amis de la Liberté et de l'Égalité. Là, un membre, dont le nom ne nous est pas parvenu, proposa de convoquer

____

(1) Arch. du Tarn, série L, 84.
(2) *Ibidem*.

à Toulouse tous les Représentants du peuple envoyés en mission dans le Midi et de les prier de veiller au salut de la chose publique menacée de toutes parts : cette proposition fut adoptée à l'unanimité. La Société décida qu'on prierait les commissaires de la Convention présents à Toulouse de convoquer leurs collègues. Sur quoi, sans se préoccuper de Mailhe (1) et de Lachaux (2), Représentants envoyés dans la Haute-Garonne, Chabot se chargea de cette convocation, et l'empressement avec lequel il se mit en avant semble faire supposer qu'il était le véritable auteur de la proposition.

D'ailleurs, il fit mieux que de convoquer ses collègues. On avait décidé d'envoyer aux sociétés populaires des départements voisins le procès-verbal de la séance et de les inviter à se faire représenter à l'Assemblée qui se tiendrait à Toulouse. Pour donner plus de force à la décision de la Société, Chabot visa, sans en être prié, le procès-verbal de la séance, et il le fit en ces termes : « Nous, Représentant du peuple, député par la Convention aux départements méridionaux, attestons les faits contenus dans le mémoire ci-dessus, mandons et ordonnons aux autorités

---

(1) Jean-Baptiste Mailhe, né en 1754, mort le 1er juin 1834 député à la Législative et à la Convention, vota la mort du Roi, mais demanda s'il ne conviendrait pas d'accorder un sursis.

(2) Pierre-Lombard Lachaux, né le 4 juin 1744, mort le 16 août 1807, député à la Convention, vota la mort du Roi.

constituées, et en particulier à tous les bons citoyens, d'obéir en tout, etc. » (1).

Voilà comment, en ce temps d'anarchie et de soi-disant égalité, un simple Représentant, privé des pouvoirs qui lui avaient été confiés, et lesquels, d'ailleurs, étaient limités à deux départements, pouvait usurper publiquement un titre qui ne lui avait jamais appartenu, empiéter sur les attributions de ses collègues, et exercer une véritable dictature dans toute la région qui s'étend des Landes au Gard et à l'Hérault.

Tandis que les citoyens Gay et Caraguel se rendaient auprès des sociétés populaires qui leur avaient été désignées et que le citoyen Laffont allait jusqu'à Paris répandre le bruit que Toulouse était livrée à la contre-révolution, le délégué Lacals se rendit à Montpellier pour transmettre, à la Société des Amis de la Liberté, l'invitation de la Société toulousaine.

A Montpellier, on démêla sans peine le but que poursuivait Chabot, dont le ton dictatorial fut vivement désapprouvé.

La Société de Montpellier, tout en remerciant celle de Toulouse de la démarche qu'elle venait de faire, résolut de dénoncer à la Convention la conduite de Chabot, lequel ne visait à rien de moins qu'à « élever une nouvelle Convention et à

---

(1) *Journal de Toulouse*, 6 mai 1793.

déchirer la République par des factions intestines ». Le Conseil du département de l'Hérault, saisi de l'incident, approuva fort cette résolution et chargea son procureur-syndic de dénoncer à la Convention le projet de Chabot.

C'était un échec complet, et ce ne fut pas le seul. Dans tous les autres départements, les délégués chargés de transmettre l'invitation de la Société de Toulouse furent très-mal reçus et parfois obligés de faire amende honorable pour eux et leurs commettants (2).

Pendant ce temps, Chabot était toujours à Toulouse. Le 19 mai, il prononça un grand discours dans l'église Métropole. Après avoir annoncé aux femmes qu'elles pouvaient sans crainte s'adonner à leurs désirs et à leurs caprices, et s'être moqué de toutes les vérités morales et religieuses, il s'éleva contre l'immoralité de l'ancien clergé, et le trafic qu'il faisait des choses saintes et des dispenses, qu'on ne pouvait obtenir « qu'en faisant la cour à la catin de M. l'Évêque ».

Il ne fut pas d'ailleurs plus tendre pour le nouveau clergé auquel il reprocha son amour du luxe, et qu'il menaça de déportation s'il n'acceptait pas la loi du divorce et le mariage des prêtres, puis, s'adressant aux contre-révolutionnaires, il

---

(1) Arch. du Tarn, série L, 84.
(2) *Journal de Toulouse*, 1er juin 1793.

leur conseilla de se mettre à la tête de la révolution s'ils ne voulaient pas voir périr les otages,
et s'exposer eux-mêmes à être fouettés par les
sans-culottes. Pour sauver la chose publique,
disait-il en terminant, il faut être enragé sous
peine d'être mordu par les enragés.

On devine l'effet que produisit un pareil discours (1).

Chabot ne se contenta pas de parler, il voulut
agir. De sa propre autorité, exerçant un gouvernement à côté de celui de ses collègues, il lança
un mandat d'arrêt contre le général Servan, et
contribua à l'arrestation du général Lacuée, dont
il devait, quelques jours plus tard, obtenir la destitution.

Cinq volontaires, prévenus de vol, et quatre
canonniers, inculpés de pillage, allaient être jugés,
lorsque Chabot arrive à la prison, se fait représenter les registres d'écrou, les déchire, et met
les accusés en liberté (2).

Un autre jour, il força ses collègues à faire
incarcérer le commandant de la garde nationale,
un excellent citoyen sur qui il n'y avait rien à
dire et il provoqua un conflit des plus graves en
voulant faire élargir « l'intrépide Mouquet »,

---

(1) *Journal de Toulouse*, 22 mai.
(2) *Ibidem*, 8 juin.

apothicaire de l'armée, dénonciateur, intrigant, brouillon, vindicatif, et qui, pour ses excès, avait mérité d'être arrêté. Cette arrestation avait pris les proportions d'un événement. On eût dit, racontent les journaux du temps, que ce « cher apothicaire, peu fait pour parler à des visages », tenait entre ses mains les destinées de l'Etat, et jamais la proclamation d'un danger public ne produisit une si vive agitation.

Cependant, les délégués de quelques sociétés populaires arrivent pour assister au Congrès organisé par Chabot, et, encore qu'ils soient peu nombreux, quand ils apprennent l'incarcération de Mouquet, ils jettent les hauts cris, redemandent l' « auguste Mouquet, victime du despotisme le plus arbitraire, et mènent un si grand bruit que les autorités constituées, désireuses d'en finir, prennent un arrêté pour leur enjoindre de quitter la ville sur l'heure.

Ils refusent de partir et vont même jusqu'à outrager les officiers municipaux qui consentent à suspendre l'exécution de leur arrêté, espérant que cette preuve de modération amènera la fin du conflit.

Le lendemain, les délégués sont plus insolents que la veille, mais le peuple, irrité et comprenant où veulent le mener ces agitateurs étrangers, se met de la partie et réclame l'exécution immédiate de l'arrêté.

Force reste à la loi et Mouquet demeure en prison (1).

Cependant, Chabot continuait de discréditer le gouvernement en ridiculisant les membres de la Convention, et il alla jusqu'à compromettre la défense nationale : il conseillait d'évacuer Perpignan pour se retirer à Narbonne, place incapable d'opposer une défense sérieuse aux ennemis.

Le Comité de Salut Public de Toulouse, indigné de l'outrecuidance de ce Représentant sans mandat, rédigea sur sa conduite un rapport qu'il soumit aux autorités constituées, le 5 juin, et dans lequel il l'accusa d'usurpation de pouvoir, de procédés arbitraires, d'actes d'oppression, de complot contre la représentation nationale, d'anarchie, de trahison. Ce rapport fut approuvé et envoyé à la Convention. Deux commissaires, les citoyens Garnault et de Corail, présidents du district judiciaire, furent chargés de le porter à la Convention (2).

Entre temps, le Comité de Salut Public refusa de tenir compte du décret qui frappait de destitution le général Lacuée, victime de Chabot (3).

Mais celui-ci ne se tient pas pour battu : il provoque une députation de soi-disant patriotes qui

---

(1) *Journal de Toulouse*, 1er juin.

(2) Arch. du Tarn, série L, 84.

(3) *Journal de Toulouse*, 19 juin 1793.

vont dénoncer les autorités de Toulouse, coupables de favoriser la contre-révolution et il demande la destitution de Loubet, directeur des monnaies, et la traduction à la barre des administrateurs et du maire de Toulouse (1).

Cependant, après avoir entendu le rapport du Comité de Salut Public et les députés envoyés par Chabot, Couthon (2) proposa de suspendre le décret rendu contre la municipalité de Toulouse. Mailhe appuya cette proposition et défendit Loubet, mais Chabot revint à la charge, et malgré l'intervention de Delmas, lequel le démasqua publiquement, la Convention passa à l'ordre du jour sur la proposition de Couthon, et l'affaire n'eut pas de suite (3).

Avant d'aller retrouver Chabot à la Convention, nous devons dire quelques mots de la mission qu'il fut chargé de remplir à Amiens dans les derniers jours de juillet.

Dans le courant de ce mois, des troubles éclatèrent à Amiens. La famine s'y faisait sentir à tel point que, dès le 3 juillet, le Conseil général de la commune avait sollicité de la Convention une somme de six cent mille livres afin d'acheter

---

(1) Séance du 27 juin 1793.

(2) Georges-Auguste Couthon, né à Orcet (Puy-de-Dôme) le 22 décembre 1755, mort le 28 juillet 1794, fut député à la Législative et à la Convention. Il vota la mort du Roi.

(3) Séance du 28 juin 1793.

du blé (1), mais la Convention n'avait pas accueilli cette demande, aussi le peuple, pressé par la faim en même temps qu'excité par quelques meneurs, résolut d'obliger le maire à taxer le prix du pain et des principales denrées.

Le Maire y était peu disposé et, pour l'y décider, on eut recours à l'émeute, au pillage, aux voies de fait, en un mot aux armes révolutionnaires.

Le 26e régiment de cavalerie, qui tenait garnison à Amiens, soutint la populace et favorisa le désordre; des officiers accusèrent la municipalité de trahir ses administrés (2) et la situation paraissait tellement grave que les corps constitués, voulant rétablir l'ordre et prévenir de nouveaux troubles, jugèrent prudent d'appeler à leur aide le 9e hussards, alors de passage à Amiens. En même temps qu'ils faisaient appel à la garde nationale, ils déléguèrent un de leurs membres pour informer la Convention de l'embarras dans lequel ils se trouvaient (3).

Une autre cause de désordres venait se joindre à la rareté des subsistances : c'était l'antagonisme profond qui existait entre le 26e et la garde nationale. Celle-ci, composée des habitants de la ville, ne pardonnait pas au régiment de cavalerie

---

(1) Dusseval : *Histoire d'Amiens*, p. 465 et suiv., et Arch. de la Guerre : correspondances de l'armée du Nord et des Ardennes.

(2) Arch. d'Amiens, registre correspondance 1308.

(3) *Ibidem*.

d'avoir fait partie du peloton d'exécution le 21 janvier (1). Il était donc urgent de prendre des mesures énergiques et capables d'enrayer le mouvement populaire de plus en plus menaçant. Les corps constitués demandèrent le renvoi du 26e, la Convention désigna deux de ses membres, Dumont et Chabot, pour se rendre à Amiens.

Ceux-ci y arrivèrent le 26 au matin. A peine arrivés, ils convoquèrent le Conseil général de la commune pour lui donner lecture du décret qui les accréditait auprès de lui (2).

« Les Comités de Salut Public et Sûreté générale de la Convention, réunis pour délibérer sur le parti à prendre pour calmer les mouvements qui se sont manifestés à Amiens depuis quelques jours relativement aux subsistances qu'on y a arbitrairement taxées, arrêtent que deux de leurs membres se transporteront sans délai à Amiens, où ils assembleront les citoyens et leur feront connaître combien il serait dangereux de ne pas arrêter le mouvement auquel la malveillance les a portés et les inviteront à rentrer dans l'ordre en respectant les propriétés. En conséquence, lesdits Comités ont nommé pour cette mission les citoyens Dumont et Chabot qu'ils autorisent à

---

(1) CALONNE : *Histoire d'Amiens*, T. II, p. 484 et suiv.
(2) Arch. d'Amiens.

prendre toutes les mesures qu'ils croiront convenables et à requérir les corps civils et militaires en cas de besoin pour le maintien de la tranquillité publique, la conservation des propriétés, la sûreté des personnes et le respect de la loi (1). »

Nous allons voir de quelle façon Dumont et Chabot s'acquittèrent du rôle qui leur avait été confié.

Le Ministre de la Guerre avait donné au 26e l'ordre de quitter Amiens. Chabot s'empressa de protester contre cette mesure qui fut immédiatement rapportée (2).

Après avoir fait enregistrer leurs pouvoirs, les Représentants du peuple affectèrent de n'avoir aucun rapport avec les autorités municipales et ils allèrent s'établir à la Société populaire, composée de tout ce que la ville comptait de révolutionnaires avancés. Le même jour, le peuple était convoqué à la Cathédrale pour y entendre l'exposé de ses véritables intérêts (3).

A 6 heures du soir, Chabot monte en chaire, coiffé d'un énorme bonnet rouge, affublé d'une casaque de nankin, les manches retroussées, une paire de pistolets à la ceinture, et tenant à la

---

(1) Arch. d'Amiens, Registre des délibérations, F. 1, 107.

(2) Arch. Nat., F 7, 4637.

(3) Arch. d'Amiens.

main un pot de vin « dont il arrosait fréquem-
ment sa révolutionnaire éloquence » (1).

Au lieu d'inviter les citoyens au calme et au
respect des propriétés, au lieu de leur remontrer
combien leurs violences étaient répréhensibles en
même temps qu'opposées à leurs intérêts, il
blâma la conduite des administrateurs responsables de tout le mal, loua sans réserves le 26e
régiment de cavalerie, digne des éloges de tous
les bons républicains, et se répandit en invec-
tives contre ceux qui oseraient méconnaître en
lui la représentation nationale.

Puis, il promit l'abondance des vivres, l'abaissement du prix des denrées, ordonna des visites
domiciliaires, et menaça de la guillotine ceux qui
ne déclareraient pas exactement la quantité de
grains qu'ils possédaient dans leurs maisons.
Enfin, pour conclure, il invita les véritables
patriotes à le suivre à la Hotoie (2).

Quelques centaines de sans-culottes et plusieurs
filles de joie se rendirent à cet appel, et la soirée
se termina par la danse de la carmagnole (3).

Cependant la harangue de Chabot avait été
accueillie froidement. La garde nationale était

----

(1) Dusseval et Calonne, *Ut suprà*.

(2) Dusseval, *ibidem*. La Hotoie est l'une des principales prome-
nades d'Amiens.

(3) *Ibidem*.

non seulement blessée des éloges décernés au 26°, mais elle y voyait encore une menace à son adresse.

Le bruit circulait que Chabot allait la dissoudre, dont la partie saine de la population fut vivement irritée. Aussi, dès le lendemain, les Représentants s'empressèrent-ils d'informer leurs « frères d'armes » que leur intention était simplement de désarmer les gens suspects » (1).

En même temps, ils donnèrent l'ordre de fermer les portes de la ville et de mettre une forte garde sur les remparts, afin de ne laisser entrer et sortir que les personnes nécessaires au service de l'agriculture et du commerce (2).

Quelques boulangers, qui avaient pris au sérieux les promesses de Chabot, crurent pouvoir s'adresser à lui pour obtenir du blé. Chabot se borna à les renvoyer au Conseil général, qui lui avait, disait-il, donné l'assurance qu'il possédait des vivres pour six jours.

Fort de cette réponse, le citoyen Lesueur se présente au Conseil et demande le blé qui lui est nécessaire. Le Conseil, devinant sans peine le dessein de Chabot, qui était de perpétuer les troubles en rejetant sur la municipalité la responsabilité de la famine, envoya immédiatement

---

(1) Arch. d'Amiens.
(2) *Ibidem.*

les citoyens Thierry et Gérard Scellier auprès des Représentants, pour protester contre les paroles qui leur étaient attribuées (1), et les informer que le peuple ayant exigé la mise en vente de tout le blé qu'ils possédaient, il ne leur avait pas été possible de constituer des réserves, et qu'au surplus, ils les priaient de venir constater l'exactitude de leurs assertions.

Dumont et Chabot déclinèrent cette invitation, à quoi ils préféraient répondre par des reproches et des menaces.

En présence de ce refus, le Conseil s'occupa des mesures à prendre; il ordonna des visites domiciliaires et prescrivit à tous les citoyens de déclarer sans retard toutes les subsistances dont ils disposaient.

Les choses en étaient à ce point, le 28 au matin, lorsque les Représentants du peuple, jugeant plus utile d'armer les citoyens que de les nourrir, donnèrent l'ordre aux officiers municipaux de transporter immédiatement à la Société populaire, les fusils, piques et sabres qu'ils détenaient, et qui devaient servir à armer les braves sans-culottes.

En entendant cette nouvelle réquisition, Lefebvre Alavoine, commandant de la garde nationale,

---

(1) Arch. d'Amiens.

ne put se tenir de s'écrier : « Comment! des armes à la canaille, quand je n'en ai pas assez pour armer tant de braves citoyens de mon bataillon! »

Paroles imprudentes que Ranson, officier municipal destitué, s'empressa de rapporter à Chabot, lequel ordonna d'arrêter Lefebvre : celui-ci, averti du danger qu'il court, se rend sur la place du Marché-aux-Herbes, à la tête de son bataillon, et lorsque Courtin, colonel du 26e, se présente suivi de son régiment pour l'arrêter, il se trouve face à face au bataillon de Lefebvre, soutenu par trois mille personnes. Chabot, monté sur un cheval blanc qu'il maniait avec maladresse, et accompagné de la lie du peuple et de quelques membres de la Société populaire, vient le rejoindre; il articule des paroles que nul ne peut entendre : Dumont, plus écouté, parvient à apaiser les démonstrations hostiles qui grandissaient de minute en minute, et il s'engage à garantir la liberté de Lefebvre, quand soudain retentit un coup de feu parti par hasard (1).

Chabot, persuadé que sa vie est en danger, s'empresse de fuir, tandis que la garde nationale défile devant son chef, à qui elle présente les armes, au milieu des acclamations de la foule.

Il est intéressant de voir comment Chabot

______

(1) Calonne, *Ut suprà.*

raconta, quelques jours plus tard, dans un discours
à la Convention, cet incident qui fait peu d'honneur à son courage. On pourra juger avec quelle
défiance il convient d'accepter ses dires.

« Qu'ils aillent, disait-il, le demander à Amiens,
où une balle m'a coupé les cheveux, où j'ai moi-
même affronté sept mille baïonnettes et fait mettre
bas les armes à cette armée d'aristocrates qui mena-
çaient de frapper ce sacré capucin ! » (1). Et plus
tard, dans son mémoire justificatif, il écrivait :
« Au milieu de ces brigands armés et soutenus par
sept mille hommes de garde nationale, corrompue
ou égarée, je suis entré seul dans leur bataillon
carré, j'y ai été couché en joue par deux cents scélérats que mon courage a fait pâlir, que l'expression de mon amour pour le peuple a désarmés et
qu'après avoir reçu un coup de fusil, j'ai dispersés
par ce seul mot : « Je sais mourir, mais non flé-
» chir ». Vous dites que vous voulez la tête de ce
sacré capucin, je vous la présente, mais elle est
sacrée par le peuple qui saura se venger et me
venger » (2).

En vérité, n'est-ce pas là un curieux spécimen
de ce qu'on pourrait appeler « le courage de l'escalier » ?

---

(1) *Gazette Nationale* n° 231.

(2) Arch. Nat., F. 7. 4637.

Cependant, par respect pour les Représentants du peuple, Lefebvre consentit à se présenter le lendemain devant eux. Chabot, toujours à cheval, et accompagné par le général d'Urre (1), le colonel du 26ᵉ et un peloton de cavaliers, alla le recevoir à la Mairie. Dans un long discours, il accusa la garde nationale, les administrateurs de la municipalité, prétendit qu'un complot avait été tramé contre lui et alla jusqu'à traiter de « scélérat » le commandant Poullain (2).

Celui-ci, outré d'une pareille insulte, voulut répondre. On l'en empêcha et la réunion prit fin pour reprendre l'après-midi à la Cathédrale (3).

Là, nouvelle scène, plus violente encore que la précédente. Chabot, toujours obsédé par la vue des sept mille sabres dont il se croyait entouré, renouvela ses accusations, et menaça Morgan, chef de la légion, de lui faire « sauter la tête ».

A ces mots, un tumulte indescriptible éclate. Les assistants ne veulent pas en entendre davantage et se préparent à faire un mauvais parti à Chabot, lorsque le général d'Urre intervient, et

---

(1) Urre (Joseph-François-Jean-Baptiste d'), né à Dunkerque le 30 août 1735, se distingua à Clostercamp où il protégea la retraite du régiment d'Auvergne et gagna la Croix de Saint-Louis. Il servit successivement sous les ordres des maréchaux de Broglie, de Richelieu et de Clermont; de La Fayette, Dumouriez, Pichegru, Masséna, etc. Il fut nommé général le 9 avril 1793.

(2) Arch. d'Amiens, délibérations.

(3) *Ibidem*.

réussit à calmer celui-ci qui embrasse Morgan ! On décide d'illuminer et de tirer le canon en signe de réjouissance, de telle sorte que la soirée se termine au milieu de la joie et des embrassades fraternelles (1).

Le lendemain, 30 juillet, Chabot quittait Amiens à 7 heures du soir, pour se rendre à Paris, où il arrivait le 31 à midi. Le même jour, il soutenait à la Convention son projet sur les assignats (2).

Le Conseil général, désireux de repousser les accusations portées contre lui, rédigea un rapport exact des événements qui venaient de se passer et il l'adressa au Comité de Salut Public, afin de montrer de quelle façon inimaginable les Représentants du peuple avaient accompli leur mission pacificatrice, et comment ils avaient suscité le désordre dans une ville où le calme était déjà rétabli lors de leur arrivée.

« Éloignez de nous, disait-il, ces agents pernicieux et destructeurs de notre repos. Tous nos citoyens béniront à jamais l'autorité tutélaire et libératrice qui les aura délivrés de tous les malheurs auxquels les exposeraient les caprices turbulents, fougueux, arbitraires et tyranniques de ces deux hommes » (3).

---

(1) Arch. d'Amiens, délibérations.
(2) Arch. Nat., F. 7, 4637.
(3) Arch. d'Amiens.

De son côté, le général d'Urre, plus soucieux de ses propres intérêts que de la tranquillité publique, écrivait au Ministre de la Guerre : « L'ordre et la paix et le calme nous ont été rendus, nous les devons à la sollicitude paternelle et à l'énergie des Représentants du Peuple » (1).

En vérité, il se contentait de peu.

Il s'en fallait de beaucoup que Chabot se rendît un témoignage aussi élogieux. Lorsque, le 7 septembre, un membre de la Convention proposa de juger la conduite des Représentants envoyés en mission, il combattit ce projet. « L'esprit public, disait-il, n'est pas uniforme dans toute la République, il n'est pas même tel qu'il ait la fixité nécessaire pour attirer l'attention de la Convention Nationale sur des dénonciations particulières. Par exemple, si dès le commencement de juin, on m'avait jugé sur la dénonciation des aristocrates de Toulouse, on m'aurait déclaré impie, parce que j'avais dit que le citoyen Jésus-Christ était le premier sans-culotte du monde. Attendez donc que le Comité de Salut Public ait recueilli toutes les pièces nécessaires... mais, je le répète, le jour de ce grand jugement n'est pas encore venu ; c'est à la fin de vos travaux qu'il doit être prononcé. Alors on connaî-

----

(1) Arch. de la Guerre, dossier d'Urre.

tra ceux qui ont bien servi le peuple contre tous ses ennemis, alors on nous jugera sur de nouvelles lumières, et si l'on cherche de quel côté était la vertu, on verra qu'elle a toujours siégé sur la Montagne » (1).

On dit qu'il n'y a pas de règle sans exception : Chabot devait l'apprendre à ses dépens.

(1) *Gazette Nationale*, 9 novembre 1793.

CHAPITRE VII

LA GIRONDE — MORT DE MARAT

Lutte contre la Gironde. — 2 juin. — Chabot dénonce Condorcet. — Il demande l'apposition des scellés chez les suspects. — Charlotte Corday et Marat. — Chabot demande l'arrestation de Duperret et de Fauchet. — Lesterps Beauvais. — Procès des Girondins. — Rôle qu'y joua Chabot.

Pendant le séjour de Chabot dans le Midi, la lutte entre la Gironde et la Montagne était devenue de plus en plus aiguë.

Irrités de voir les Girondins s'opposer à toutes les mesures violentes et s'efforcer à modérer la Révolution, les Montagnards soulevèrent le peuple en répandant habilement le bruit d'une conspiration dont on commençait à constater les résultats en Vendée, où les Royalistes avaient l'avantage; à Marseille et à Bordeaux, où les habitants s'organisaient pour aller au secours des Modérés; et, enfin, dans le Nord, où la défaite de Nerwinde et la fuite de Dumouriez livraient notre frontière à l'ennemi. Il va de soi que cette conspiration était l'œuvre de la Gironde.

Celle-ci, se sentant menacée, fit nommer une commission de douze membres afin de vérifier les actes de la Commune, de rechercher les complots et les projets formés contre la Représentation nationale.

La Montagne riposta par l'élection d'un Comité central, dont les membres, choisis dans les quarante-huit sections, proposèrent, dès le 19 mai, d'enlever vingt-deux députés et de les égorger.

Cette motion parut un peu trop violente pour l'instant, et l'on préféra le tribunal révolutionnaire à l'assassinat. Au fond, le résultat devait être le même. Cependant, la Commission des Douze faisait arrêter quelques meneurs, parmi lesquels Marino, Michel et Hébert (1) ce qui excita encore davantage la colère de la Montagne, qui, secondée par le Comité central, s'employa à provoquer l'insurrection.

Après plusieurs journées — très-orageuses, le 2 juin, Henriot, suivi de quatre-vingt mille hommes, cerne la Convention, tandis que les pétitionnaires envahissent la salle des séances et réclament l'arrestation des vingt-deux.

Le Président, Hérault de Séchelles, accompagné

---

(1) Hébert (Jacques-René) dit le père Duchesne, né à Alençon en 1755 mort en 1794.

d'un grand nombre de députés, essaye de sortir. Arrivé à la porte qui donnait sur le Carrousel, il se trouve face à face à Henriot (1), auquel il lit le décret ordonnant la retraite de la force armée, et il ajoute :

— Je te somme d'obéir !

HENRIOT. — Je ne connais que ma consigne.

HÉRAULT DE SÉCHELLES. — Que demande le peuple ?... la Convention n'est occupée que de son bonheur.

HENRIOT. — Nous savons que tu es un bon patriote, que tu es de la Montagne. Réponds-tu sur ta tête que les vingt-deux membres seront livrés dans les vingt-quatre heures !

HÉRAULT DE SÉCHELLES. — Non !

HENRIOT. — Le peuple ne s'est point levé pour écouter des phrases, mais pour donner des ordres souverains.

HÉRAULT DE SÉCHELLES. — Au nom de la nation et de la loi, j'ordonne aux soldats d'arrêter ce rebelle.

HENRIOT. — Vous n'avez pas d'ordres à donner. Retournez à votre poste et livrez les députés que le peuple demande.

Et, saisissant son sabre, il s'écrie : « Canonniers, à vos pièces ! »

Hérault rentra dans le palais, et, quelques ins-

---

(1) François Henriot, commandant de la garde nationale, né en 1761, mort le 28 juillet 1794.

tants plus tard, les vingt-deux étaient mis en état
d'arrestation.

On leur avait adjoint quelques membres du
Comité des Douze, ce qui portait à trente et un le
chiffre des députés sacrifiés à la colère du peuple.

Chabot, qui se trouvait encore à Toulouse le
22 mai, avait regagné Paris assez tôt pour se joindre
aux conspirateurs de l'Évêché, qui arrêtèrent,
dans le détail, le plan de la journée du 2 juin.

Il était à la Convention le 31 mai, lorsque Vergniaud, suivi de quelques amis, sortit de la salle
pour aller se mettre sous la sauvegarde de la force
armée; et il demanda aussitôt l'appel nominal
afin de connaître les absents et de pouvoir les
dénoncer comme suspects. Le lendemain, il se
signala par la violence de son langage. L'Assemblée attendait que le Comité de Salut Public fît
connaître les mesures qu'il avait prises pour assurer
la liberté des délibérations. Barère (1) venait de
lire une adresse qui était la glorification des insurgés, et Lassource (2) avait proposé un autre pro-

(1) Bertrand Barère de Vieuzac, né à Tarbes, le 10 septembre
1755, mort le 13 janvier 1841, était fils de Jean Barère, seigneur
de Vieuzac, et de Jeanne-Catherine Marrast. Il épousa le 14 mai 1785
Catherine-Élisabeth de Monde dont il n'eut pas d'enfants. Il avait
un frère, Jean-Pierre, mort sans postérité et trois sœurs : Cécile,
mariée à Paul de La Salle d'Odos; Françoise, née en 1769, mariée à
Pascal Lapeyrère et Jeanne-Marie, née en 1775, mariée le 18 juin
1799 à Pierre Sansot. Il vota la mort du Roi.

(2) Marie-David Alba, dit Lassource, né le 22 janvier 1765,
exécuté le 31 octobre 1793, député à la Législative et à la Convention, vota la mort du Roi.

jet où les conspirateurs étaient flétris et qui se terminait par ces mots : « la Convention veille, elle prendra des mesures qui ne laisseront aux conspirateurs que la honte, le mépris et la mort ».

En entendant ces menaces, dont il pouvait prendre sa part, Chabot s'élance à la tribune pour y dénoncer ceux qui, d'après lui, sont les vrais coupables. « Les conspirateurs, c'est d'abord Lassource lui-même, ce sont les complices de Dumouriez, ce sont ceux qui ont gardé le silence sur les mouvements de Vendée... », puis, faisant allusion à Vergniaud, il ajouta : « Comment des hommes qui hier abandonnaient lâchement leur poste, après avoir fait serment d'y mourir..., comment des hommes qui n'ont pas assisté à cette séance, seraient-ils chargés d'en faire le récit dans une adresse? Lassource livre les conjurés au mépris et à la mort. Eh bien, que cette prédiction retombe sur lui-même. » La menace de Lassource fut vaine, celle de Chabot devait se réaliser quelques mois plus tard.

Au cours de la mémorable séance du 2 juin, pendant que la Convention était cernée, Chabot fut du nombre de ceux qui ne comprirent pas ce qu'il y avait de noble et de courageux dans l'attitude des Girondins qui signaient leur arrêt de mort en refusant de donner leur démission.

Barbaroux et Lanjuinais (1), protestant contre l'attitude soumise de Lanthenas (2), de Fauchet, de Dusaulx et d'Isnard (3), jurèrent de mourir à leur poste. « Si j'ai montré jusqu'à présent quelque courage, dit Lanjuinais, je l'ai puisé dans l'ardent amour qui m'anime pour la patrie et la liberté. Je serai fidèle à ces sentiments, je l'espère, jusqu'au dernier souffle de ma vie. Ainsi n'attendez de moi ni suspension, ni démission. »

Barbaroux avait tenu à peu près le même langage. Et Chabot n'avait cessé d'interrompre et d'injurier les deux orateurs, si bien que Lanjuinais, se retournant vers lui, le réduisit au silence par cette vigoureuse apostrophe : « Je réponds à Chabot qui vient d'injurier Barbaroux : on a vu conduire les victimes à l'autel en les ornant de fleurs et de bandelettes, mais le prêtre qui les immolait ne les insultait pas. »

Bien qu'en état d'arrestation, les trente et un n'étaient ni emprisonnés ni décrétés d'accusation ; ils étaient en quelque sorte aux arrêts, chacun

---

(1) Jean Denis, comte Lanjuinais, pair de France, né le 12 mars 1753, mort le 13 janvier 1827, fit partie de la Convention. Il vota pour la réclusion et le bannissement du Roi.

(2) François-Xavier Lanthenas, né le 18 avril 1754, mort le 2 janvier 1799, député à la Convention, vota la mort avec sursis, à la condition que le lendemain de la condamnation du Roi, la peine de mort serait abolie.

(3) Maximin Isnard, né le 16 février 1751, mort le 12 mars 1825, député à la Législative et à la Convention, vota la mort du Roi.

chez soi, sous la surveillance d'un gardien ; aussi quelques-uns parvinrent-ils à s'enfuir, tels Buzot, Guadet, Barbaroux, Pétion, Lanjuinais, Biroteau, etc.

Ils furent remplacés par d'autres et, pour sa part, Chabot en désigna au moins trois.

Ce fut d'abord Condorcet qui s'était permis de critiquer la nouvelle constitution à laquelle il reprochait de « n'appeler à la Convention que les riches, faute d'avoir voté une indemnité pour les députés ». Ce reproche, injustifié d'ailleurs et qu'on ne saurait adresser à nos représentants actuels, valut à celui qui l'avait formulé d'être dénoncé par Chabot et incarcéré le 8 juillet.

Quatre jours plus tard, Chabot, annonçant la découverte d'une grande conspiration qui devait éclater le 14, demanda l'autorisation d'apposer les scellés sur les papiers des suspects.

A dire le vrai, on ne prenait plus guère au sérieux les conspirations dénoncées par Chabot depuis l'histoire du Comité autrichien, cependant l'autorisation demandée fut accordée.

Le lendemain au soir, 14 juillet, le bruit se répand tout à coup que Marat vient d'être assassiné.

Une jeune fille de Caen, Charlotte Corday d'Armont, âgée de vingt-cinq ans, et petite nièce du grand Corneille, a plongé un poignard dans le sein de « l'Ami du Peuple ».

Quelle aubaine pour Chabot! N'est-ce pas là une preuve évidente de cette conspiration qui devait se manifester par l'assassinat des meilleurs patriotes, afin d'exciter un mouvement dans Paris, d'armer les citoyens les uns contre les autres et de permettre à Wimpfen de proclamer Louis XVII?

A peine instruit de cet événement, Chabot se rend à la prison où se trouve Charlotte Corday. Il l'interroge et essaye de la fouiller...!

« J'ai été interrogée par Chabot, écrivit Charlotte Corday à Barbaroux, il avait l'air d'un fou. On m'a donné deux gendarmes pour me préserver de l'ennui, j'ai trouvé cela fort bien le jour, mais non la nuit. Je me suis plainte de cette indécence. Le Comité n'a pas jugé à propos d'y faire attention. Je crois que c'est de l'invention de Chabot: il n'y a qu'un capucin qui puisse avoir ces idées... » (1).

Le lendemain, Chabot monta à la tribune, en véritable triomphateur. N'avait-il pas raison de demander l'apposition des scellés chez les suspects?

« Il y a deux jours, dit-il, que j'ai vu Duperret communiquer des papiers à plusieurs de ses collègues et notamment à Fauchet avec des ris qui

---

(1) *Gazette nationale*, 31 juillet 1793.

annonçaient clairement qu'il était question de quelque complot ou malheur public.

Le but des conspirateurs était de susciter des vengeurs de Marat contre lesquels le Calvados et Paris auraient marché. »

Et il demanda l'arrestation de Duperret et de Fauchet.

Qu'y avait-il de fondé dans ses accusations?

On sait que plusieurs Girondins proscrits, après s'être échappés, avaient gagné la Normandie, où ils s'efforçaient de soulever le peuple pour défendre la Convention opprimée. Le 7 juillet, une revue avait eu lieu à Caen, et, des rangs de la garde nationale, dix-sept volontaires seulement étaient sortis pour s'enrôler dans les bataillons qui devaient marcher sur Paris.

Outrée de l'indifférence de ses concitoyens et persuadée que la disparition de Marat sauverait le pays, Charlotte Corday résolut de se dévouer.

Arrivée à Paris le 11 juillet, elle se rendit chez Duperret (1) pour lui remettre une lettre de Barbaroux, et en même temps, le prier de la présenter au Ministre qu'elle voulait intéresser au sort d'une de ses amies, Mlle Forbin.

Duperret consentit à accompagner Charlotte au

---

(1) Claude-Romain Lauze de Perret, dit Duperret, né le 28 février 1747, exécuté le 31 octobre 1793, était fils de Pierre de Labécède de Lauze de Perret. Député à la Législative et à la Convention, il vota, dans le procès du Roi, pour la réclusion.

Ministère : le Ministre ne recevait pas ce jour-là. Rendez-vous fut pris pour le lendemain, et, dans l'intervalle, Duperret fit observer à Charlotte Corday que, n'ayant pas de procuration de son amie, elle avait peu de chance d'être écoutée, et qu'au surplus, lui-même n'était pas assez bien en cour pour pouvoir lui être de quelque utilité.

Ce refus était de peu d'importance pour Charlotte qui avait obtenu de Duperret, et sans que celui-ci s'en doutât, les renseignements qu'elle désirait. Marat était malade, il n'allait pas à la Convention, c'était donc chez lui qu'il fallait aller le frapper et voilà comment, après avoir obtenu une audience, elle fut reçue par l'Ami du peuple qu'elle poignarda pendant qu'il était au bain.

Fauchet était, aux yeux de Chabot, le complice de Duperret qui lui avait communiqué des papiers, et tous deux avaient accompagné Charlotte Corday à la Convention.

Or, cela n'était pas exact. Le témoignage de la femme Lebourgeois, qui prétendait avoir vu Charlotte Corday dans les tribunes de l'Assemblée, en compagnie de Fauchet et de Duperret, fut victorieusement réfuté par celui de l'hôtelier chez qui logeait l'accusée, et qui affirma que celle-ci n'avait pas quitté l'hôtel le soir où l'on prétendait l'avoir vue à la Convention.

Chabot n'en persista pas moins à demander l'arrestation de ses deux collègues.

Il y avait longtemps qu'il poursuivait Fauchet de sa haine, car il ne pouvait lui pardonner d'avoir pris la défense de Narbonne.

Il l'avait déjà dénoncé aux Jacobins. « Au surplus, si nous avions des preuves, nous aurions conduit Narbonne, Fauchet son apologiste, et toute la séquelle à la potence. Oui, il serait digne de ce supplice, car apprenez que M. Narbonne visait au protectorat, M. Fauchet le secondait de toutes ses forces, et, lorsque le premier nous fut dénoncé, le second nous dit que c'était lui qui avait inspiré à M. de Narbonne ses idées de Cromwellisme. Le panégyrique de celui-ci a sans doute été soufflé à M. Fauchet par Mme Canon (c'est le nom que les Jacobins donnaient à Mme de Staël) car aussi, comme beaucoup d'autres, il s'est laissé égarer par les femmes.

» Longtemps, la faction a dit : qui chargerons-nous du rapport de l'affaire Narbonne? Enfin elle s'est adressée à Fauchet, à cause de sa réputation d'enragé, et il s'est chargé de ce Rapport. Pour qu'on ne s'aveugle pas sur les talents de M. Fauchet, il faut vous dire que M. Daubeterre a fait la partie militaire de ce rapport. L'autre, pendant ce temps-là, c'est-à-dire vers les 11 heures du soir, dormait chez Mme Canon » (1).

---

(1) Bib. Nat., Ln. 27, 16, 77383.

Il lui reprochait aussi d'avoir refusé de se rendre à l'Abbaye, le 2 septembre, pour s'opposer au massacre, ce dont Fauchet se défendit en disant que, s'il avait refusé la mission qu'on voulait lui confier, c'était parce qu'il portait encore le costume ecclésiastique et qu'il n'avait pas voulu le quitter.

Tant y a que la Convention déféra au désir de Chabot, qui eut le triste avantage d'envoyer deux de ses collègues à la mort.

Il est vrai que Duperret se tira d'affaire pendant quelque temps, les charges qui pesaient sur lui paraissant insuffisantes, mais il fut accusé de nouveau et, comme il avait protesté contre les violences des 31 mai et 2 juin, on le condamna à mort. Il fut exécuté le 31 octobre.

Ainsi, peu à peu, on parvenait à se débarrasser de tous les Girondins.

Parmi les victimes de Chabot, il ne faut pas oublier Lesterps de Beauvais, envoyé en mission à Saint-Étienne, pour y surveiller la manufacture nationale d'armes, au moment où les Jacobins et les modérés se disputaient le pouvoir dans la ville de Lyon.

Ceux-ci venaient de l'emporter, quand ils apprirent les événements du 2 juin. Alors, refusant de reconnaître comme mandataire de la nation, une Assemblée mutilée par la proscription de plusieurs de ses membres, ils choisirent pour chefs Chasset et Biroteau qui avaient réussi à s'échapper de Paris et ils se dirigèrent sur Saint-Étienne où ils comptaient trouver les armes qui leur étaient nécessaires.

Lesterps de Beauvais, envoyé en mission le 30 mai, n'était parti que le 5 juin, c'est-à-dire après la chute des Girondins. Il avait cependant rejoint son poste le 7 juillet et il y demeura jusqu'au milieu d'août.

Rappelé à Paris et dénoncé par Chabot pour ne s'être pas opposé à l'enlèvement de dix mille fusils, il se défendit en disant que sa mission consistait à surveiller la manufacture nationale et non pas les fabricants chez qui les fusils avaient été enlevés.

Mais le motif d'accusation mis en avant par Chabot n'était qu'un prétexte : ce qu'on reprochait à Lesterps, c'était d'avoir signé une protestation contre le 2 juin et c'est pour ce crime impardonnable qu'il fut compris dans la proscription girondine (1).

Malgré la loi qui obligeait le Comité de Salut Public à faire, dans le délai de trois jours, un rapport sur les Représentants arrêtés, ce rapport n'était pas encore fait à la fin de juin.

Fonfrède (2) avait réclamé l'exécution de la loi

---

(1) Mortimer TERNAUX, t. VIII, p. 496.

(2) Jean-Baptiste Boyer-Fonfrède, né le 5 décembre 1760, exécuté le 31 octobre 1793, membre de la Convention, vota la mort du Roi.

en donnant à entendre que, si l'arrestation de quelques officiers municipaux avait produit en son temps une espèce d'insurrection, il était à craindre que celle des Représentants du peuple n'amenât des représailles. « Si des hommes armés sont venus exiger le décret d'accusation, demain, dit-il, d'autres hommes, également armés, ne peuvent-ils pas, usant des mêmes droits, réclamer l'abrogation de ce décret? »

Et Chabot de s'emparer aussitôt de ces paroles pour y voir la preuve d'un complot tendant à allumer la guerre civile.

Ce fut seulement le 8 juillet que Saint-Just lut le rapport du Comité de Salut Public.

Survient la mort de Marat qui détourne l'attention de l'Assemblée; et les Girondins demeurent en état d'arrestation, sans pouvoir obtenir qu'on discute les charges qui pèsent sur eux.

Le 2 octobre, un membre du Club des Jacobins dresse un acte d'accusation et le lendemain, Amar (1) fait un nouveau rapport qui reproduit tous les griefs articulés par Saint-Just.

Enfin, le procès commence et Chabot est appelé à témoigner. Dans sa déposition, qui remplit plusieurs colonnes du *Moniteur*, il s'efforce à établir

---

(1) Jean-Baptiste-André Amar, né à Grenoble, le 11 mai 1755 mort à Paris le 21 décembre 1816, membre de la Convention et du Comité de Sûreté générale, vota la mort du Roi, fut accusé en 1797 comme complice de Babœuf et acquitté.

l'existence d'un complot contre l'unité, l'indivisibilité et la sécurité de la République.

Au temps de la Législative, Brissot l'avait invité à assister à des réunions qu'il tenait avec Vergniaud, Guadet et Gensonné, pour discuter les affaires de l'État; mais Chabot avait refusé de s'y rendre, ne voulant pas, disait-il, aller ailleurs qu'à l'Assemblée ou aux Jacobins.

Il avait sans doute oublié les conciliabules tenus chez Santerre, le Comité qu'il avait formé avec Basire et Merlin, et d'où étaient exclus les autres membres du Comité général, les réunions de l'Évêché et bien d'autres auxquelles il ne manquait pas de prendre part.

Puis, s'attaquant à Brissot, il reproche à ce « déclamateur éternel contre les journées de septembre », d'être couvert du « sang impur » qui coulait à cette époque et d'avoir fait échouer un plan diplomatique qui aurait obligé l'Autriche à demander la paix.

Il accuse Grangeneuve, jadis son ami, et qui n'a pas voulu pardonner à Journeau les coups de pied que celui-ci lui avait administrés... par derrière; Manuel qui a proposé de rendre les honneurs souverains au Président de la Convention, et enfin il aborde le rôle joué par les Girondins durant le procès du Roi.

Tandis que ceux-ci demandaient l'appel au peuple et le sursis afin de favoriser le développement du fédéralisme, lui, Chabot, refusait quatre millions que lui offrait le Ministre d'Espagne pour sauver Louis XVI!

Qu'y a-t-il de vrai dans ces prétendues propositions? On n'en retrouve trace nulle part, aussi est-il permis de mettre en doute le témoignage de Chabot que nous prenons encore une fois en flagrant délit de mensonge, quand il ajoute : « je partis deux ou trois jours après pour les départements ».

Ce serait donc le 24 janvier qu'il aurait quitté Paris, car les offres du Ministre d'Espagne devaient être forcément antérieures à la mort du Roi. Or Chabot parut à la tribune le 24 janvier, le 5 et le 13 février; il lut son rapport sur les finances le 28 et ce fut seulement le 9 mars que la Convention rendit le décret qui l'envoyait en mission dans le Midi.

On s'expliquera sans peine le soin qu'il prenait de faire sonner bien haut son prétendu désintéressement, si l'on songe que des bruits fâcheux commençaient à courir sur son compte, et que, quelques jours plus tard, après avoir passé deux ans à dénoncer ses collègues, il devait se trouver réduit à se défendre contre les terribles accusations qui allaient l'accabler.

Brissot riposta avec énergie à Chabot qui l'avait particulièrement visé, mais celui-ci, ne se tenant pas pour battu, prit encore la parole. Il insista sur les relations de Brissot avec Narbonne et La

Fayette, accusa Pétion, Lassource, Fauchet, et transforma sa déposition en un véritable réquisitoire auquel Fouquier-Tinville (1) ne put rien ajouter de nouveau.

Le 31 octobre, les Girondins montaient à l'échafaud (2).

Après le 2 juin, les Montagnards, qui avaient usé de tous les moyens pour empêcher le vote de la Constitution proposée par la Gironde, voulurent montrer qu'ils étaient capables de faire en peu de jours ce que la Gironde avait été incapable de faire en plusieurs mois.

Hérault de Séchelles apporta un nouveau plan de constitution qui obtint les suffrages de Barère et de Robespierre, mais non pas celui de Chabot qui lui préférait sans doute le projet qu'il avait élaboré.

Et, tandis que Robespierre disait aux Jacobins « que l'Europe entière serait forcée d'admirer ce beau monument élevé à la raison humaine et à la souveraineté d'un grand peuple », Chabot lui répondit que la Constitution ne s'occupait pas assez du sort du peuple et ne donnait pas assez de garantie à la liberté. Pour lui, cette garantie c'était la guillotine! (3).

---

(1) Antoine-Quentin Fouquier-Tinville, né en 1747, mort en 1795.

(2) Procès des Girondins, *Gazette Nationale*, 26 octobre 1793.

(3) Arch. Nat., F.7, 4637.

Cependant, il ne put s'empêcher de prendre part à la discussion du projet. Il demanda que le peuple fût admis à élire ses administrateurs.

« Le peuple doit faire par lui-même tout ce qu'il est possible qu'il fasse. Si le peuple peut élire ses administrateurs, il faut qu'il les élise... Vous craignez que la nomination immédiate ne donne un caractère de représentation aux administrations et que ce corps ne devienne dangereux pour la liberté, mais vous n'écartez pas cet inconvénient par le mode des corps des électoraux, au contraire, ces membres auront peut-être la prétention d'avoir un caractère de représentation plus pur, parce qu'ils auront été formés par d'autres corps spécialement revêtus de la confiance du peuple. Vous ajoutez donc à cet inconvénient celui d'avoir des corps électoraux qui pourront s'ériger en corps délibérants dans chaque département, et détruire l'unité et l'indivisibilité de la République » (1).

De même, il s'opposa à la nomination des « juges locaux » par des électeurs, voulant que le peuple fût admis à les choisir (2).

L'établissement des jurés civils souleva quelque opposition. Chabot s'efforça de le faire prévaloir. « Demander l'établissement des jurés civils, c'est

---

(1) Arch. Nat., F 7, 4637.
(2) *Ibidem*.

demander que les citoyens connaissent les lois, qu'ils s'intéressent à l'intérêt général et au sort de chaque individu, c'est resserrer les liens de la fraternité » (1).

Un autre jour, il parla en faveur de l'arbitrage forcé (2).

Enfin, il intervint dans la discussion du rapport de la Commission des Finances pour soutenir l'idée qui lui était chère : l'impôt sur le capital et non sur le revenu, mais progressif, de façon à « refroidir chez le riche le désir toujours croissant d'augmenter ses propriétés » (3).

Il est temps maintenant de revenir en arrière et de raconter comment Chabot s'engagea peu à peu dans les tripotages financiers qui devaient lui coûter la vie.

---

(1) Arch. Nat., t. 7, 4637.
(2) *Ibidem.*
(3) *Ibidem.*

CHAPITRE IX

VIE PRIVÉE DE CHABOT — LE BARON DE BATZ —
MARIAGE DE CHABOT

Vie privée de Chabot. — La marchande de la rue Saint-Honoré. —
La marquise de... — Julie Berger. — Le baron de Batz. — Les
Frey. — Léopoldine Frey. — Le banquier Boid. — Les Corsaires. — Chabot se sépare de Julie Berger. — Glandy veut
épouser Léopoldine Frey. — Négociations du mariage de Chabot
avec Léopoldine Frey.

Obligé de quitter la rue Basse-du-Rempart, on
sait pour quels motifs, Chabot alla s'installer
dans la rue Saint-Thomas-du-Louvre. Cette rue,
jadis célèbre par l'hôtel de Rambouillet qui y
était situé, n'existe plus aujourd'hui. Elle reliait
la rue Saint-Honoré à la rue des Orties, également
disparue, et qui était parallèle au quai du
Louvre (1).

Dans son nouvel appartement, Chabot conti-

---

(1) Plan de Paris dressé par ordre de Mgr de Juigné en 1786.

nua la vie de débauche qu'il avait accoutumé de mener. Joueurs, escrocs, contrebandiers, groupeurs à gages, femmes publiques surtout, telles étaient les personnes dont il recherchait habituellement la société (1).

Parfois aussi, il s'intéressait au bonheur conjugal du prochain, plus qu'il n'aurait dû faire, en quoi il ne laissa pas de s'attirer de graves mécomptes.

Plein de pitié pour une jeune marchande du quartier, que l'absence de son mari condamnait pour quelque temps au veuvage, il l'alla voir, lui prodigua toutes ses consolations et se montra si éloquent qu'il réussit à prendre la place du voyageur, lequel fut bien vite oublié.

Mais un soir, tandis que nos deux amoureux s'en donnaient à la chardonnette, la porte du logis s'ouvre tout à coup et le mari apparaît!

Prendre la fuite n'était guère facile : d'ailleurs Chabot n'en eut pas le temps. Il était encore dévêtu, lorsque le mari l'empoigne, et, s'armant d'un solide gourdin, le fustige si fort que la garde, attirée par les hurlements lamentables que poussait le drôle, arrive juste à point pour lui sauver la vie (2).

Rendu plus circonspect par cette bastonnade,

---

(1) Bib. Nat., Ln. 27, 3795.
(2) *Ibidem*.

Chabot se promit de mieux choisir désormais l'objet de ses amours. Ayant rencontré une ci-devant marquise, un peu mûre, il est vrai, mais très-riche, il l'entoura de ses soins les plus assi-dus. Celle-ci ne dédaigna pas de les accepter, espérant sans doute trouver dans le sans-culotte un appui en un temps où la naissance était une cause de suspicion.

A dire le vrai, ce que Chabot aimait en elle, c'était plutôt ses écus que ses appas déjà défraî-chis : il eut tort de le laisser paraître. La mar-quise devint exigeante, et, peu à peu, se montra jalouse. Elle avait à son service une femme de chambre beaucoup plus jeune qu'elle, et qui eût pu passer pour agréable si un accident ne l'avait privée de trois dents et d'un œil. Un si menu détail n'arrêta pas Chabot, qui la traita comme il avait fait Fanchon Dubut.

Or, un matin, au sortir du boudoir de la mar-quise, comme il se divertissait avec la soubrette, la marquise parut dans l'antichambre, et surprit les deux tourtereaux. Outrée de dépit, elle crie au secours; ses gens, croyant avoir affaire à des voleurs, accourent armés de bâtons, dont ils caressent à tour de bras les épaules du capucin qu'ils entraînent de force dans la cour de l'hôtel, où ils le plongent dans un bassin rempli d'eau froide afin de calmer ses ardeurs.

Enfin, notre sire obtint grâce en donnant un

assignat de deux cents livres à chacun de ses correcteurs, et, meurtri, trempé jusqu'aux os, il rentra chez lui pour se mettre au lit qu'il garda plusieurs jours (1).

Il était à peine remis de cette pénible aventure, lorsque son ami Basire reçut la visite d'une jeune fille récemment arrivée de Dijon et qui voulait entrer en condition.

Elle était grande, bien faite, de figure agréable. Chabot la vit, et l'engagea aussitôt. La villageoise quitta ses habits de paysanne qu'elle remplaça par un bonnet à la mode, une pelisse, et des bas de soie; et la voilà devenue Mlle Julie, cousine de M. Chabot.

Quelques jours plus tard, Mme Basire arrive de Dijon et, à peine était-elle installée chez son mari qu'elle y voit apparaître une jeune personne, très-bien mise, d'aspect fringant et qui lui demande :

— Où est donc M. Basire? Vraiment, c'est singulier, on ne le trouve jamais!

— Mais, mademoiselle, qui êtes-vous donc?

— Je suis la cousine de M. Chabot, membre de la Convention, et je viens voir M. Basire qui m'avait promis de se trouver chez lui.

Pendant cette conversation, Mme Basire essayait de reconnaître son interlocutrice dont les traits ne lui semblaient pas inconnus.

_____

(1) Bib. Nat., Ln. 27, 3795.

— Pourrais-je vous demander où vous êtes née?

— A Dijon, madame.

— A Dijon? Eh bien, mademoiselle, je vous prie de vous en aller et de ne plus revenir ici tant que j'y serai.

Madame Basire venait de reconnaître la pimpante Jeannette, de Dijon, de qui elle avait quelques motifs de se méfier. Celle-ci s'en alla, un peu déconcertée et après avoir apporté le trouble dans le ménage de Basire.

Elle n'était autre que Julie Berger, qui fut la maîtresse de Chabot, jusqu'au moment où il épousa Léopoldine Frey. On prétend même qu'elle resta encore chez lui quelque temps après ce mariage. Quoi qu'il en soit, Chabot l'abandonna, encore qu'il l'eût rendu mère d'un fils et qu'il eût été la cause de la mort d'un jeune homme qui voulait l'épouser. Celui-ci se présenta chez Julie Berger le 2 août 1793 et, après l'avoir vainement suppliée de le suivre, tirant de sa poche un poignard, il se frappa au cœur et il expira à ses pieds (2).

Ce fut vers cette époque que Chabot songea à se marier. « Depuis longtemps, écrit-il dans son mémoire, mon cœur avait besoin de se reposer dans le lit de l'hymen : tout m'en faisait un devoir, jusqu'à l'amour de moi-même ou de ma propre

---

(1) Bib. Nat., *Histoire des Prisons*, Lb. 41, 22.
(2) *Ibidem*, Ln. 27, 3795.

conservation. Peut-être même ai-je trop méprisé la calomnie pour un homme public, et le besoin de ma réputation me commandait aussi impérieusement le mariage que mes principes philosophiques... Lorsque je défiais tous les ennemis de la liberté qui ont été les miens, je me reprochais la moindre corruption, mes amis eux-mêmes se joignaient à eux pour me reprocher mon scandaleux célibat. Je résolus donc de me marier pour leur fermer la bouche et pour ne pas laisser à mes ennemis ce côté faible qu'ils ne cessaient de me reprocher » (1).

C'est dans le même temps que nous voyons apparaître dans l'existence de Chabot un homme qu'on ne s'attendait guère à y rencontrer et qui devait cependant la diriger à son gré. Cet homme s'appelait le baron de Batz.

Né à Tartas (Landes), le 26 janvier 1754 (2), Jean-Pierre de Batz appartenait à l'une des nombreuses

---

(1) Arch. Nat., F. 7, 4637.

(2) M. Lenôtre le fait naître en 1761. C'est une erreur qui provient de la confusion de deux actes de baptême. Le baron de Batz avait un frère appelé Jean comme lui et qui naquit en 1761. C'est l'acte de baptême de ce dernier que M. Lenôtre a publié page 17. Lorsque le baron de Batz fit ses preuves pour monter dans les carrosses du Roi, il produisit l'acte de baptême que nous reproduisons plus bas.

Étant né en 1754, il n'y a plus rien d'étonnant s'il a été admis aux Dragons de la Reine en 1772, et s'il s'est donné vingt ans passés en 1776. (Voir LENÔTRE, *Baron de Batz*, p. 16, 17 et 18).

Acte de baptême de J.-Pierre de Batz.

« L'an 1754 et le 26 janvier, naquit et fut baptisé le lendemain familles de Batz qui prétendaient, se rattacher à l'ancienne maison de Batz, du diocèse de Condom, issue d'Odon, chevalier croisé vivant en 1217.

Telle est l'origine revendiquée par le baron de Batz lorsqu'il sollicita en 1781 l'honneur de monter dans les carrosses du Roi. Chérin ne voulut pas admettre cette prétention, persuadé que le candidat avait produit des pièces fausses, et qu'il appartenait à une famille d'avocats, laquelle n'avait jamais joui des privilèges de la noblesse (1).

Le baron de Batz se trouvait à Paris en 1793 et il forma le projet de sauver Louis XVI. Aidé de deux amis, dont l'un, Devaux, travaillait à la Trésorerie générale, et l'autre, le marquis de La Guiche, se cachait sous le nom de Sévignon, il réunit cinq cents volontaires qui devaient se rassembler, le 21 janvier, à l'angle du boulevard Bonne-Nouvelle et de la rue de la Lune, afin d'enlever le Roi.

Jean-Pierre, fils légitime de messire Bertrand de Batz, chevalier, seigneur d'Armantieu, et dame Marie de Laboge.

» Parrain, messire Jean-Pierre de Laboge et marraine, dame Quitterie de Chambre, veufve de feu messire Jean-François de Batz en son vivant chevalier seigneur d'Armentieu, qui ont signé avec le père de l'enfant et moi.

» De Batz père, Laboge, Chambre de Batz, Chambre présent. Dupin, curé. » (Arch. de la mairie de Tartas, GG., 20.)

Nous devons la communication de cet acte à l'obligeance de M. le curé doyen de Tartas.

(1) Bib. Nat., Chérin 17. Voir la note placée à la page 141.

Mais le secret ayant été mal gardé les conjurés furent arrêtés dans la nuit du 20 au 21, aussi le baron de Batz se trouva-t-il presque seul au rendez-vous. Cependant, au moment où la voiture du Roi passait devant lui, il s'élança, et, en vrai Cadet de Gascogne que rien n'effraye, il cria de toutes ses forces :

« A nous, ceux qui veulent sauver le Roi! »

Un instant, la foule s'écarte, mais pour se refermer aussitôt, sous une violente poussée. Le baron de Batz est entraîné et disparaît sans être inquiété.

On l'avait reconnu; sa tête fut mise à prix. Quelques mois plus tard, il essaya d'enlever du Temple la Reine et la Famille Royale et peu s'en fallut que cette tentative ne fût couronnée de succès.

Navré de ce double échec, mais résolu à venger la mort du Roi, il pensa que, puisqu'il n'était pas possible d'arrêter la tourmente, il fallait, en l'activant, tenter d'en hâter la fin.

Brouiller entre eux les divers partis, corrompre les hommes du gouvernement, les amener à s'entre-dévorer, multiplier les dénonciations, voilà ce qu'il entreprit, espérant que le peuple, écœuré, comprendrait enfin qu'il n'y avait de salut que dans le rétablissement de la Monarchie.

Quoi qu'on puisse penser de l'efficacité de cette entreprise, il faut reconnaître qu'avec son courage à toute épreuve et les immenses ressources pécuniaires dont il disposait, le baron de Batz était, plus que tout autre, capable de la tenter.

Intimement lié avec deux membres de la Convention, Delaunay et Julien, de Toulouse (1), il s'informa auprès d'eux de la moralité de leurs collègues, et, quand il leur demanda lesquels on pourrait facilement corrompre, deux noms furent prononcés, celui de Basire et celui de Chabot.

On se mit à l'œuvre, et, peu de jours après, si invraisemblable que cela paraisse, Chabot, conduit par Delaunay et Julien allait déjeuner chez le baron de Batz, dans la maison de campagne que celui-ci possédait à Charonne.

Comment Chabot fut-il amené à entrer en relations avec un royaliste aussi avéré que le baron de Batz? C'est ce qu'il raconte lui-même dans les écrits qu'il a composés pour sa défense.

Parmi les patriotes qui assistaient régulièrement aux séances des Jacobins, se trouvaient deux juifs autrichiens, du nom de Schönfeld. Venus en France au commencement de 1792, pour y respirer, disaient-ils, l'air pur de la liberté (2),

---

(1) Julien (de Toulouse), né en 1760, mort en   , fit partie de la Convention, vota la mort du Roi, fut arrêté en 1793, et fut sauvé par la réaction thermidorienne.

(2) Arch. Nat., F. 7, 4637.

ils avaient échangé leur nom contre celui de Frey et ils faisaient parade du plus pur patriotisme.

Voici les renseignements que donne sur eux une lettre écrite en allemand, et adressée au Comité de Sûreté générale le 10 octobre 1795 : « Deux Autrichiens, demeurant rue d'Anjou, 19, faisant les patriotes, ayant souvent changé de nom depuis dix-huit mois, juifs de naissance, baptisés sous le nom de nobles Schönfeld par Marie-Thérèse, ont beaucoup d'esprit, font les grands politiques, donnent souvent à manger à des députés, surtout à Chabot et sa maîtresse; gens si malins qu'ils tirent les vers du nez aux convives, ce sont des espions payés par l'Autriche et la Prusse peut-être, n'ont laissé que des dettes à Vienne, font beaucoup de dépenses à Paris, ont des rôdeurs payés qui leur rapportent tout ce qui se passe. Prendre des mesures contre ces gens. Sont dans la bienveillance de Lebrun » (1).

Tout compte fait, c'étaient des Juifs qui n'avaient d'autre morale que leur intérêt, et qui ne reculaient devant rien quand il y avait quelque argent à gagner.

Chabot les vit aux Jacobins avant le 10 août 1792 (2) et dans les premiers jours de septembre, il lia connaissance avec eux.

---

(1) Arch. Nat., F. 7, 4637.
(2) *Ibidem*.

Quatre mois plus tard, il s'asseyait à leur table. C'était en janvier 1793. Junius Frey, l'ainé des deux frères, lui présenta un Mémoire diplomatique auquel il ne parut pas comprendre grand'chose : la chaleur du poêle, la fumée de la pipe, et sans doute aussi la générosité des vins, l'avaient incommodé au point que ses hôtes le crurent ivre; en quoi ils ne se trompaient guère. Certes, ce n'était pas la première fois que pareil accident lui arrivait : on se rappelle le repas de noces de Fanchon Dubut, et, s'il faut en croire une lettre du 26 ventôse an II, l'ex-capucin avait coutume d'aller se griser deux ou trois fois par semaine chez le chevalier Dejean et la veuve Robinot (1)

A dater de ce moment, Chabot ne quitta plus ses nouveaux amis. « Non, il ne s'effacera jamais de ma mémoire ce jour qui fut la source de mon bonheur comme celle des persécutions que je subis. Les écrits philosophiques qu'ils me communiquèrent me raffermirent dans les principes de gouvernement que j'avais appris... et que j'avais consignés... dans mon Mémoire sur les Finances. Je n'ai pas la vanité de comparer la seconde partie de mon Mémoire à la *Philosophie Sociale* de Junius Frey, qu'un philosophe appelle Frey-Locke..., mais mon orgueil est flatté de la

---

(1) Arch. Nat., W. 342, 658, liasse V.

conformité de mes principes avec ceux du premier penseur de l'Europe » (1).

Si Chabot professait un véritable culte pour l'aîné des Frey, comme on en peut juger par les lignes qui précèdent, il avait une réelle affection pour le cadet, Emmanuel Frey. Celui-ci était quelque peu disgracié de la nature. Il est assez difficile de répéter ce qu'en disait son frère; mettons, si l'on veut, que les fées qui président aux galantes aventures s'étaient cruellement vengées sur lui de n'avoir pas été appelées auprès de son berceau. Mais, comme il se targuait de patriotisme, comme il avait reçu une blessure le 10 août, c'était plus qu'il n'en fallait pour plaire à Chabot.

Celui-ci conta son histoire par le menu à ses nouveaux amis, en retour, il reçut leurs confidences. Junius Frey, ancien conseiller de l'empereur d'Autriche, dont il avait refusé d'être le ministre, avait résolu de saper le trône d'Allemagne et de ruiner le clergé. Renonçant aux honneurs et à la partie de sa fortune qu'il n'avait pas pu emporter avec lui, il était venu en France, où, à peine arrivé, il s'était distingué en combattant les Feuillants.

Les Frey n'étaient pas toutefois sans quelque argent, si l'on en juge par le train qu'ils menaient. Leur appartement de la rue d'Anjou-Saint-Honoré était des mieux aménagés, et, pour leur table,

---

(1) Arch. Nat., F. 7, 4637.

ils dépensaient plus de mille écus par mois (1).

Quelle meilleure preuve pouvaient-ils donner de leur patriotisme en un temps où la misère était si grande qu'il fallait faire queue pendant des heures pour obtenir un morceau de pain ou de viande !

Le jour de la proclamation de la République, ils avaient adopté un enfant français et fait des dons importants à la section des Tuileries (2); ils logeaient quatorze Jacobins ; leurs voitures et leurs assignats étaient au service de leurs frères d'armes; enfin, c'était grâce à eux que Chabot avait appris à connaître la faction brissotine qui voulait sauver le Roi (3).

Il faut voir avec quelle admiration Chabot raconte un fait dont il fut le témoin et qui suffit à lui faire connaître le patriotisme de Junius Frey.

« Un jour, dit-il, le baron de Trenck (4), émissaire du Roi de Prusse, se présenta chez Frey pour lui emprunter une somme d'argent considérable. » Celui-ci aurait pu la lui prêter, car Chabot avait vu entre ses mains des assignats de 160.000 francs. Mais l'emprunt du baron de

______

(1) Arch. Nat., F. 7, 4637.

(2) *Ibidem.*

(3) *Ibidem.*

(4) Frédéric baron de Trenck, né à Kœnisgberg le 16 février 1726, exécuté le 25 juillet 1794.

Trenck parut suspect à Junius qui, ne voulant pas avancer la somme qui lui était demandée, se borna à donner à son emprunteur ce qui lui était nécessaire pour ses besoins du moment, sans vouloir d'ailleurs accepter aucune reconnaissance. Et, ce devoir de charité accompli, Frey s'empressa d'aller aux Jacobins dénoncer le baron de Trenck (1).

Aussi, lorsqu'un citoyen mieux averti alla faire part à Chabot de ses doutes sur le patriotisme des Frey, Chabot, qui était couché avec un de ses amis, lequel occupait le même lit que lui (2), s'indigna et se porta garant de leur sincérité, en disant : « un homme qui a écrit comme Frey sur la Révolution ne peut pas être un mauvais patriote » (3).

Il est évident que les excellents dîners auxquels les Frey le conviaient sans cesse contribuaient singulièrement à l'aveugler sur le patriotisme de ses hôtes.

Cependant, il ne pouvait pas ignorer tout ce qui leur était reproché. On prétendait que Junius et Emmanuel cachaient leur jeu et qu'ils n'étaient, tout compte fait, que les espions de Joseph II dont ils avaient acquis les bonnes grâces par la complaisance qu'ils mirent à lui procurer leur sœur, celle-là

---

(1) Arch. Nat., F. 7, 4637.
(2) Arch. Nat., W, 342, 648, liasse VIII.
(3) *Ibidem.*

même qui devait épouser Chabot. A quoi celui-ci répondait, qu'à la vérité, Junius était sans principe à l'égard des femmes, mais qu'à la cour, ces bagatelles n'avaient aucune importance (1).

Plus tard, lorsqu'il épousa Léopoldine, qu'on disait être la fille d'un baron allemand et la filleule de Marie-Thérèse, en même temps que la maîtresse de l'empereur, il fallut voir de quelle façon il s'éleva contre une pareille accusation.

« L'on te fait filleule de Marie-Thérèse, que l'on fait voyager tout exprès de Vienne à Brunn, pour être ta première baigneuse, car le P. Duchêne ne peut reconnaître qu'un bain dans le baptême des chrétiens, puisqu'il fait hautement profession d'athéisme. Tu pourrais bien leur dire que tu n'as pas plus choisi ta marraine que ta nourrice, et que la moralité de celle-ci influe plus sur la tienne que celle de la première, que cette nourrice était une sans-culotte qui t'en a donné le sentiment comme le lait, mais j'aime mieux te voir rire de cette inculpation qui ne peut tomber que sur Marie-Thérèse, que de savoir que tu daignes y répondre, d'autant que cette calomnie répond à une plus sérieuse. Quand on dit que Marie-Thérèse a tenu tous les enfants de ton père sur les fonts baptismaux, on n'en est plus à tenir

---

(1) Arch. Nat., F. 7, 4637.

de dire qu'un capucin indigne a doté une des
filleules d'une impératrice. » (1)

Cependant, tandis que les Frey, devenus insé-
parables de Chabot, commençaient à le conduire
à leur guise, ils entretenaient des rapports fré-
quents avec le baron de Batz, lequel leur dictait
ces belles dissertations philosophiques et sociales
dont ils éblouissaient l'ex-capucin. Un jour, celui-ci
pria Junius Frey d'écrire quelques lignes sur
l'unité et l'indivisibilité de la République. Vingt-
quatre heures après, le Juif, qui, de son propre
aveu, parlait assez bien le français mais l'écrivait
mal, remettait à Chabot, les *Aventures du
P. Nicaise*, ouvrage que le Gouvernement et le
Comité de Salut Public répandirent à profusion,
comme le seul capable d'éclairer les bons citoyens.
Une autre fois, c'était un plan diplomatique ou
encore l'*Anti fédéraliste*. Et Chabot ne s'étonnait
pas de l'étonnante facilité de ces étrangers. Il
n'ignorait pas, cependant, leurs relations avec
le baron de Batz, chez qui il avait déjeuné avec
eux à Charonne (2).

Il savait, à n'en pouvoir douter, que celui-ci
jouissait auprès des membres du Gouvernement,
d'un crédit inouï et dont il avait eu récemment
la preuve.

---

(1) Arch. Nat., F. 7, 4637.
(2) Arch. Nat., W, 342, 648, liasse VIII.

Lors du décret rendu contre les Anglais, on avait apposé les scellés chez un banquier, nommé Boid, auquel les Frey s'intéressaient. Chabot pria Delaunay de l'aider à les faire lever (1). Delaunay ayant refusé, il s'adressa en vain à Robespierre, qui lui répondit que Boid était un conspirateur (2), puis à L'Huillier (3) qui promit son appui.

« Cependant (c'est Chabot qui parle), L'Huillier n'en fit rien de quelques jours. Je fus lui en parler dans son bureau, il promit encore et ne tint pas parole. Le lendemain ou le surlendemain, on vint me dire que les scellés seraient levés parce que de Batz venait de parler à L'Huillier (4). J'en conclus que de Batz avait spéculé sur les scellés de Boid » (5).

Il avait donc suffi que Batz intervint, pour vaincre les résistances de L'Huillier et obtenir ce que Robespierre avait refusé !

Cela nous paraît étrange, Chabot n'y voyait rien que de très-naturel.

Décidément, il était mûr pour devenir l'esclave du royaliste conspirateur.

La Convention avait rendu un décret contre les

---

(1) Arch. Nat., F. 7, 4637.
(2) *Ibidem.*
(3) L'Huillier né..., se tua le 6 avril 1794.
(4) Arch. Nat., F. 7, 4637.
(5) *Ibidem.*

corsaires français et, parmi ceux-ci, il en était sur lesquels Junius Frey avait engagé quelque argent. Chabot usa de son influence pour obtenir le rapport de ce malencontreux décret et il y réussit sans peine. Le Comité de Salut Public lui accorda tout ce qu'il désirait et même au delà.

Instruite de ce succès, Julie Berger voulut en tirer profit; elle alla chez les Frey, et faisant valoir le service que son maître, ou pour mieux dire son amant, venait de leur rendre, elle leur demanda un pot de vin (1).

Quelques jours plus tard, Chabot va chez Junius qu'il trouve assez soucieux. Il l'interroge et apprend, s'il ne la connaissait déjà, la démarche de sa maîtresse.

« Ta gouvernante est une coquine qui pourrait te compromettre, dit Junius. Il faut la chasser au plus tôt. »

Chabot ne demandait pas mieux, ayant, paraît-il, à se plaindre d'elle comme jadis de la Foredville, mais comment la congédier? Elle était grosse!

« Qu'à cela ne tienne, répliqua Junius, on lui donnera ce qu'il faut pour assurer son sort. Éloigne-la sans retard » (2).

Ainsi, grâce à l'argent des Frey, Chabot pou-

---

(1) Arch. Nat., F. 7, 4637.
(2) *Ibidem.*

vait renvoyer sa maîtresse. A son tour, il devenait leur obligé.

C'est du moins ce qui résulte clairement des
factums de Chabot, car l'histoire du pot-de-vin
n'est peut-être pas absolument exacte. Chabot se
contredit souvent, il raconte plusieurs fois les
mêmes faits et presque toujours de façons différentes. Nous en avons ici un exemple. Après avoir
présenté la demande de sa maîtresse comme la
cause de son renvoi (1), voici ce qu'il raconte
dans son Mémoire justificatif : « On offre une
pension viagère à ma gouvernante pour me radou-
cir sur le compte de Sillery (2). Je lui avais
pardonné des fautes d'une autre nature. Je fus
inexorable pour celle-ci. Je lui donnai son congé
et je m'applaudis de cette action vertueuse... » (3).

Où est la vérité? Les deux faits seraient-ils
exacts? C'est à la rigueur possible. En tous cas,
ce qui est hors de doute, quelque version que
l'on adopte, c'est que Chabot put congédier sa
maîtresse grâce à l'argent que lui donna Junius
Frey.

----

(1) Arch. Nat., F. 7, 4637.

(2) Charles-Alexis-Pierre Brulart de Genlis, comte de Sillery,
né le 20 janvier 1737, exécuté le 31 octobre 1793, fut député à la
Convention. Il vota pour l'appel au peuple, le bannissement et le
sursis.

(3) Arch. Nat., F. 7, 4637.

Julie Berger jugea insuffisante la somme que lui donna Chabot et l'on serait tenté de se demander si celui-ci ne s'en était pas approprié une partie, tant y a qu'au mois de janvier 1794, nous trouvons une pétition adressée à la Convention par l'ex-maîtresse de Chabot.

« La citoyenne Berger vient vous exposer que, lors de l'arrestation du citoyen Chabault, député à la Convention, elle était enceinte de ses œuvres et sur le point d'entrer en contestation avec lui pour obtenir des secours alimentaires pour elle et son enfant. Depuis l'arrestation du citoyen Chabault, l'exposante l'a fait assigner au bureau des conciliations où son épouse a comparu et y a annoncé des intentions pacifiques, mais elle a déclaré ne pouvoir consommer aucun traité sans l'autorisation du citoyen Chabault, son mari, qu'elle n'a pu voir comme étant au secret.

» L'exposante étant presque au terme de sa grossesse et, dans le cas de la plus affreuse détresse, n'a cru mieux faire que de recourir à votre justice pour obtenir de vous une autorisation ou permission à son défenseur, ou à l'épouse du citoyen Chabault... pour se transporter à la maison où il est détenu pour y traiter et consommer avec lui, et en présence des commissaires nommés pour la contestation indécise entre lui et l'exposante et par là fournir à la mère et à l'enfant dont le citoyen Chabault est le père, les secours que la nature et l'humanité réclament de sa justice. Salut et fraternité ».   » Julie BERGER (1).

On ne sait pas quel accueil la Convention fit à cette demande, il paraît toutefois que Julie Berger n'avait pas encore obtenu satisfaction le 8 février. D'une lettre qu'elle écrivit ce jour-là à la ci-devant comtesse de Lignières, il résulte que l'on tentait de circonvenir le jury chargé de son affaire.

Voici du reste quelques fragments de cette lettre qui permettront de se faire une idée de l'instruction de Julie Berger. La comtesse de Lignières était la maîtresse de Bournonville, et elle fréquentait chez le chevalier Dejean au temps que Chabot « allait s'y saôuler trois fois par semaine ».

« De Paris, le 27 pluviôse an II (8 février 1794).

» Je t'écris pour te demander quand tu cessera tes menés, j'en suis cruellement lasse, tu ne crains pas de metre ma patience aboux, tu dois savoir que si j'eu été méchante que tu n'existerai pas, si tranquillement, j'aurai peu être mieux fait, ce secerai un service que j'aurois rendu à la chose publique. J'aurois détruit une ville intrigante et une despotisme, ne te fis pas cependant au silence que depuis si longtemps je garde, il pourrait te porter préjudice, tes soutiens ne me font nulle impressions, malgré que tu sois entouré de juré

---

(1) Arch. Nat., F. 7, 4637.

du tribunal révolutionnaire. Has! les malheureux
que je les plains. Ils ne savent pas dans quel
habime ils se plonge, ils ignore être dans les foyées
de l'intrigue et de l'aristocrasie, tu as crues me
faire beaucoup de malle d'aller continuellement
ches mon juré, je ne l'ignore pas que tu y étais
encore hier, tu cherche à le céduire par de belle
parole, comme tu fais ordinairement, ainsi que
ta Luilliée que tu as donné pour interprète à la
citoyenne Chabot, elle fait tous cela, elle y a été
intéressé, que ne ferait-on pas pour la Delignère
qui a tend d'autorité pour tous, elle te dois des
obligations ayant fait sortir son mari de prisons,
il faut qu'elle fasse quelque chose pour te récompenser bien ou mal. Ta visite ainsi que la Luiliée
chez mon juré ne ferais pas grand chose sur mon
affair, un peut plus tôt un peu plus tar, il faudra
toujours que la justice me soit rendue, il ne
manque pas de juré s'il un ne fait pas son devoir,
l'autre le fera... Adieu célérate de femme
ton règne ne durera pas toujours... pour que tu
n'ignore pas qui t'écrit, je mais au bas ma
signature. » Julie BERGER » (1).

Le décret contre les corsaires ayant été rapporté le 9 septembre 1793, c'est vers cette date
qu'il faut placer le renvoi de Julie Berger.

---

(1) Arch. Nat., F. 7, 4637.

A la même époque, et quelques jours au moins avant le 23, Chabot avait reçu la visite d'un de ses cousins nommé Glandy, député par la commune de Saint-Geniez, pour traiter des indemnités relatives à l'insurrection Charrier. Glandy descendit chez Chabot qui logeait alors rue Saint-Honoré n° 82, en face de la rue de la Sourdière.

Chabot, voulant lui montrer Versailles, organisa une partie de plaisir à laquelle il invita quelques dames, les Frey, ainsi que leur sœur Léopoldine qu'il ne connaissait que de nom.

« J'avais entendu parler aux Frey d'une sœur. Je la croyais mariée. Je les priai de l'amener avec son époux, ils se mirent à rire. Elle n'a que seize ans, me dirent-ils, et n'a jamais vu d'autre homme que nous.

» J'insistai davantage et j'obtins qu'elle serait de la partie » (1).

Glandy devint amoureux d'elle : à peine de retour de Versailles, il voulut aller chez les Frey, demanda à la voir, et obtint qu'on la fît monter au dessert, car elle ne mangeait pas avec ses frères. Il paraît qu'elle joua du piano si bien et avec tant de grâce que, le jour même, Glandy pria son cousin d'aller la demander en mariage.

---

(1) Bib. Nat., F. 7, 4637.

Celui-ci fit d'abord quelques objections. Léopoldine était bien jeune, ses frères voudraient-ils la marier? Et puis, sa fortune, deux cent mille livres de dot, ne serait-elle pas un obstacle, et n'était-il pas imprudent de la demander, comme cela, tout de suite, et de s'exposer à un refus?

Mais Glandy ne voulut rien entendre et Chabot, bon gré mal gré, dut aller chez les Frey.

Écoutons-le raconter les détails de son entrevue avec Junius.

« Je demande à Junius Frey s'il veut marier sa sœur, il me dit qu'il a déjà pensé à me la donner: je ne répondis rien. Je fis part de cette réponse à notre amoureux, il insista pour que je fisse une demande explicite pour lui. Je la fis. Voici la réponse de Frey. « Ma sœur m'a été » demandée par des millionnaires (qu'il me » nomma), je l'ai refusée. Elle me serait deman- » dée par le ci-devant duc de Chartres, et celui- » ci serait patriote, je la refuserais. Si vous ne la » prenez, personne ne l'aura en France. J'estime » Glandy comme votre ami et un bon. enfant, » mais il ne peut avoir ma sœur ».

» Je fus étourdi, je lui fis observer que Glandy avait un bon commencement de fortune dans le commerce, au lieu que je n'avais que ma pension capucinale qui branlait au manche. Frey me dit alors :

» — Si tu en avais davantage, tu n'aurais pas ma

» sœur, car tu serais un fripon et un contre-
» révolutionnaire. Je te la donne avec deux cent
» mille livres pour te récompenser de ton civisme,
» mais si tu venais à manquer au peuple, tu peux
» renoncer à mon amitié et à l'espérance du reste
» de ma fortune, car si tu prends ma sœur, je
» renonce au mariage et tu seras le seul chef de
» ma famille en France; mon frère Emmanuel…
» n'aura pas d'enfants ».

Chabot, malgré le désintéressement qu'il affichait, ajoute :

« Je lui observai que ma femme pouvait mourir
sans enfants, et qu'habitué au luxe de sa maison,
il me serait dur de me retirer dans ma famille
pour y gratter les souches d'une vigne; il me dit
que je serais content des articles de mon mariage
et qu'on me ferait un sort dans le cas de mort ou
de divorce de la part de ma femme. Je lui dis
alors : j'ai du bien chez moi (il avait acheté pour
une dizaine de mille francs de biens nationaux),
mais je le tiens pour ma mère et ma sœur, jusqu'à la réforme du code civil. « Il faudra le leur
» assurer, je ne veux pas de ton bien, ma sœur
» déteste le luxe, elle ne s'occupe que de sa
» musique et de son ménage. »

» Mais, lui dis-je, je ne veux pas m'éloigner de
l'état de mes parents dont je fis l'exposé, il me
répliqua : « ils seront contents de nos articles, nous
» ne ferons qu'une même famille. » Il me fit voir

alors les articles du mariage, j'en fus étourdi et j'avoue que je craignais ce mariage par les avantages mêmes qui m'y étaient faits.

» Je demandai vingt-quatre heures pour consulter; mes amis furent de cet avis, en me disant : » on t'accuse de courir de belle en belle, de gagner » des galanteries, tu feras cesser ces calomnies » et ces bruits en te mariant. Il ne faut pas cou- » rir après la fortune, mais la prendre quand » elle vient. » On vint chercher la réponse. Je demandai encore douze heures. et je la donnai affirmative, mais j'observai qu'il fallait le consentement de Léopoldine.

» — Je l'ai, me répliqua le frère, va-t-en la voir »; j'y fus, je lui fis part de ce qui se passait depuis quatorze jours : elle me dit qu'elle en était instruite. Je lui demandai ce qu'elle en pensait. Elle me répondit qu'elle serait enchantée d'être mon épouse.

» Quoi! lui dis-je, épouse d'un capucin?

» — Oui, d'un capucin révolutionnaire, je le » désire. En Allemagne, on aurait ambitionné la » main d'un grand de ce pays, eh bien, après » Robespierre, vous êtes le plus grand des Fran- » çais. Je vous veux et j'espère que vous m'aimerez, » car je suis bon enfant, point vaine, et je vous » aimerai bien. »

» Ses yeux m'en dirent davantage.

» Je lui dis alors : je vous estime et vos yeux me

forcent à vous aimer. Tout est fini là-haut avec vos frères, j'ai promis, si vous donnez votre consentement.

» — Eh bien, tout est fini ici, répartit-elle » (1).

On était au 22 septembre. Le lendemain, le contrat de mariage était passé (2).

---

(1) Bibl. Nat., F. 7, 4637.
(2) *Ibidem.*

CHAPITRE X

LES FREY ET CHABOT — LA COMPAGNIE DES INDES

Influence des Frey sur Chabot. — Contrat de mariage de Chabot. —
Chabot s'installe rue d'Anjou. — Son appartement. — Plans du
baron de Batz. — Les compagnies financières. — La Compagnie
des Indes. — Fabre d'Églantine et le décret sur la liquidation
de la Compagnie. — Chabot s'approprie cent mille livres destinées à Fabre. — Son système de défense. — Falsification du
décret. — Benoît dévoile à Chabot les plans du baron de Batz.
— Philippeaux demande que les Représentants déclarent l'état
de leur fortune. — Séance orageuse aux Jacobins. — Chabot
se décide à parler. — Il est arrêté.

C'est donc le 23 septembre, à 10 heures et
demie du soir, que fut passé, devant M⁰ Castel,
notaire à Paris, et dans la maison du futur
époux, le contrat de mariage de Chabot avec
Léopoldine Frey (1).

Celle-ci était assistée de ses deux frères, Junius

----

(1) Arch. Nat., F 7, 4637 et contrat de mariage aux minutes de
M⁰ Vigié, notaire à Paris, rue des Pyramides.

et Emmanuel Frey, « hommes de lettres et agissant comme tuteurs naturels de leur sœur, attendu l'impossibilité d'obtenir le consentement politique de sa famille » (1).

Quant à Chabot, il n'avait aucun de ses parents auprès de lui. Comment aurait-il pu les prévenir assez tôt pour leur donner le temps d'arriver. Quinze jours à peine s'étaient écoulés depuis que Junius lui avait fait part de son projet (2) et le consentement des fiancés ne datait que de la veille (3).

Ce n'est pas d'ailleurs un des côtés les moins surprenants de cette union que la hâte avec quoi elle fut conclue.

Sans doute, Chabot ne se fit guère prier et, quoi qu'il en puisse dire, s'il éleva quelques difficultés, ce fut avec l'espoir, ou plutôt la certitude de les voir aussitôt aplanies ; mais il n'en est pas moins incontestable que les Frey se montrèrent très-pressés de donner leur sœur à l'ex-capucin.

Celui-ci, quand il apprit les desseins de Junius, en fut tout « étourdi » (4).

Et il y avait bien de quoi. On sait quel culte il professait pour les Frey et spécialement pour

____

(1) Contrat de mariage.
(2) Arch. Nat., F. 7, 4637
(3) *Ibidem.*
(4) *Ibidem.*

Junius, qu'il appelait le « plus grand penseur de l'Europe », et voilà que, tout à coup, lui apparaissait, comme dans un rêve, la réalisation prochaine d'un bonheur auquel il n'avait jamais songé et qu'en tous cas il n'eût jamais osé prétendre !

Cependant, il se ressaisit assez vite, et, après quelques objections, faites plutôt pour la forme et peut-être aussi par égard pour son cousin Glandy, il se laissa faire.

« Je n'ai pas, dit-il, rédigé les articles du mariage, je n'y suis que pour les difficultés que j'ai élevées » (1).

Cela est vrai, mais, ce qu'il n'ajoute pas, c'est qu'à chacune de ces difficultés, Junius répondit par une disposition qui la faisait disparaître. C'est ainsi que Chabot obtint un gain de survie à son profit, une pension pour ses parents et la faculté de leur abandonner les biens qu'il possédait au moment de son mariage.

En voyant la hâte et la condescendance de Junius Frey, on se demandera sans doute quel motif puissant le déterminait à agir de la sorte.

Ce motif est aisé à deviner. Assurément, les Frey connaissaient Chabot à merveille. Pendant plus d'un an, ils avaient eu le loisir de l'étudier et ils n'ignoraient rien de sa vie passée, ni de sa

---

(1) Arch. Nat., F. 7, 4637.

moralité, ni de son caractère; et, s'ils allèrent l'arracher aux bras de Julie Berger pour en faire le mari de leur sœur, c'est qu'ils étaient sûrs de trouver en lui l'homme dont ils avaient besoin pour l'exécution de leurs plans, ou plutôt des plans du baron de Batz, car, ne l'oublions pas, les Frey n'étaient que les serviteurs dociles de ce dernier.

Or, pour gouverner Chabot, pour en faire un instrument docile entre leurs mains, les Frey jugèrent bon de se l'attacher par les liens les plus solides. Ils le prirent par son côté faible : l'argent et les femmes.

« Depuis longtemps, mon cœur éprouvait le besoin de se reposer dans le lit de l'hymen; tout m'en faisait un devoir, jusqu'à l'amour de moi-même ou de ma propre conservation » (1).

Et voilà le moment que choisissent les Frey pour lui offrir une jeune fille, « dont les yeux le forçaient à l'aimer », et qui joignait à ses charmes une dot de deux cent mille livres!

Comme ils le connaissaient bien!

Mais les Frey ne voulaient pas seulement se l'attacher pour un temps, ils voulaient en devenir les maîtres absolus, et que son intérêt même lui fît un devoir de leur obéir.

C'est le but qu'ils poursuivirent lors de la

____

(1) Arch. Nat., F. 7, 4637.

rédaction du contrat de mariage. Nous allons voir avec quelle habileté ils parvinrent à l'atteindre.

Si, d'un côté, il était nécessaire d'allécher Chabot par des avantages apparents, il fallait, d'un autre, et sans qu'il s'en aperçût, l'enchaîner puissamment : en un mot, il fallait donner et retenir à la fois. Aux termes du contrat, Junius et Emmanuel Frey reconnaissaient à Chabot six mille livres de mobilier qu'il apportait à la communauté, et ils lui donnaient le droit de disposer en faveur de ses parents des biens nationaux qu'il avait achetés en Rouergue en 1791.

Ils donnaient aussi à leur sœur deux cent mille livres payables dans cinq ans, mais, jusque là, ils s'engageaient à loger et à nourrir le jeune ménage et à lui servir chaque année une rente de quatre mille livres pour son entretien et ses menus plaisirs (1).

Au bout de cinq ans, la dot devait être payée en assignats ou en biens d'émigrés. Les jeunes mariés avaient toutefois le droit d'en exiger le paiement immédiat, quand ils le voudraient, mais en ce cas, ils devaient aller vivre chez eux (2).

Étant donné le train de maison des Frey, le vivre et le couvert représentaient à eux seuls plus que le revenu de la dot, et c'eût été de la

---

(1) Arch. Nat., F. 7, 4637.
(2) *Ibidem.*

part de Chabot, un bien mauvais calcul que de
se séparer de ses beaux-frères chez qui la dépense
de la table atteignait mille écus par mois.

Livré à ses propres ressources, le jeune ménage,
habitué au luxe, eut fait piètre figure.

Le moyen était donc bien trouvé de dominer
Chabot à qui l'abondance et le luxe étaient généreusement offerts, en échange de son obéissance.

Chabot ne songeait pas d'ailleurs à renoncer à
de pareils avantages, mais il redoutait d'être contraint de le faire, si sa femme mourait avant de
lui avoir donné des enfants. Ce fut une des difficultés qu'il souleva, afin, dit-il, d'éviter ce mariage.

Junius l'eut vite tranchée, en stipulant un gain
de survie de cent cinquante mille livres au profit du mari et ce n'est pas tout, il songea que Léopoldine pourrait demander le divorce : en ce cas,
Chabot toucherait cent mille livres. Enfin, et ceci
semble dépasser la mesure, si Chabot venait à
mourir, sa famille hériterait du quart de la dot (1).

Aussi, l'ex-capucin ne pouvait en croire ses
oreilles quand il entendit la lecture du contrat.
Que pouvait-il désirer de plus?

Et cependant ce contrat n'était qu'un trompe-
l'œil ! Chabot était à la discrétion de ses beaux-
frères. Ceux-ci avaient l'air de donner beaucoup et ils ne donnaient rien.

____

(1) Arch. Nat,, F. 7, 4637.

Tranchons le mot : le contrat était nul ! Et voici pourquoi.

On sait qu'en droit une donation n'est valable que si elle a été acceptée par le donataire, or, Léopoldine étant mineure ne pouvait accepter la donation que lui faisaient ses frères, sans l'autorisation d'un tuteur spécial.

Ce tuteur n'ayant pas été nommé, la donation était nulle, et, par suite, Léopoldine n'avait pu promettre à son mari un gain de survie, ni une somme de cent mille livres en cas de divorce.

L'absence des parents de Chabot et leur défaut d'acceptation entraînait également la nullité de la stipulation faite à leur profit.

De telle sorte qu'en cas de brouille, Chabot se trouvait réduit à ses propres ressources. Il faut avouer que le tour était bon.

Tant il est vrai que de tout temps le Juif a excellé dans l'art de jouer le Chrétien.

Chabot a prétendu plus tard qu'il n'ignorait pas la nullité de son contrat de mariage, mais qu'il passa outre ne voulant rien tenir que de la bonne volonté de ses beaux-frères (1).

Cette assertion ne saurait être prise au sérieux. N'oublions pas que les avantages accordés à Chabot et à ses parents le furent sur sa demande.

______

(1) Arch. Nat., F. 7, 4637.

Pourquoi les demanda-t-il s'ils les croyait nuls?

Pourquoi donner solennellement lecture de ce contrat aux Jacobins s'il le jugeait sans valeur? Pourquoi enfin négliger ce moyen de défense lorsque Panis (1) et Dufourny (2) se « permirent des observations malignes sur son mariage? »

La vérité est que Chabot se laissa prendre au piège.

Quelle était sa fortune au moment où il se maria?

Il semble résulter du contrat de mariage qu'il ne possédait que ses meubles, évalués à six mille livres et les quelques biens qu'il avait acquis pour le compte de ses parents.

Cependant on l'accusait de dissimuler sa fortune. On prétendait que la dot de sa femme lui appartenait au moins pour une grande part. Julie Berger avait donné aux Jacobins des détails sur ce qu'il possédait et sur la manière dont il l'avait acquis (3). D'autres assuraient qu'il avait trafiqué avec l'abbé d'Espagnac (4) et que le ban-

----

(1) Étienne-Jean Panis, né en 1757, mort le 22 août 1832, beau-frère de Santerre, fut député à la Convention. Il vota la mort du Roi.

(2) Louis-Pierre Dufourny de Villiers, né..., mort vers l'an IV.

(3) Arch. Nat., W. 342, 648, liasse IV.

(4) Marc-René Damazit de Sahuguet d'Espagnac, né en 1753, exécuté le 5 avril 1794, était fils du général de ce nom. Fournisseur des armées, il acquit une immense fortune qui le rendit suspect à la Convention.

quier Boid lui avait offert deux cent mille livres
pour obtenir le rapport du décret contre les banquiers (1).

Mais rien ne prouve l'exactitude de ces affirma-
tions. Que Chabot eût touché, à différentes reprises,
certaines sommes, rien de plus vraisemblable;
avec quoi aurait-il vécu? Il a reconnu lui-même
qu'on lui avait maintes fois fait des offres, mais
il est probable qu'il s'en fallait de beaucoup qu'il
eût touché des pots-de-vin aussi considérables
qu'on le prétendait, et, sans doute, il avait dépensé
au fur et à mesure l'argent qu'il avait reçu.

D'ailleurs, s'il avait possédé une fortune suffi-
sante pour être à l'abri du besoin, les Frey en
auraient été informés, et ils n'auraient pas vu en
lui l'homme besogneux qu'ils espéraient, à bon
droit, pouvoir gouverner.

Quelques jours s'écoulèrent entre le contrat et
la célébration du mariage. Chabot parle d'un
mois, en quoi il se trompe : il s'écoula exactement douze jours.

Le 5 octobre, il annonça son mariage au club
des Jacobins. « Je profite de cette occasion pour
annoncer à la Société que je me marie. On sait
que j'ai été prêtre, capucin même. Je dois donc
motiver à vos yeux la résolution que j'ai prise.
Comme législateur, j'ai cru qu'il était de mon

____

(1) Arch. Nat., B. 342, 648, liasse 1.

devoir de donner l'exemple de toutes les vertus.
On me reproche d'aimer les femmes, j'ai cru que
c'était anéantir la calomnie que d'en prendre une
que la loi m'accorde et que mon cœur réclame
depuis longtemps. Je ne connaissais pas, il y a
trois semaines la femme que j'épouse. Élevée
comme les femmes de son pays dans la plus
grande réserve, on l'avait soustraite aux regards
des étrangers. Je n'étais . donc pas amoureux
d'elle, je ne le suis encore que de sa vertu, de
ses talents, de son esprit et de son patriotisme.
De son côté, la réputation du mien m'avait trouvé
le chemin de son cœur... » (1).

Puis il donna quelques détails sur la façon
dont son mariage avait été conclu, fit la lecture
du contrat, et demanda à l'Assemblée de nommer
une députation qui assisterait le lendemain à la
cérémonie et au banquet. L'Assemblée déféra au
désir exprimé par Chabot (2).

Quelques jours auparavant, le 20 septembre,
celui-ci avait prononcé un discours ému en
faveur des enfants naturels. Le moment était
vraiment bien choisi, et nul doute que Dufourny
n'eût adressé à Chabot, s'il eût connu ses projets
de mariage, cette vigoureuse apostrophe qu'il
devait lui décocher quelques semaines plus tard.

---

(1) *Gazette Nationale*, n° 63, 1793.
(2) *Ibidem*

« Antérieurement à ton mariage, tu t'étais
choisi une compagne qui est devenue mère....
qu'as-tu fait pour elle? Pourquoi l'as-tu abandonnée? » (1).

Le mariage d'un prêtre a rarement passé inaperçu. Celui de Chabot lui valut quelques lettres
de félicitations.

Le 3 novembre 1793, le citoyen Sébé, chirurgien
à Lacaune (Tarn), lui écrivait :

« Lorsque je vous écrivais, je vous croyais
encore célibataire. Les nouvelles publiques et la
missive de Terral m'ont appris que, suivant vos
principes philanthropiques, vous aviez pris une
jeune femme riche et charmante, j'ajouterai
patriote (car l'ami des sans-culottes n'aurait pas
partagé sa couche avec une aristocrate). Recevez,
cher ami, mon compliment sur votre mariage, et
les vœux que je fais pour que les suites en soient
heureuses... Mon épouse partage tous mes sentiments pour votre chère moitié » (2).

Puis, c'était un autre défroqué, ancien doctri-
naire, nommé Bachellery, qui lui écrivait le 6
du même mois : « Intrépide Montagnard, j'étais
prêtre, vicaire épiscopal comme toi. Comme toi,
je vais bientôt m'unir à une aimable républicaine
et renoncer pour toujours aux fonctions mystiques.

---

(1) *Gazette Nationale*, séance des Jacobins du 16 novembre 1793.
(2) Arch. Nat., F. 7, 4637.

Je demande à la Convention, à être confondu dans la masse honorable des citoyens et à en recouvrer tous les droits. Appuie cette demande et tu porteras un coup de plus au fanatisme. Je suis né dans les montagnes d'Auvergne et j'ai toujours été libre et pur comme l'air que j'y ai respiré... Je viendrai te voir à Paris et te remercier avec mon aimable Pauline... » (1).

Après son mariage, Chabot quitta la rue Saint-Honoré, pour aller s'installer avec sa femme chez ses beaux-frères, rue d'Anjou, nᵒ 19 (2).

Le jeune ménage occupait, à l'entresol, un appartement qui donnait à la fois sur la rue, sur la cour et sur le jardin. On y accédait par un grand escalier situé à droite de l'entrée de l'hôtel, Pénétrons-y à la suite du citoyen Nys, chargé de faire l'inventaire des meubles de Chabot (3).

Nous voici d'abord dans un vestibule éclairé par une fenêtre. Un poêle en faïence y tient lieu de cheminée; aux murs sont accrochées quelques gravures, représentant le Serment du Jeu de Paume, la Fédération, les Tombeaux de Marat et de Le Pelletier (4), la Liberté et l'Égalité. Sur

---

(1) Arch. Nat., F. 7, 4637.

(2) *Ibidem*, le nᵒ 19 était auparavant le nᵒ 976.

(3) Tous les détails qui suivent sont empruntés à l'inventaire fait par Nys *(ibidem)*.

(4) Louis-Michel Lepelletier de Saint-Fargeau, né en 1760, tué le 20 janvier 1795, député à la Convention, vota la mort du Roi.

une table en acajou, deux bocaux surmontés de cages, et disposés pour recevoir des poissons et des oiseaux. Les poissons manquent, mais on y voit en revanche huit serins. Dans les angels, des encoignures en laque. En fait de meubles, une commode ornée de cuivres, un secrétaire en laque, quelques chaises et çà et là, plusieurs bibelots.

A côté se trouve le salon, éclairé par deux fenêtres qui donnent sur le jardin. Sur la cheminée, une pendule en marbre blanc surmontée d'un amour en biscuit. Elle est signée de Lacroix, et elle marque les heures et les quantièmes. A droite et à gauche, des flambeaux en cuivre ciselé, et, au-dessus, une glace de quarante pouces de haut. Le mobilier est en acajou : il se compose d'une console qui supporte une glace, d'une table, d'un secrétaire à galeries en cuivre, d'un piano, d'un canapé, de huit fauteuils recouverts de lampas vert et blanc. Sur le sol, un tapis de moquette.

Voici la chambre à coucher où nous voyons un lit à colonnes dorées, deux chaises, deux canapés également dorés, une toilette en acajou, un chiffonnier en acacia, un guéridon. Les tentures sont en damas jaune. Un tapis d'Aubusson recouvre le parquet.

A la suite de cette chambre, se trouve un cabinet dont les meubles sont en damas blanc et les rideaux en mousseline blanche. L'inventaire signale un nécessaire de toilette pour homme. Ne serait-ce pas celui qu'avait vu M. de Cheverny, à Blois? Il y avait encore une autre chambre à coucher avec lit à baldaquin recouvert de toile orange et des rideaux en taffetas cramoisi; puis deux autres pièces très-confortablement meublées et tendues, l'une de taffetas vert, l'autre de moire bleue.

Ce ne fut pas une mince besogne que d'inventorier la garde-robe de Chabot.

Le citoyen Nys y compta quarante pantalons! C'était assurément beaucoup pour un sans-culotte, comme le fait remarquer M. Lenôtre.

Notons, en passant, douze gilets de différentes étoffes, une redingote en piqué de Marseille, un habit écarlate, des robes de chambre en Perse, en flanelle, en toile orange fond lie de vin, des fracs en drap bleu, en drap vert, en drap suie de Londres, en satin puce, ou en taffetas changeant...

Le tout fut estimé six cent quatre-vingt-neuf livres.

L'inventaire ne dit pas la valeur de l'argenterie, il mentionne cependant une soupière, quatre écuelles, onze plats et une saucière. Mais ce n'était sans doute pas tout. Lorsque Nys fut chargé d'inventorier le mobilier, Léopoldine avait quitté la rue d'Anjou, et s'était retirée à Boulogne-sur-Seine où elle avait transporté certains meubles et plusieurs pièces d'argenterie qui firent l'objet d'un autre inventaire (1).

_____

(1) Arch. Nat., F. 7, 4637.

Ajoutons enfin, pour compléter ces détails sur l'installation des jeunes mariés, qu'en plus des gens des Frey, ils avaient à leur service un valet de chambre nommé Chéderille et une femme de chambre, Annette Martin (1).

Chabot avait donc réalisé tous ses rêves. Riche et adoré de sa femme, il pouvait croire qu'une existence heureuse et tranquille succéderait désormais à la vie de bohème qu'il avait menée jusque là.

Mais il comptait sans le baron de Batz qui allait lui faire payer bien cher et sa femme et sa fortune.

Le baron de Batz s'était assuré de Basire, en même temps que de Chabot et rien ne s'opposait à l'exécution du plan qu'il avait conçu. Dissoudre la Convention, après l'avoir avilie par la corruption de plusieurs de ses membres, et rétablir la Monarchie sur les ruines de la République, tel était le scenario du drame dont il était l'auteur et dont les rôles principaux étaient confiés à Delaunay (d'Angers), Julien (de Toulouse), Benoit, Chabot et Basire. Batz, aidé des Frey, devait remplir les délicates fonctions de metteur en scène. Tout était prêt. On pouvait lever le rideau.

On n'a pas oublié que, dans les premiers jours de septembre, Chabot avait obtenu le rapport du

____

(1) Arch. Nat., F. 7, 4637.

décret qui ordonnait l'apposition des scellés chez les banquiers.

Quelles raisons l'avaient donc poussé à intervenir dans cette affaire? Était-ce le désir d'obliger ses beaux-frères? On pourrait le supposer, encore qu'il s'en soit énergiquement défendu.

Tant y a que peu de jours après, ayant rencontré Delaunay dans la salle de la Liberté, celui-ci lui dit :

« Tu as été vraiment bien pressé de faire lever les scellés dont le baron de Batz avait obtenu l'apposition. Nous étions convenus de les faire lever après entente avec les banquiers, et ton empressement nous coûte un demi-million » (1).

Le discours était net et Chabot l'entendit sans peine. Du reste, ce n'était pas la première fois qu'on lui en tenait de pareils.

« Je ne sais pas, lui avait dit un jour Benoit, comment on peut refuser en France de faire fortune. En Angleterre, on achète publiquement les membres du Gouvernement » (2).

Et Delaunay avait ajouté : « Un mot suffit pour faire baisser les effets des compagnies financières, on profite de la baisse pour acheter, puis on provoque la hausse et l'on vend » (3).

---

(2) Arch. Nat. F. 7, 4637.
(2) Arch. Nat., W. 342, 648.
(3) *Ibidem.*

Or, Benoît et Delaunay étaient du nombre des convives qui avaient déjeuné chez le baron de Batz, en compagnie de Chabot, lequel a lui-même raconté que peu de jours après ce déjeuner, où le baron lui « avait fait mille caresses et exprimé le désir de le voir souvent » (1), un inconnu était venu lui offrir deux cent mille livres pour le décider à provoquer l'apposition des scellés chez les banquiers (2).

Comment n'avait-il pas rapproché cette offre du rôle que Delaunay attribuait à Batz dans cette affaire? Comment n'avait-il pas conçu quelques soupçons sur la moralité de Julien, L'Huillier et Delaunay, amis intimes du baron? Assurément, Chabot était trop averti pour ne pas remarquer ce qu'il y avait d'anormal dans les relations de ses collègues avec Batz. Il eut en effet des doutes, mais il s'empressa de les chasser. « Je compris le complot, et feignis d'entrer dans les vues des conspirateurs afin de déjouer leur plan » (3).

Tel est le système de sa défense, système qui ne saurait se soutenir.

A qui fera-t-il accroire que, connaissant les rapports de Julien, Batz et Delaunay avec ses beaux-frères, il ait consenti à s'unir à ceux-ci par les

---

(1) Arch. Nat., F. 7, 4637.
(2) *Ibidem.*
(3) *Ibidem.*

liens de famille les plus étroits afin de les mieux surveiller?

Qu'attendait-il donc pour les dénoncer? On lui avait offert de l'argent, on lui en promettait d'autre encore, et par son silence il devenait le complice de ce qu'il considérait comme une escroquerie.

« Paris vaut bien une messe » disait Henri IV; qui sait si Chabot ne pensait pas que les beaux yeux de « sa chère Poldine » valaient bien qu'il gardât le secret?

Admettons, si l'on veut, que n'ayant pas encore assez de preuves, il ait voulu attendre, et voyons si sa conduite justifie cette supposition.

« Tout n'est pas perdu, ajouta Delaunay après avoir reproché à Chabot sa fâcheuse intervention. Batz travaille un mémoire pour L'Huillier. Tu sais qu'on a demandé la confiscation des biens des étrangers. Eh bien, ce mot a un double sens, il peut s'entendre, soit des biens immeubles, soit des effets mobiliers. Cette équivoque porte l'alarme chez les banquiers, alors on dit : si vous voulez qu'on ne parle que des immeubles, il faut donner un million, sinon on fera confisquer le tout et vous serez ruinés » (1).

Et ce même Delaunay, un jour que Basire lui

---

(1) Arch. Nat., F. 7, 4637.

demandait avec quels fonds on pourrait engager la spéculation, répondit :

« Nous savons où les prendre. On doit à l'abbé d'Espagnac quatre millions qu'il nous laissera sans intérêts si nous les lui faisons obtenir. Afin que nous ne paraissions en rien, Benoît se chargera de l'opération et placera nos bénéfices à l'étranger » (1).

Ce n'était pas encore assez pour décider Chabot à rompre le silence, et, s'il intervint dans la discussion du décret, ce fut pour y prononcer un véritable plaidoyer *pro domo*. Tout en approuvant le décret en principe, il fit, sur son application, quelques réserves que lui dictait son intérêt immédiat.

« Je vous demande, dit-il, quand un ami de la liberté sera venu d'une terre où l'on éprouve toutes les vexations du despotisme, quand il vous aura apporté sa fortune, son numéraire, pour les convertir en biens nationaux, quand il pourra montrer aux amis de la patrie les marques honorables des blessures reçues le 10 août, le comparerez-vous aux perfides Anglais qui tentent d'incendier nos ports ? Il est de toute justice de distinguer les étrangers des étrangers... » (2).

Assurément, il était difficile de désigner plus clairement les Frey, sans les nommer. Personne

---

(1) Arch. Nat., W. 342, 648.
(2) *Gazette Nationale* du 18 octobre 1793.

ne s'y trompa, aussi est-il intéressant de rappeler en quels termes Robespierre s'opposa à l'exception proposée par Chabot.

« La mesure est rigoureuse, elle pourra atteindre quelques philosophes, amis de l'humanité, mais cette espèce est si rare que le nombre des victimes ne sera pas grand ; d'ailleurs elle est si généreuse, qu'elle ne s'aigrira pas contre des mesures qui doivent assurer la prospérité de la France, le bien-être du genre humain et de la terre même qui leur a donné le jour et où la tyrannie règne encore » (1).

L'ironie qui perce à chaque mot de cette réponse ne dut certainement pas échapper à Chabot, dont l'admiration pour le « premier penseur de l'Europe » n'était pas, il s'en faut bien, partagée par Robespierre.

Les espérances qu'on avait fondées sur la confiscation des biens des étrangers ne se réalisèrent pas, mais l'affaire de la Compagnie des Indes vint donner à nos agioteurs l'occasion de prendre une éclatante revanche :

Aux termes des lois des 27 août et 28 novembre 1792, les titres des compagnies étaient soumis au paiement de certains droits, lors de chaque mutation, or la Compagnie des Indes avait trouvé le moyen d'éluder la loi en substituant aux

---

(1) *Gazette Nationale*, du 18 octobre 1793.

actions des reconnaissances semblables à celles qu'on avait créées pour les dettes de l'Etat.

De cette façon, les transferts s'opéraient par une simple mention sur les registres de la Compagnie et le paiement du droit était évité, par où le fisc avait déjà perdu plus de deux millions.

Delaunay fit part de son projet à Chabot.

« Nous allons dénoncer la fraude de la Compagnie et proposer un décret qui portera la terreur dans l'âme des actionnaires. Les actions baisseront et nous en achèterons à vil prix. Ensuite, nous proposerons deux décrets, l'un très-rigoureux, et l'autre plus doux, et nous dirons à la Compagnie : Choisissez, si vous préférez le décret qui vous est favorable, il faut donner tant. Les actions remonteront et Benoît mettra notre bénéfice en lieu sûr » (1).

Chabot écouta ces propositions qui n'étaient que la répétition de celles qu'on lui avait faites à propos des biens des étrangers.

Julien se charge d'attacher le grelot, en accusant la Compagnie des Indes d'avoir prêté au Roi des sommes considérables. C'était un mensonge, Julien ne s'en cachait pas, et, comme Basire lui demandait s'il pourrait prouver ce qu'il avançait, il lui répondit non sans quelque cynisme : « il

----

(1) Arch. Nat., F. 7, 4637

ne s'agit pas de prouver, le coup a porté, c'est l'essentiel » (1).

En effet, les actions de la Compagnie des Indes étaient tombées de 1.500 à 650 livres (2).

Et pendant que ceux qu'il prétendait surveiller achetaient à vil prix des titres ainsi dépréciés, Chabot se taisait toujours.

Delaunay monte à la tribune le 8 octobre, et prononce contre la Compagnie des Indes un réquisitoire foudroyant, puis, quand il s'agit de conclure, il propose de la dissoudre en laissant à ses administrateurs le soin de procéder à sa liquidation. C'était fournir à la Compagnie un moyen de se perpétuer indéfiniment. La contradiction flagrante qui existait entre le discours de Delaunay et les mesures proposées fut relevée par Fabre d'Églantine (3), qui demanda que la liquidation fût confiée à des commissaires nommés par la Convention.

Quelle belle occasion pour Chabot de dénoncer Delaunay et d'apporter à la tribune les preuves qu'il avait réunies! C'était le triomphe assuré, la popularité reconquise, une sorte de consécration de son patriotisme. Cependant il continua de se taire.

---

(1) Arch. Nat., W. 342, 648, liasse 8.

(2) Arch. Nat., W. 342, 648, liasse 8.

(3) Philippe-François Nazaire Fabre dit d'Églantine, né le 20 juillet 1750, exécuté le 5 avril 1794, fut député à la Convention. Il vota la mort du Roi.

La proposition de Fabre ruinait les plans de Delaunay, celui-ci ne se laissa pas démonter et, feignant d'entrer dans les vues de Fabre, il le fit nommer membre de la Commission chargée de liquider la Compagnie.

On reconnaît bien là l'intervention du baron de Batz; puisque Fabre se mettait en travers de ses projets, il n'y avait qu'une chose à faire : l'acheter.

« Qu'on porte cent mille livres à cet histrion et que ce soit fini. »

D'un coup d'œil, Batz avait jugé que la conscience de Fabre ne valait pas davantage.

Acheter un adversaire est toujours chose délicate, sait-on jamais comment de pareilles propositions seront accueillies? Pour remplir cette mission, il fallait une personne sûre. On pensa à Chabot.

En effet celui-ci sans soulever la moindre objection accepte le mandat qu'on lui confiait et il va présenter à Fabre le nouveau projet de décret que venait de lui remettre Delaunay, car la discussion n'était qu'ajournée, aucun décret n'ayant été rendu.

Ici, laissons la parole au négociateur qui va nous rendre compte de sa mission.

« Fabre lut le décret et se mit en colère de ce qu'il n'y retrouvait pas son amendement, je lui observai que je ne venais pas forcer sa confiance, je l'engageai à y faire toutes les corrections que l'intérêt public lui inspirerait. Il prit son crayon,

y fit des corrections, les parapha et le signa. Je le
remis à Delaunay » (1).

Le lendemain celui-ci revint avec Benoit et remit
à Chabot une nouvelle rédaction où l'on avait tenu
compte d'une partie des corrections, mais non
pas des plus essentielles.

Chabot se rend chez Fabre qui signe le décret
après l'avoir complété (2).

Cela ne faisait pas l'affaire de Delaunay et de
Benoit, lesquels, voyant qu'il n'y avait pas moyen
d'agir autrement recopièrent le projet approuvé
par Fabre et le remirent à Chabot.

Cette fois Fabre signa sans faire aucune rature (3).

Le baron de Batz ne fut sans doute pas satisfait,
mais cent mille livres de plus ou de moins lui
importaient peu. C'était une quantité négligeable
auprès de la perte que lui causait l'obstination de
Fabre. D'ailleurs il espérait bien trouver quelque
moyen de se tirer d'embarras.

Avant d'aller plus loin, voyons si l'attitude de
Chabot dans ces négociations fut bien celle qu'il
prétend. Disons tout de suite qu'au lieu de proposer à Fabre les cent mille livres qu'il s'était
chargé de lui remettre, il préféra les garder dans
sa poche.

----

(1) Arch. Nat., F. 7, 4637.
(2) *Ibidem.*
(3) *Ibidem.*

Et pourtant, s'il avait sincèrement voulu dénoncer les corrupteurs, pourquoi ne pas dire à Fabre :

« Voici un projet de décret que Benoit et Delaunay m'ont chargé de te faire signer. Il n'est pas conforme aux amendements que tu as présentés à la Convention, mais signe-le tout de même et je te donnerai cent mille livres en échange de ta signature. »

Pareil langage eût amené une explication et le complot eût été dénoncé.

Mais non, que fait Chabot? Il soumet à Fabre un projet de décret modifié par Delaunay et Benoit, et il se garde bien de l'en prévenir; c'est seulement lorque Fabre s'est aperçu de la fraude qu'il essaye de dégager sa propre responsabilité. Le lendemain il revient encore lui présenter un nouveau projet incomplet. En un mot, il agit tout comme s'il voulait surprendre la signature de son collègue.

Est-ce là réellement l'attitude de quelqu'un qui entre dans un complot afin de le dénoncer?

D'autre part, il vole le baron de Batz, car interrogé sur la façon dont Fabre a accepté les cent mille livres il répond par un mensonge.

« J'ai envoyé, dit-il, la somme cachetée à sa portière » (1).

Et Delaunay de répondre :

_____

(1) Arch. Nat., W. 342, 648.

« Il faut qu'il l'ait reçue car j'ai observé qu'il te caresse depuis » (1).

Ici une question se pose. Chabot avait-il les cent mille livres destinées à Fabre lorsqu'il alla lui présenter le décret. Non, s'il faut l'en croire, car il ne les aurait reçues de Benoit et de Delaunay que le lendemain et le surlendemain en deux fois (2).

Mais c'est là une des nombreuses erreurs que nous trouvons à chaque instant dans les écrits de Chabot et qui s'expliquent très-bien si l'on songe que celui-ci écrivait uniquement en vue de sa défense. Ne se rappelant pas ce qu'il dit ailleurs, il se met souvent en contradiction avec lui-même : En voici un exemple :

Le 16 novembre 1793 il raconte qu'il a vu des assignats de cent soixante mille livres entre les mains de ses beaux-frères, lesquels possédaient assez d'argent pour employer deux millions en biens d'émigrés et cependant deux mois plus tard, le 21 janvier, il n'hésite pas à écrire : « Au reste, j'ignore si, lorsque mes beaux-frères ont promis à ma femme et à moi une somme de deux cent mille livres ils les avaient (4).

---

(1) Arch. Nat., W. 342, 648.
(2) Arch. Nat., F. 7, 4637.
(3) Arch. Nat., W. 342, 648.
(4) *Ibidem.*

Il n'est pas possible que les cent mille livres destinées à Fabre aient été remises à Chabot après la signature du décret.

Si le baron de Batz faisait offrir une somme d'argent à Fabre, c'était uniquement pour décider celui-ci à signer le projet rédigé par Delaunay. Or, à deux reprises, Fabre en avait modifié le texte suivant les amendements adoptés par la Convention, de telle sorte que le baron de Batz n'avait rien obtenu de ce qu'il demandait.

Comment supposer dès lors qu'il ait consenti à payer si chèrement un service qui lui avait été refusé? Il faut donc admettre que s'il a donné cent mille livres pour Fabre, et nous avons la preuve qu'il en est ainsi dans l'aveu même de Chabot, il s'en était dessaisi alors qu'il pouvait espérer d'acheter Fabre c'est-à-dire avant la signature du projet définitif.

Et cependant, s'il est vrai aussi que Delaunay et Benoit ont remis à Chabot cent mille livres deux jours après cette signature, que dire, si ce n'est que cette dernière somme n'était pas celle destinée à Fabre.

C'était donc, comme le dit M. Lenôtre, une somme de deux cent mille livres que Chabot s'était appropriée et tout porte à croire qu'il en est ainsi.

Objectera-t-on qu'il est étonnant que Delaunay n'ait pas manifesté quelque mécontentement de voir Fabre accepter un pot-de-vin d'un côté, et de l'autre refuser toute concession.

La réponse est facile. Il est fort possible qu'il s'en soit plaint. Celà est même très-probable, mais n'oublions pas que pour nous renseigner sur ce point nous n'avons que le témoignage de Chabot intéressé à se taire, car son but était de faire disparaître toute trace des cent mille livres qu'il avait reçues pour son compte.

D'ailleurs, ne serait-il pas plus étonnant encore de voir Delaunay et Benoit payer après coup Fabre qui s'était montré intraitable?

A la vérité, et c'est encore une objection qu'il faut prévoir, on ne trouva chez Chabot que cent mille livres. Pourquoi n'aurait-il conservé que la moitié de la somme reçue?

Tout simplement, parce qu'il espérait pouvoir justifier la présence des cent mille livres destinées à Fabre, tandis qu'il aurait été fort en peine d'expliquer la présence de la somme qui lui avait été donnée.

Et si l'on suit avec attention le récit de Chabot, on verra qu'il confirme à merveille cette hypothèse.

Chabot, c'est lui-même qui le dit, plaça les cent mille livres destinées à Fabre dans une enveloppe cachetée et à l'adresse de la Convention. Admettons que cela soit vrai, encore que l'enveloppe brûlée par un fâcheux hasard n'ait pas été retrouvée. Mais au moment d'être arrêté, il se décida à détruire une des preuves les plus importantes du complot, une des pièces les plus essentielles de sa défense, puis, se ravisant, il se borna à en faire un paquet qu'il suspendit à l'aide d'une ficelle dans les cabinets. « J'espérais bien qu'on me donnerait le temps d'y aller et de couper la ficelle » (1).

Un tel récit est invraisemblable.

Puisque son intention était de remettre à la Convention les cent mille livres destinées à Fabre (et qui lui furent effectivement remises) pourquoi essayer de s'en dessaisir au moment même où elles pouvaient lui servir à se défendre?

Peut-être avait-il changé d'avis? Soit. Mais en ce cas il changea d'avis une seconde fois puisqu'il les porta lui-même au Comité. Sans que cela soit absolument prouvé il semble plus probable que Chabot ne songea nullement à détruire la somme destinée à Fabre. Il lui était très-facile d'en expliquer l'origine, et ni Delaunay, ni Fabre ne l'auraient contredit.

Ce furent les cent mille livres qu'il avait touchées pour son salaire qu'il songea d'abord à brûler. Mais il lui en coûtait de sacrifier une aussi forte somme, et peut-être en pure perte.

----

(1) Arch. Nat., F. 7, 4637.

Voilà pourquoi il essaya de la conserver le plus longtemps possible et de ne la détruire qu'à la dernière extrémité.

C'est cette somme qu'il suspendit dans les cabinets, et si elle n'a pas été retrouvée, c'est qu'il a eu le temps de « couper la ficelle », ou qu'un ami l'a mise en lieu sûr. Nous verrons plus loin, par un incident qui se passa lors de l'inventaire, que cette seconde supposition n'a rien d'invraisemblable.

Quoi qu'il en soit, nos agioteurs déjeunaient très-tranquillement chez Chabot au moment où celui-ci leur apporta le projet approuvé par Fabre et qui n'était pas tel qu'ils l'auraient souhaité (1).

Cependant, ils ne se découragèrent pas. En l'examinant de près, ils virent tout de suite qu'il n'était pas impossible d'en tirer quelque parti.

A l'article qui prescrivait que la Compagnie serait liquidée, une main habile ajouta « selon ses statuts et règlements »; à la fin du paragraphe relatif au paiement d'un triple droit pour les transferts, les mots « faits en fraude » furent intercalés.

Ainsi d'un côté la liquidation était laissée aux soins de la Compagnie et de l'autre les porteurs de bonne foi esquivaient le triple droit.

----

(1) Arch. Nat., F. 7, 4637.

Ce n'était qu'un projet de décret qui devait être soumis à la Convention, mais qui fut immédiatement transformé en décret par la suppression des mots « Projet de » ; au-dessus de la signature de Fabre, Delaunay ajoute : « ont signé » ; il met au bas les noms de Julien, Chabot, Cambon, Ramel ; signe en qualité de rapporteur, et le tour est joué.

Il ne reste plus qu'à glisser ce décret parmi les pièces à expédier.

Ce jour-là Delaunay et Benoit ne durent pas se sentir d'aise, mais celui qui triompha, sans cependant le laisser paraître, ce fut le baron de Batz.

Ce n'était pas de l'argent qu'il voulait, lui qui avait pu disposer d'un million pour tenter de sauver la reine (1).

Son but, nous le savons, était autre : avilir la Convention pour la dissoudre, et rétablir la Monarchie.

Le premier acte de la pièce était joué ! Le faux que Delaunay et Benoit venaient de commettre était écrasant pour ceux même qui n'avaient pas signé. Mais que dire de Chabot ? C'est sous son toit, dans son appartement, à sa table, sous ses yeux que le faux fut commis.

Parlera-t-il cette fois ? Pas encore.

______

(1) Arch. Nat., F. 7, 4637.

Le lendemain et le surlendemain il reçoit les cent mille livres qu'il prétend être destinées à Fabre, puis c'est Delaunay qui vient lui offrir de partager avec le baron de Batz le bien que celui-ci possède dans l'Allier, enfin c'est Benoit qui lui apporte cinquante mille écus en actions de la Compagnie des Indes (1).

Chabot ne pouvait avoir le moindre doute sur l'origine des fonds qui lui étaient offerts puisqu'il s'agissait de recevoir une part des biens du baron de Batz.

Il ne refusa pas d'accepter les offres qui lui étaient faites, mais il ne les accepta pas non plus, voulant que le partage fût fait en présence de tous les co-partageants et que son ami Basire fût mis au nombre de ceux-ci (2).

Était-ce comme il le prétend pour avoir un témoin du complot?

Lié avec Delaunay et Benoit, fréquentant le baron de Batz chez qui il avait déjeuné, Basire était d'une honorabilité trop discutable pour pouvoir servir à Chabot. La vérité est que celui-ci, pris de peur, ne voulait pas être le seul compromis. Il pensait que plus les coupables seraient nombreux, plus on hésiterait à les poursuivre.

---

(1) Arch. Nat., F. 7, 4637.
(2) *Ibidem.*

La peur qu'il commençait à avoir devint bien plus intense lorsque Benoit lui dévoila les projets de Batz. C'était le second acte de la pièce qui commençait. A quoi aurait servi de corrompre des membres de la Convention si on ne l'avait pas publié dans la France entière?

Benoît alla trouver Chabot et, en ami, il lui conseilla de mettre sa fortune en lieu sûr.

« Benoit, raconte Chabot, me dit qu'il avait des craintes très-fondées de contre-révolution. Il m'avait dit avec Delaunay que l'on avait projeté d'envoyer à la guillotine les 73, puis tous les appelants, puis Danton, Lacroix (1), Legendre (2), Rovère (3), puis Thuriot (4), Basire et moi, les commissaires aux armées contre lesquels on fabriquait des dénonciations au bureau de la guerre. Benoit m'ajouta : on en viendra jusqu'à Billaud-Varennes qu'on a intéressé dans quelques marchés de blé, et si la corruption de Robespierre

---

(1) Jean-Michel Lacroix, né le 6 novembre 1749, mort le 16 janvier 1820, fut député à la Convention. Il vota pour la réclusion et le bannissement du Roi.

(2) François-Paul Legendre, né le 25 février 1759, mort le 26 décembre 1817, député à la Convention, vota la mort du Roi.

(3) Stanislas-Joseph-François-Xavier Rovère, né le 16 juillet 1748, mort le 21 septembre 1798, député à la Législative et à la Convention, était fils d'un aubergiste. Il se qualifiait marquis de Fonvielle. Il vota la mort du Roi.

(4) Jacques-Alexis Thuriot de la Rozière, né le 1er mai 1753, mort le 25 juin 1829, député à la Législative et à la Convention, vota la mort du Roi.

n'est pas prouvée, au moins on prouvera celle
d'un homme dont on l'a entouré. On avilira ainsi
la Représentation Nationale et quand les départements verront qu'on guillotine successivement les
députés, aucun suppléant ne voudra venir les rem-
placer. La Convention sera réduite à une poignée
d'hommes inconnus et méprisés dont on se servira et que l'on dissoudra à son gré... On distri-
buera de l'or et de l'argent qui se trouvent à Paris,
et au milieu de ces convulsions, Pitt dira à la
France : « Vos Représentants vous ont promis le
bonheur et l'abondance et ne vous ont donné que
la famine et un papier inutile à vos besoins. Voilà
du pain et de l'or et la paix, pourvu que vous
acceptiez la Constitution de 1791 en changeant de
dynastie... » (1).

Chabot, on le comprend, fut atterré au point
qu'il consentit à voir le baron de Batz.

« Il vint en effet, dit Chabot, mais comme
Choudieu (2) et autres patriotes dînaient chez moi,
sitôt qu'ils descendirent, de Batz et Benoit par-
tirent par l'escalier dérobé de mon cabinet » (3).

N'est-il pas surprenant de voir Chabot négocier
avec le chef de la conspiration dont il vient d'ap-

----

(1) Arch. Nat., F. 7, 4637.

(2) Pierre-René Choudieu, né à Neufchâteau (Vosges) en 1757,
mort..., fut dénoncé par Chabot pour avoir applaudi une adresse
fédéraliste. Député à la Convention, il vota la mort du Roi.

(3) Arch. Nat., W. 342, 648.

prendre tous les détails, alors qu'il lui suffirait d'un mot pour le faire arrêter?

C'est un point que M. Lenôtre a merveilleusement fait ressortir.

« Je ne sais, dit-il, si je me fais illusion, mais je trouve que nul romancier n'a jamais conçu de siuation plus saisissante que celle-ci. Chabot, le conventionnel puissant, qui, d'un mot, peut envoyer à l'échafaud tel ou tel de ses amis, qui a vaincu la Monarchie, jugé le Roi, abattu la Gironde, reçoit chez lui le gentilhomme sans gîte, hors la loi, réduit à se cacher, à descendre par l'escalier de service... Et c'est ce proscrit qui parle en maître parce qu'il a acheté le droit de traiter en valet celui qu'il vient de voir » (1).

Cependant, il était encore temps de parler mais c'était la dernière occasion qui s'offrait à Chabot; il la laisse échapper et voici le châtiment qui se prépare.

Le 10 novembre Philippeaux monte à la tribune. « Que le masque du charlatanisme tombe, que la vertu se montre toute nue, que le peuple sache que tous ceux qui se disent ses amis travaillent en effet pour son bonheur, mais commençons d'être sévères pour nous-mêmes. Je demande que chaque membre de la Convention et tous les

---

(1) Lenôtre, baron de Batz, p. 156.

magistrats du peuple soient tenus de présenter
dans l'espace d'une décade l'état de leur fortune
avant le commencement de la Révolution, et s'ils
l'on augmentée depuis, d'indiquer par quels
moyens ils l'ont fait. Je demande que vous décré-
tiez que les membres de la Convention qui n'auront
pas satisfait aux dispositions de votre décret soient
déclarés traîtres à la patrie et poursuivis comme
tels » (1).

En entendant cette harangue, Basire et Chabot
se sentirent visés. Basire combattit le projet de
décret, après lui, Chabot réclama pour les députés le droit d'être entendus avant d'être accusés.
Il se décide enfin à parler de la conspiration,
mais au lieu de la dévoiler, au lieu de raconter
tout ce qu'il en savait, il se borne à y faire quelques allusions à mots couverts.

« Qui vous a dit, citoyens, que des contre-révolutionnaires ne comptent pas vous envoyer à
l'échafaud? Un de nos collègues a entendu dire :
Aujourd'hui c'est le tour de celui-ci, demain le
tour de Danton, après, celui de Billaud-Varennes,
nous finirons par Robespierre : ce mot doit effrayer
les républicains. Qui vous dit qu'on ne veut pas,
sur une lettre falsifiée, solliciter un décret d'accusation contre les meilleurs patriotes ? » (2).

____

(1) *Moniteur* du 12 novembre.

(2) *Ibidem,*

Une violente discussion s'engage aussitôt. Bourdon, de l'Oise (1) demande à Chabot si les Girondins ont été entendus avant d'être accusés.

Basire appuie la proposition de Chabot, Bourdon s'y rallie à la condition que les députés qui chercheraient à s'évader soient mis hors la loi et ces paroles soulèvent les protestations de Basire et de Julien, lequel sans doute songeait déjà à prendre la fuite comme il devait le faire quelques jours plus tard.

Cependant, la proposition de Chabot est adoptée. Le danger semblait un instant conjuré, lorsque le lendemain, 11 novembre, Dufourny prend la parole aux Jacobins et propose de se rendre en masse à la Convention pour y demander l'examen de la conduite de Basire et de Chabot (2).

En sortant de cette séance, Claudine Chabot émue de ce qu'elle y avait entendu, prit son frère à part et lui dit : « Je connais ta vertu, mais je crois que ton courage t'égare. Tu es pensif ; es-tu coupable? Parle, je te poignarde : ce soir on va t'arrêter peut-être, et quoique je te visse monter sur l'échafaud sans verser une larme lorsque tu y périras pour le principe de la liberté,

---

(1) François-Louis Bourdon (de l'Oise), né à Rémy (Oise) en 1761, mort en Guyane, le 22 juin 1798, fut député à la Convention. Il vota la mort du Roi.

(2) *Moniteur*, du 13 novembre.

je ne veux pas que tu y ailles comme un conspirateur. Laisse-nous au moins pour héritage la mémoire d'un homme juste et vertueux » (1).

C'était beaucoup demander à Chabot que de parler, et encore davantage de laisser la mémoire d'un homme juste. Chabot se tut. Le lendemain, la Convention obéissante rapporta le décret qu'elle avait rendu la veille.

Le 14, le Club central électoral déclara en vertu « des lois éternelles de la Raison qui précèdent et dictent les décrets que le député Chabot avait perdu l'estime des patriotes et leur confiance pour avoir épousé une fille étrangère, riche et autrichienne » (2).

Le 16 novembre, nouvel assaut aux Jacobins. Ce ne sont plus seulement les collègues de Chabot qui l'accusent, ce sont des inconnus : une voix, un citoyen, un autre citoyen, dit *le Moniteur*.

Quels étaient donc ces anonymes si acharnés à l'assaillir, si prompts à relever ses imprudences de langage? N'est-il pas permis de penser avec M. Lenôtre qu'ils étaient pour la plupart des gens aux gages du baron de Batz?

On dirait d'une meute au moment où la bête exténuée va être prise. Chabot ne sait à qui entendre. Il veut parler, mais il ne trouve plus

____

(1) W. 342, 648.
(2) *Ibidem.*

ses mots. Ahuri par les clameurs qui l'assourdissent, il dit ce qu'il ne devrait pas dire, et provoque les hurlements de la foule. Les femmes sont au premier rang des manifestants.

De tous côtés on n'entend que les cris : « à la guillotine » !

A grand'peine, Chabot parvient à placer quelques mots : « Oui, dit-il, malgré mes ennemis, malgré les femmes révolutionnaires, on reconnaîtra que j'ai sauvé la chose publique » (1).

Aussitôt un inconnu de s'écrier : « la chose publique se sauve d'elle-même ».

Et Chabot s'excuse. « Je me suis trompé, j'ai voulu dire que j'ai concouru à sauver la chose publique. Je demande que la Société nomme des commissaires pour examiner ma conduite. »

Puis, c'est Dufourny qui prend la parole et lui reproche son mariage. « Chabot a bravé l'opinion publique en épousant une étrangère et dans quel temps encore, quand Antoinette était au fauteuil révolutionnaire, quand la nation était à son maximum d'exécration pour les étrangers, quand nos frères qui sont aux frontières nous ont laissé des veuves à consoler, des sœurs, des parentes à secourir ! C'est alors que Chabot contracte un mariage intéressé avec une Autrichienne !

---

(1) *Gazette Nationale*, 19 novembre.

» Une femme est un vêtement, si ce vêtement était nécessaire à Chabot, il devait se rappeler que la nation avait proscrit les étoffes étrangères... Quand on prend une telle femme, il faut d'abord s'informer si ceux à qui elle appartient ne sont pas légitimement suspects et liés d'intérêt avec nos ennemis » (1).

Chabot fond en larmes, offre de se constituer prisonnier et appelle à son secours les bons citoyens.

« — C'est là le langage commun des conspirateurs, s'écrie un membre de l'Assemblée, je demande que Chabot soit rappelé à l'ordre pour avoir appelé à son secours quand personne ne le tyrannise » (2).

Et Chabot se rappelle lui-même à l'ordre, puis descendant de la tribune au milieu des huées, il parvient à gagner la porte. Ce soir-là, plus d'illusions possibles.

Cependant il s'était décidé à parler.

Le 14, dans la matinée, il était allé chez Robespierre qui l'avait reçu froidement et renvoyé au Comité de Sûreté générale.

Là, il remit les cent mille livres de Fabre et

---

(1) *Gazette Nationale*, 19 novembre.

(2) *Ibidem*.

(3) Arch. Nat., F. 7, 4637.

dénonça le complot, promettant d'ailleurs de rédiger et de signèr sa dénonciation. Il était 10 heures du matin. Dans la nuit du 15 au 16, il apporta au Comité un Mémoire de quatorze pages où il faisait l'exposé de la conspiration. Le Comité lui en délivra un reçu daté du 16 à 2 heures du matin.

En quittant la séance des Jacobins, le 16, il alla au Comité de Sûreté et il obtint que dans 24 heures on irait l'arrêter chez lui où se trouveraient Benoit et le baron de Batz.

Rassuré par cette promesse, il regagne la rue d'Anjou vers minuit.

Mais une surprise bien désagréable lui était réservée. A peine venait-il de quitter le Comité que celui-ci décerna contre lui un mandat d'arrêt dont l'exécution fut confiée au citoyen Charbonnier, commissaire de police de la section des Tuileries (1).

Charbonnier, accompagné de l'officier de paix Ozanne, du juge Robin (2) et de Louis Benoit, membre du Comité de surveillance, se rendit dès 8 heures du matin au domicile de Chabot qu'il trouva dans son cabinet de travail. Après lui avoir donné lecture du mandat d'arrêt et

----

(1) Arch. Nat., F.-7, 4637.

(2) Louis-Antoine-Joseph Robin, né le 16 octobre 1757, mort le 12 mars 1802, député à la Convention, vota la mort du Roi.

apposé les scellés sur divers papiers, il remit Chabot entre les mains d'Ozanne chargé de le conduire au Luxembourg (1).

Chabot fut tellement surpris qu'il ne mit pas en doute qu'il n'y eût erreur, surtout quand il apprit que ni Delaunay, ni aucun des coupables n'étaient arrêtés.

« Il nous fit remarquer, dit Ozanne, qu'aucun Comité, ni plusieurs, n'étaient autorisés par aucun décret à faire mettre en état d'arrestation les députés ; qu'en conséquence, il pourrait refuser d'obéir à l'ordre ; qu'il demandait à être conduit à la Convention Nationale pour y dénoncer le complot qui commençait à s'exécuter sur sa personne, sans qu'on lui eût accordé les vingt-quatre heures qu'il avait demandées pour faire saisir chez lui les chefs de la conspiration » (2).

Ozanne ne pouvant discuter les ordres qu'il avait reçus, se borna à écouter la protestation de Chabot et le conduisit au Luxembourg.

Basire, se sentant menacé et voulant suivre l'exemple de son complice, avait remis, lui aussi, au Comité un mémoire justificatif, plutôt qu'une véritable dénonciation. Tout en accusant Delaunay et Julien, il protestait surtout de son innocence et regrettait que le défaut de preuves l'eût empê-

---

(1) Arch. Nat., F. 7, 4637.

(2) *Ibidem.*

ché de dévoiler le complot, comme il l'aurait fait, s'il eût été à la place de Chabot (1).

Il fut arrêté dans la soirée du 17, en même temps que Delaunay.

Quant au baron de Batz, chose incroyable, personne ne songea à lui. Il ne fut même pas inquiété.

(1) Arch. Nat., W. 342, 648.

CHAPITRE XI

Chabot en prison. — Billet adressé à Delaunay. — Arrestation de Fabre d'Églantine. — Premier rapport d'Amar. — Réponse de Chabot. — Second rapport d'Amar sur l'affaire Chabot, Basire, etc. — Décret ordonnant la mise en accusation de Chabot. — Chabot essaye de s'empoisonner. — Procès de Chabot. — Sa condamnation. — Sa mort. — Son testament. — Biens laissés par Chabot. — Léopoldine Frey. — Les scellés sont levés chez Chabot par Nys. — Conclusion.

Dès son arrivée au Luxembourg, Chabot est mis au secret. Il veut écrire à la Convention ou aux Comités : cela lui est défendu. Le droit de pétition lui est même refusé. C'est en vain qu'il demande « à sauver la patrie » en dévoilant ce que Pitt, d'accord avec plusieurs membres du gouvernement, médite contre elle. La consigne est inflexible; cependant, il parvient à l'enfreindre et, à l'aide d'un morceau de charbon, il trace quelques lignes pour demander la permission d'écrire ses révélations.

En attendant qu'elle lui soit accordée, soumis à un régime tel « que sous le despotisme, les prisonniers d'État n'en connurent jamais de pareil », il se livre à d'amères réflexions sur l'ingratitude et l'indifférence de ses collègues. « Quoi, je suis arrêté et il ne se trouve pas un député courageux qui réclame contre cette entreprise criminelle! Et les Comités ne daignent pas même en dire un mot à la Convention! (1). Je me prosterne la face contre terre et je demande à l'auteur de la nature d'abréger mes jours » (2).

Il ne faudrait pas croire que ces prosternations et ces prières durassent tout le jour, ni prendre le prisonnier en trop grande pitié. Quoique captif, Chabot conservait encore quelques penchants pour la bonne chère comme on en peut juger par le Mémoire de son traiteur.

Le 17 novembre, il mangea, entre autres choses, quatre côtelettes et un poulet gras, dépensant ainsi dix-huit livres en une journée! Cependant la moyenne de sa dépense journalière n'excédait guère 8 livres, sans y comprendre le vin.

Treize perdreaux, dix-neuf poulets ou poulardes, six canards, quelques pigeons, sans compter de nombreuses côtelettes, des entrecôtes, des fricandeaux, des poissons variés, etc., telle fut, durant le

---

(1) Arch. Nat., F. 7, 4637.
(2) *Ibidem.*

premier mois, la pitance habituelle du prisonnier (1).

Entre temps, Chabot ne dédaignait pas faire un brin de cour à la Muse. Voici quelques vers qu'il composa sur des bouts-rimés qu'on lui avait proposés. Si la rime en est assez riche, il faut convenir que le style n'en est guère bon !

Air : *Comment goûter le doux repos?*

Un amant de la *liberté*
Brave les fers de *l'esclavage*,
S'il s'élève quelque *nuage*,
Pour troubler sa *sérénité*,
Il en appelle à la *justice*,
Qui ne peut pas tarder *longtemps*.
A le rendre à ses chers *parents*
Dont le chagrin fait son *supplice*.

Il se console en ses *malheurs*,
La vertu respecte ses *chaînes*,
Ses amis partagent ses *peines*,
Elles se changent en *douceurs*.
La prison n'est un triste *asile*
Qu'au crime qui ronge le *cœur*.
On goûte partout le *bonheur*
Quand la conscience est *tranquille*.

Les jours de sa *captivité*
Ne sont que des moments *d'orage*,
Qui purgent, aux yeux de l'homme *sage*,
L'horizon de la *liberté*.
D'un plus beau jour il voit *l'aurore*,
Il dit toujours à ses *amis* :
Les traîtres seuls seront *punis*,
L'éclat du crime est un *phosphore* (2).

---

(1) Arch. Nat., F. 7, 4637.
(2) *Ibidem.*

Cependant Chabot songeait avant tout à sa défense, et c'est dans les deux premiers mois de sa détention qu'il écrivit le *Mémoire justificatif* auquel nous avons fait de nombreux emprunts.

Quoiqu'il fut au secret, on lui permit de recevoir le journal publié par les frères Chaignieau, et ce fut dans cette feuille qu'il vit, que le 18 novembre, son arrestation avait été annoncée à la Convention par Amar.

« Nous avons cru devoir mettre en état d'arrestation Chabot et Basire, sans rien préjuger sur leur compte. Si nous ne vous avons pas donné hier connaissance de cette affaire, c'est que tous les conspirateurs n'étaient pas encore arrêtés. Ils ne le sont pas encore, c'est pourquoi je vous prie, au nom des deux Comités réunis, afin de ne laisser échapper aucun coupable, de retarder de quelques jours la lecture des pièces qui doivent jeter un grand jour sur les projets des conspirateurs » (1).

Amar aurait pu ajouter qu'il fallait, avant toutes choses, donner au baron de Batz le temps de se mettre en sûreté.

Chabot conçut quelque espoir en voyant que l'on n'avait aucune preuve contre lui, mais cet espoir fut de courte durée. Malgré les prescriptions de la loi d'après laquelle les détenus

---

(1) *Gazette Nationale* du 20 novembre 1793.

devaient être interrogés dans les vingt-quatre heures, plusieurs jours s'écoulèrent sans que Chabot ni Delaunay subissent aucun interrogatoire.

Sur ces entrefaites, la permission d'écrire à la Convention fut accordée à Chabot qui se mit aussitôt à l'œuvre. Ce n'est pas seulement à la Convention qu'il écrit, mais à chaque membre des Comités. Il demande l'arrestation de ses beaux-frères et donne sur eux une foule de détails. Il n'est pas de jour où il n'adresse quelque factum à la Convention, soit pour se défendre, soit pour accuser tel ou tel de ses collègues. Hébert est peut-être celui qu'il a poursuivi avec le plus d'acharnement parce qu'il était le plus redoutable.

D'ailleurs, tout lui est prétexte à écrire. Le 29 janvier, c'est un rêve qu'il a eu la nuit précédente et qui fait le sujet d'un Mémoire adressé aux Comités de Sûreté générale et de Salut public! (1).

Il correspondait aussi avec sa sœur, grâce à la complaisance du concierge, qu'il chargeait de faire parvenir différentes lettres à destination. Mais cela ne dura pas longtemps et bientôt il se vit privé de tous rapports avec sa famille.

---

(1) Arch. Nat., W. 342, 648.

Au commencement de janvier, il sollicita de nouveau la permission d'écrire à sa mère : « Citoyens, mes collègues, je sais souffrir et mourir pour la liberté, mais je ne sais pas assassiner la plus vertueuse des mères. C'est pour la première fois qu'elle a été séparée de deux enfants (1) qu'elle adore et dont elle est adorée. C'est aussi pour la première fois qu'une détention ordonnée par les Représentants du peuple a pu lui faire craindre que celui qu'elle avait élevé dans les principes des vertus républicaines eût pu oublier un instant les leçons qu'elle lui avait données, et elle touche à sa quatre-vingt-unième année (2).

» J'apprends aujourd'hui que votre rigueur à mon égard est bien près de la conduire au tombeau. Quand je serais plus scélérat que Brissot, il n'est pas de loi qui me condamne au supplice de poignarder la vertu qui m'a donné le jour. Si l'on vous avait égaré sur mon compte et si vous doutiez de mon innocence, envoyez-moi promptement à la mort, avant que j'apprenne qu'une plus longue détention en a porté le coup à la plus respectable des mères. Mais si, comme je l'espère, mon innocence vous est aussi bien démontrée que

---

(1) La sœur de Chabot était à Paris depuis quelques jours. Arch. Nat., F. 7, 4637.

(2) La mère de Chabot, née en avril 1723, n'avait pas encore soixante et onze ans.

mon audace révolutionnaire, rétablissez au moins, entre ma mère et moi, une correspondance qui peut seule soutenir les restes languissants d'une vie qu'elle a toujours consacrée au service de l'humanité et à l'éducation de sa famille, et qui peut également adoucir la rigueur d'une détention que je suis loin d'avoir méritée.

> » François CHABOT (1) ».

En même temps, il pria David, président de la Convention, d'appuyer sa demande qui fut favorablement accueillie par l'Assemblée (2).

Plus d'un mois s'était écoulé depuis l'arrestation des prisonniers, et aucun d'eux n'avait encore subi d'interrogatoire.

Chabot ne manque pas de s'en plaindre, d'abord parce que « l'aurore d'un plus beau jour tarde singulièrement à paraître » et surtout parce que, redoutant la déposition de Delaunay, il a hâte de la connaître.

. Delaunay était un complice gênant en soi, et qui, en outre, paraissait jouir de quelques faveurs : c'est ainsi que, grâce à la complicité d'un geôlier nommé Vernet, il pouvait correspondre librement avec ses amis. Voici comment Chabot en avait eu la preuve.

---

(1) Arch. Nat., F. 7, 4637.

(2) *Moniteur* du 15 mars 1794.

« Dès les premiers jours de mon arrestation, Vernet entra dans ma chambre, dans le temps que mon guichetier faisait le lit, et me remit un billet dans lequel on me demandait cent écus dont on me disait débiteur. J'étais auprès du feu. J'imaginai que c'était un piège qui m'était tendu par un fripon. Après avoir lu et relu ce billet, qui paraissait écrit par une main féminine, mon premier mouvement fut de le brûler. En l'approchant du feu, je vis, au bout de quelques minutes, ressortir des caractères mordorés autres que l'écriture du billet... Je demande au garçon :

» — A qui vous a-t-on dit de remettre ce billet?

» — Au citoyen Delaunay, me répondit-il.

» — Mais ce n'est pas moi.

» Aussitôt mon guichetier m'ôte le billet et Vernet va le porter dans la chambre voisine où je sus dès lors que « gissait » Delaunay » (1).

Le billet dont parle Chabot était ainsi conçu :

« Soyez tranquille. Les A. (amis, c'est-à-dire Julien et Benoit) sont partis et cachés. Hé. (Hébert) tient ferme et vous défendra. Ménagez B. (Batz). Accusez les A. (Julien et Benoit qui sont absents) et surtout C. (Chabot), Dufo. (Dufourny) est toujours son ennemi juré. Il nous servira. Son mariage irrite les fr. Ses frères et sa famille

----

(1) Arch. Nat., F. 7 4637.

seront arrêtés. Ça va. Du courage et de la gaieté.
Le rap. (rapporteur) est son ennemi juré. Le fripon nous a trompés, il s'en repentira. Les A. l'ac-
cuseront et le p. est contre lui. On ne parle pas
de vous » (1).

Cela se passait le 21 novembre. Mais le récit de
Chabot présente tant d'invraisemblances, que
M Lenôtre n'hésite pas à traiter toute cette his-
toire de fable.

En effet, lorsqu'on veut brûler un papier, on le
jette au feu, au lieu de le chauffer pendant quelques minutes; mais, ce qui est plus inadmissible
encore, c'est que Chabot se soit dessaisi d'une arme
aussi précieuse que l'était ce billet.

Prouver que Delaunay avait des intelligences au
dehors, et être traité de fripon par les conspirateurs, que pouvait-il désirer de plus?

Et puisqu'il était résolu à parler de ce billet,
pourquoi n'en pas conserver l'original au lieu de
se fier à sa mémoire pour en reconstituer le
texte?

D'ailleurs, quand il essaye de justifier sa conduite, il se rend si bien compte de l'insuffisance
des raisons qu'il en donne, qu'il finit par la mettre
sur le compte de l'état dans lequel il se trouvait.

« J'avoue que la persécution m'avait tellement
abattu que peut-être je n'aurais pas eu l'idée de

---

(1) Arch. Nat., F. 7, 1647.

garder ce billet. Abandonné à toutes les idées d'une imagination échauffée, mon cœur et mon esprit était *(sic)* dans un épuisement que je n'ai pas éprouvé ni avant ni après cette époque critique de ma vie politique » (1).

Le 17 décembre, Chabot s'adresse à Robespierre, afin que celui-ci hâte l'instruction du procès. Il se plaint de l'arrestation de ses beaux-frères, alors qu'il a, lui-même, quelques jours auparavant, remercié les membres du Comité de Salut Public de les avoir arrêtés. On arrête une sœur mère de onze enfants, j'ai assassiné une mère de quatre-vingts ans, un père de quatre-vingt-cinq (3) et pourquoi ? pour avoir épousé une étrangère de seize ans, je m'adresse à toi, Robespierre, avec cette confiance que ta vertu m'a toujours inspirée. Je t'avoue que je ne suis plus Chabot. Mon courage a disparu depuis qu'il m'est impossible de mourir pour la liberté. Rends-moi donc cette vertu. Me laisseras-tu seule victime de mes ennemis lorsqu'ils sont écumants? » (4).

Cette lettre resta sans réponse. Robespierre était peu disposé à prendre la défense de Chabot.

----

(1) Arch. Nat., F. 7, 1649.

(1) *Ibidem*.

(3) Toujours les mêmes erreurs. La mère de Chabot avait exactement soixante-dix ans et sept mois et son père quatre-vingts ans et sept mois.

(4) Arch. Nat. F., 7, 4637.

Ce fut seulement le 12 décembre qu'Amar et Bayle (1), chargés d'interroger le prisonnier, se rendirent au Luxembourg (2).

Chabot a noté, avec un soin minutieux, la durée de l'interrogatoire de Delaunay et de Basire : vingt-trois heures pour l'un et sept heures pour l'autre.

Puis, l'instruction subit un long temps d'arrêt.

Au mois de février, Chabot demande encore des juges. Basire vient d'être mis en liberté. « Je ne me plains pas, écrit Chabot, de la justice que vous lui avez rendue, il y a longtemps qu'il aurait dû l'obtenir, mais je la demande entière. Point de grâce. Si je suis coupable, je dois monter à l'échafaud. Envoyez-moi promptement au Tribunal révolutionnaire » (3).

Quelques jours après, il demanda à être autorisé à voir deux fois par décade sa mère et sa sœur.

Entre temps, la Société populaire de Saint-Geniez joignait ses instances aux siennes (5), et un citoyen, nommé Molineux, lui apprend qu'il est

---

(1) Moïse Bayle, né à Montpellier en 1760, mort en 1815, député à la Convention et membre du Comité de Sûreté générale. Il vota la mort du Roi.

(2) Arch. Nat., F. 7, 4637.

(3) *Ibidem*.

(4) *Moniteur* du 15 janvier 1794.

(5) *Moniteur* du 4 janvier 1794.

accusé d'avoir pactisé avec les ennemis du dehors
en leur facilitant l'invasion des départements du
Midi, par les accusations qu'il a portées à Toulouse, contre les généraux de l'armée des Pyrénées (1).

Le 13 janvier, Amar annonce l'arrestation de
Fabre d'Églantine et il en profite pour raconter la
falsification du décret de la Compagnie des
Indes (2).

Dès que Chabot a connaissance de son discours,
il essaye de le réfuter, mais sa défense est singulièrement embarrassée. Ce n'est pas en relevant des
inexactitudes sans importance, en s'attachant à
des points secondaires ou bien en jouant sur les
mots qu'il pourra sauver sa tête.

« On n'a pas, dit-il, falsifié le Décret, mais un
simple projet destiné à être soumis à la Convention » (3), et il a raison ; mais il oublie d'ajouter
que la principale falsification de ce *projet* consistait précisément à le transformer en un *décret*.

Que peut-il espérer d'un argument aussi misé-
rable ?

Amar, chargé du Rapport sur l'affaire Chabot,
ne se hâtait guère de le rédiger, ce fut seulement
le 16 mars qu'il monta à la tribune où sa pré-

---

(1) Arch. Nat., F. 7, 4637.

(2) *Moniteur* du 5 janvier 1794.

(3) Arch. Nat., W. 342, 648.

sence provoqua « un tonnerre d'applaudissements».
Mais au lieu de dire tout ce qu'il savait, il se borna
à parler du Décret sur la Compagnie des Indes.
C'était réduire l'affaire à de bien minimes proportions. La falsification du Décret, les divers tra-
fics reprochés à Delaunay et à ses complices et,
d'une façon générale, tous les faits de corruption,
n'étaient qu'une partie du plan du baron de Batz.

Et puis, chose curieuse, Amar accusa les dénonciateurs et non pas les dénoncés. S'il ne put se
dispenser de nommer le baron de Batz et Benoît,
il le fit de telle façon qu'on eut peine à les reconnaître. « Deux autres imprudents, qui ont trempé
dans cette affaire, sont le baron de Bauce *(sic)*
ex-constituant, et Benoite *(sic)*. Tous ces individus
formaient une association qui jouait à la hausse
et à la baisse et se partageaient le profit. Le baron
de Bauce et Benoite, habiles dans l'art de l'agiotage
et de la corruption étaient entremetteurs... » (1).

Et c'est là tout ce qu'il dit des chefs du complot.
Il prend même le soin de défigurer leurs noms!
Ne dirait-on pas qu'il avait des raisons de les
ménager?

Tant y a que, dans sa conclusion, il les laissa de
côté, et demanda simplement la mise en accusation de Chabot, Delaunay, Basire, Julien et Fabre

---

(1) *Moniteur*, séance du 16 mars 1794.

d'Églantine. Le même jour, la Convention adopta
le décret suivant :

ART. 1. — Il y a lieu à accusation contre
Delaunay (d'Angers), Julien (de Toulouse), Fabre
d'Églantine, Chabot et Basire, députés, comme prévenus d'avoir participé à la conjuration ourdie
contre le peuple français et sa liberté, ladite conjuration tendant à diffamer et avilir la représentation nationale et à détruire par la corruption le
gouvernement républicain.

ART. 2. — La Convention nationale les accuse
d'y avoir pris part, savoir : lesdits Chabot, Delaunay (d'Angers), Julien (de Toulouse) et Fabre
d'Églantine, en trafiquant de leur opinion, en
devenant auteurs ou complices de la suppression
ou de la falsification du Décret du 17 vendémiaire,
concernant la Compagnie des Indes et en y substituant ou en ayant concouru à y substituer un
faux décret promulgué sous la date du même jour.

Et ledit Basire pour s'être rendu leur complice
en gardant le silence, soit sur les révélations
qu'ils lui ont faites de leurs manœuvres criminelles,
soit sur les propositions intéressées qui lui ont
été faites (1) »

Si ce décret fait allusion à la conjuration ourdie
contre le peuple français, et dont Amar n'avait

----

(1) Arch. Nat., W. 342, 648.

presque pas parlé, c'est que Robespierre insista pour qu'il en fût ainsi.

Mais il n'en est pas moins vrai, et c'est là un fait étrange, que ni Batz, ni Benoît ne sont visés.

Saint-Just avait fait un Rapport où il donnait beaucoup plus de détails qu'Amar sur la conspiration, mais ce Rapport fut si mal imprimé que les noms de Batz et de Benoît y étaient méconnaissables. Quelle secrète influence avaient donc les conspirateurs pour déjouer ainsi toutes les poursuites.

Chabot avait été malade pendant la première quinzaine de mars, et si l'on en juge par les remèdes qui lui furent ordonnés, il avait dû être atteint d'une dysenterie (1).

Il était à peine guéri lorsqu'il connût le Rapport d'Amar.

Frappé de stupeur, en se voyant accusé, lui et ses complices, tandis que les véritables coupables n'étaient pas inquiétés, il ne se fit aucune illusion sur le sort qui lui était réservé, et, dans un moment de désespoir, après avoir fait son testament, il essaya de se donner la mort.

Le 17 mars, vers trois heures de l'après-midi, les citoyens François Peyre (2), Marius-Félix,

----

(1) Arch. Nat., F. 7, 4637.

(2) Louis-François Peyre, né le 14 mars 1760, mort..., fut député à la Convention, vota la mort du Roi, sauf à examiner s'il ne conviendrait pas d'accorder un sursis.

Maisse (1), Jacques Forest, Antoine Michel et Eustache Derasoy, détenus au Luxembourg, se trouvaient dans la chambre de l'Indivisibilité, voisine de celle de Chabot, lorsqu'ils entendirent une des sonnettes placées sur le palier de l'escalier sonner à plusieurs reprises et avec un mouvement précipité. L'un d'eux alla aussitôt à la recherche du gardien Besse. Celui-ci prévint le concierge Benoît et tous deux entrèrent dans la chambre de Chabot qu'ils trouvèrent en proie à de violents vomissements.

Deux officiers de santé, Sépher et· Filliette, détenus eux aussi, furent mandés pour donner au malade les premiers soins, tandis que l'on faisait appeler Masinski et Soupé, médecins de la prison.

Avant l'arrivée de ces derniers, Chabot remit son testament à Besse qu'il pria de donner cinquante livres à Filliette.

Benoît raconta que depuis deux ou trois jours, craignant que Chabot, qui paraissait fort exalté, ne se portât à quelque extrémité, il lui avait enlevé ses rasoirs.

Chabot interrogé avoua que l'amendement de Billaud-Varennes et la lecture de l'acte d'accusation l'avaient décidé à se donner la mort. « J'ai

---

(1) Marius-Félix Maisse, né le 17 mars 1758, mort le 18 février 1806, député à la Convention, vota la mort du Roi.

pris une liqueur qui m'avait été donnée pour une
maladie extérieure, et j'ai crié : Vive la République » (1).

Les médecins constatèrent que le prisonnier
avait absorbé du sublimé, et ils lui donnèrent
aussitôt du lait et de l'huile d'amandes douces.
Et comme, de huit à onze heures du soir, Chabot
se plaignait de douleurs violentes, soit à la tête,
soit dans les articulations, ils lui firent prendre
du laudanum.

Pendant plusieurs jours, le malade fut soumis
à ce traitement. Le 20, il reçut la visite de deux
autres médecins, Maury et Bayard, qui le jugèrent en état d'être transporté à l'hôpital de l'Evê-
ché où il entra le 22 (2).

Le 26, Fouquier-Tinville avait requis le Président du Tribunal révolutionnaire de mettre les
accusés à la disposition de la justice et dressé
l'inventaire des pièces les concernant.

On y trouve les cent mille livres destinées à
Fabre, divers écrits de Chabot, son interrogatoire
et le projet de décret falsifié.

Le même jour, Étienne Masson, président du
Tribunal révolutionnaire, accompagné du greffier
Ducray, se rendit à l'hôpital de l'Évêché où il fit

---

(1) Arch. Nat., W. 342, 648.
(2) *Ibidem.*
(3) *Ibidem.*

subir à Chabot un court interrogatoire, et lui désigna pour défenseur le citoyen La Fleutrie (1).

L'acte d'accusation, rédigé le 29 mars, ne concernait que Delaunay, Julien, Fabre, Chabot, Basire, les Frey, Deidirichsen, Gusmann et l'abbé d'Espagnac; il ne relève aucun fait que nous ne connaissions si ce n'est qu'une somme de cinquante mille livres avait été offerte à Basire et à Chabot pour les engager à prendre la défense de Ducos (2) et de Fonfrède (3).

Nous voici au 2 avril. A dix heures du matin l'audience est ouverte. Le tribunal est composé des citoyens Martial Hermann (4), président, Étienne Masson, Étienne Foucault, François-Joseph Denizot et Charles Bravet (5), juges. Lescold Fleuriot et Fouquier remplissent les fonctions d'accusateurs publics. Au banc des

---

(1) Arch. Nat., W. 342, 648.

(2) Jean-François Ducos, né le 10 mars 1765, exécuté le 31 octobre 1793, fut député à la Convention, et siégea parmi les Girondins. Il vota la mort du Roi.

(3) Arch. Nat., W. 342, 648.

(4) Martial-Joseph Hermann, né vers 1750, mort le 17 mai 1795, fut d'abord oratorien, puis avocat, et enfin président du Tribunal révolutionnaire. Ce fut lui qui présida les débats dans le procès de la Reine. Il fut à son tour condamné à mort pour avoir « favorisé les projets liberticides des ennemis du peuple en faisant périr une foule innombrable d'accusés ».

(5) Louis Bravet, né à Chapeneillan (Isère) le 9 décembre 1745, mort le 24 février 1811, fut membre de la Législative.

jurés : Renodin, Ganney, Desboisseaux, Trachard, Dixaout, Lumière et Souberbielle (1).

En face, les accusés, qui entrent « libres et sans fers », sont placés de manière qu'ils puissent être vus et entendus du tribunal et du public (2).

Mais nous n'en connaissons qu'une partie, car leur nombre s'est accru, et voici Danton, Camille Desmoulins, Philippeaux, Hérault de Séchelles et Lacroix assis parmi eux. Au cours des débats, Westermann et L'Huillier seront inculpés.

Suivant le désir de Robespierre et pour donner plus d'importance au procès, on avait rattaché les faits de corruption à ce qu'on appelait la Conjuration de l'Étranger et, à défaut de Batz et de Benoît, l'on s'était saisi de Danton, de Desmoulins et de quelques autres.

Danton était-il coupable d'avoir traité avec l'étranger, de préparer le retour de la monarchie, ou de s'être vendu?

A dire le vrai, rien ne prouve et bien des faits viennent au contraire combattre cette accusation. On peut en dire autant pour Desmoulins. Mais qu'importait que l'accusation fût fondée ou non? Des places étaient vides : il fallait les remplir.

---

(1) Arch. Nat., W. 342, 648.

(2) *Ibidem.*

Les débats, commencés le 2 avril, ne se terminèrent que le 5 et cependant ils ne révélèrent rien de bien nouveau. Ils nous offrent toutefois un curieux exemple de la façon dont on rendait la justice en ce temps-là. De nos jours, nous avons vu avec quelle habileté on parvient à renvoyer indéfiniment une affaire gênante, ici, nous allons voir une autre façon de pratiquer « l'étouffement » d'une affaire.

Le Président ne poursuivait qu'un but : empêcher les accusés de se défendre, de crainte qu'ils ne fissent d'inopportunes révélations.

Lorsqu'une affaire durait depuis trois jours, on pouvait, en vertu d'un décret, demander aux jurés s'ils se trouvaient suffisamment éclairés, et en cas de réponse affirmative, les débats étaient clos et le verdict rendu.

Il s'agissait donc d'occuper trois audiences par des hors-d'œuvres et sans s'engager trop avant dans le procès.

Étant donné le nombre des accusés, cela n'était pas difficile.

La première audience fut amplement remplie par la constitution du jury, l'interrogatoire des prévenus et la lecture du Rapport d'Amar.

Le second jour, Fouquier-Tinville annonce la mise en accusation de Westermann qui est amené devant le tribunal et interrogé. On perd ainsi quelques heures, puis le greffier donne lecture d'un Rapport de Saint-Just, et Cambon (1) est entendu comme témoin. On arrive ainsi à quatre heures du soir, et l'audience est levée.

Cependant, plusieurs accusés avaient demandé à faire entendre certains membres de la Convention. Le Président ne voulant à aucun prix y consentir, défendit à Fouquier de tenir compte de cette demande et lui recommanda de faire traîner les débats encore un jour. Le 4 avril, la troisième audience fut ouverte, et, comme la veille, on perdit du temps à mettre en accusation un nouvel inculpé, L'Huillier. Mais, tout à coup, les accusés se lèvent et demandent à grands cris que l'on fasse comparaître les témoins qu'ils ont désignés. Fouquier, fort embarrassé, ne savait trop quelle réponse faire quand Vadier et Vouland le font appeler hors de la salle et lui remettent un décret de la Convention, d'après lequel le tribunal était autorisé à mettre hors des débats les accusés qui voudraient provoquer des troubles. La lecture de ce décret souleva de vives protestations de la part des accusés et le Tribunal leva la séance.

Dès lors, suivant la vieille et pittoresque expression, l'affaire était dans le sac ! (2).

---

(1) Pierre-Joseph Cambon, né à Montpellier le 10 juin 1756, mort le 15 février 1820, fit partie de la Législative et de la Convention. Il vota la mort du Roi.

(2) Jadis, lorsqu'un procès était jugé, on plaçait le dossier dans un sac en toile : de là l'expression : l'affaire est dans le sac, c'est-à-dire elle est jugée.

Le lendemain, quatrième jour, au début de l'audience, le président demande au jury s'il est suffisamment éclairé et, sur sa réponse affirmative, il prononce la clôture des débats (1).

Deux questions sont posées au jury. L'une ainsi conçue : « Il a existé une conspiration tendant à rétablir la Monarchie, à détruire la Représentation Nationale et le gouvernement républicain », concernait Lacroix, Danton, Desmoulins, Philippeaux, Hérault de Séchelles, Westermann ; l'autre, un peu différente, « il a existé une conspiration tendant à diffamer et à avilir la Représentation Nationale et à détruire par la corruption le gouvernement républicain », était relative à Fabre, Delaunay, Chabot, etc.

Le jury répondit affirmativement à toutes ces questions pour tous les accusés, à l'exception de L'Huillier qui fut acquitté. La peine de mort fut prononcée contre les coupables, en leur absence, et, comme le Tribunal redoutait l'explosion de leur colère et peut-être aussi quelques manifestations du public, il ordonna que le jugement serait signifié aux condamnés à la Conciergerie (3).

Ainsi ce procès, auquel Robespierre avait voulu donner toute son ampleur, fut véritablement

---

(1) Arch. Nat., W. 342, 648.

(2) *Ibidem.*

(3) *Ibidem.*

étouffé. Tout l'intérêt et toute l'attention se concentrèrent sur Danton, dont la défense énergique ne laissa pas d'inquiéter ceux qui voulaient le perdre. Quant à Chabot, il passa presque inaperçu. Son système de défense était connu depuis longtemps, il ne convainquit personne.

Le jour même du jugement, les condamnés furent conduits au supplice. A l'entrée de la nuit, leurs corps furent portés au parc Monceau et jetés pêle-mêle dans la fosse commune (1).

L'acte de décès de Chabot, dressé le 25 avril, a été brûlé en 1871, mais il a pu être reconstitué à l'aide d'une copie qui en avait été délivrée le 26 mai 1801. Le 17 mars, au moment de s'empoisonner, Chabot avait fait son testament qui n'a jamais été publié et dont voici le texte.

« Testament de mort de François Chabot, Représentant du peuple, arrêté pour avoir dénoncé la double faction dirigée par les puissances étrangères, car, de l'aveu d'Amar, il n'avait pas été dénoncé avant son arrestation.

» Ce 27 ventôse, 121e jour de ma détention au secret, l'an II de la République que j'ai voulu sauver et pour laquelle je meurs âgé de trente-sept ans, quatre mois et vingt-sept jours, étant né le 1er brumaire (2).

---

(1) LENÔTRE : *Baron de Batz.*
(2) Chabot se trompe : il était né le 2 brumaire.

» Mon acte d'accusation me paraît un effet de la politique du gouvernement, et, par conséquent, du grand principe du salut du peuple, sans cela le rapporteur serait impardonnable d'avoir altéré des faits et d'en avoir inventé quelques autres à ma charge. Le renvoi du Rapport au Comité de Salut public, pour motiver mon accusation sur la diffamation des membres de la Convention, diffamation que j'ai voulu arrêter par ma courageuse dénonciation, me prouve que l'on veut soustraire de mon procès les pièces les plus nécessaires à ma défense et que l'on craint des indiscrétions de ma part, car je ne pourrai me justifier qu'en accusant le rapporteur et ses collaborateurs au Rapport. Je dois donc me condamner au silence, et, par conséquent, à la mort pour ne pas manquer à l'engagement que j'ai pris de sauver ma patrie aux dépens de ma vie et de ma réputation; quoique le gouvernement ait été sans le vouloir l'instrument alternatif des deux factions que j'ai démasquées et dont la plus violente est déjà terrassée, je veux dire celle d'Hébert, je crois cependant que la Convention commettrait une imprudence de renouveler les membres du Comité de Salut public.

» Ceux du Comité de Sûreté générale devraient l'être, au moins tous les mois par tiers, parce que leur responsabilité est illusoire et qu'ils peuvent faire beaucoup de mal particulier qui peut agiter la République. Les membres actuels ne sont ni fermes ni sages.

» Je suis innocent de la corruption dont on m'accuse et plus encore du système de diffamation que j'ai voulu déjouer. Jamais je ne serais entré dans le système de corruption si les premiers discours de Delaunay ne m'avaient fait entrevoir sa liaison avec celui de la diffamation des Représentants et par suite de la dissolution sociale. J'ai dénoncé ce système de diffamation avec l'expression de l'horreur qu'il m'avait inspirée. Je suis plus innocent encore de la falsification du Décret sur la Compagnie des Indes et de la falsification de celui qui y a été substitué. Si Benoît est découvert par la police, il confondra les calomniateurs. J'ai signé tous les projets avant ou après Fabre, je ne lui ai présenté aucun décret rendu à signer. Si jamais on imprime les pièces de ce grand procès du crime contre la vertu, si surtout le gouvernement permet l'impression de mon compte rendu à mes commettants, dont Robespierre est dépositaire, commençant par ces mots de Lentulus, dans Tite-Live, livre IX : *Ea est caritas patriæ ut tam ignominiâ eam quam morte nostrâ si opus est servemus* (j'ai aimé ma patrie jusqu'à lui sacrifier mon honneur et ma vie), mes concitoyens ne tarderont pas à reconnaître mon innocence et à consoler une mère respectable qui a toujours fait du soin de l'humanité et du

bonheur de tous ceux qui l'entourent sa principale occupation. Ils consoleront mon bien respectable père plein d'excellentes qualités d'esprit et
de cœur, vieillard vertueux que je conduis peut-
être au tombeau par mes courageuses entreprises
et dont le sacrifice m'est plus pénible que celui
de mon honneur et de ma vie. Ils consoleront
une sœur dont la vertu et le patriotisme ont
sauvé plus d'une fois mon district, et qui, mère
de onze enfants, à l'âge de vingt-neuf ans, mérite
un bonheur plus durable que son frère, ils consoleront ma jeune épouse, que ses malheurs ren-
dent d'autant plus intéressante que je l'ai trom-
pée pour sauver ma patrie, en m'alliant à elle
dans la vue de déjouer les complots des étrangers,
que mes frères, dénonciateurs de tous les agents
de l'Autriche et de la Prusse m'ont appris à
connaître mieux que toutes mes recherches au
Comité de Sûreté générale.

» Je meurs sans fortune et sans dettes. Je pourrais devoir quatre mille livres à ma sœur, mais
j'espère qu'elle ne regrettera pas l'usage auquel
je les ai consacrées. Je déclare de plus fort que
les acquisitions que j'ai faites de deux domaines
nationaux, payés la somme en tout de onze mille
huit cents livres, ont été acquis avec l'argent de
ma sœur et de ma mère qui fait depuis soixante-
quatre ans des économies et des travaux inouïs
pour laisser une certaine aisance à ses enfants.

» J'ai fait cette déclaration au Comité de Sûreté générale avant mon mariage. Elle est par conséquent inattaquable. Je sais que ma famille, qui a toujours vécu de son travail ou de ses économies, préfère la vertu à toutes les possessions, mais le gouvernement serait injuste s'il tracassait mes parents sur un bien qui ne m'appartient pas.

» Je meurs content parce que j'ai vu terrasser la faction des Hébertistes, la plus dangereuse que je craignisse à cause de la violence et de l'excessive popularité des meneurs. J'espère que celle de Dufourny, plus cauteleuse, ne tardera pas à être dénoncée et qu'elle ne m'épiera pas longtemps et n'entravera pas le gouvernement. J'espère que l'on reconnaîtra bientôt la main de l'Angleterre ou de la Suisse qui la dirige tour à tour. J'espère que la faction des fripons qui cherchent la fortune dans les bureaux de la Convention ou des ministres, cédera à la simplification de la machine. J'espère que les Comités révolutionnaires feront succéder la sagesse et la fraternité envers les patriotes à toutes les violences qui lui ont été inspirées par la malveillance de l'aristocratie.

» J'espère que les agents de l'Angleterre ne réussiront pas plus longtemps à égarer le gouvernement français par une secte de soi-disant catonistes ou spartiates qui ne savent ni mourir, ni admirer ceux qui en ont le courage et qui vivent en sybarites, en recommandant le brouet aux amis fortunés de la patrie. Le système prêché par Saint-Just, en particulier, conduirait à l'esclavage par un chemin plus court que le luxe contre lequel on déclame. Il faut amener les hommes à l'égalité par le bonheur du plus grand nombre de ceux qui travaillent et qui multiplient les jouissances de la Société, par le développement de leur talent et de leur industrie, et non par les privations de tous les individus.

» Je désavoue le fils de Julie Berger, et j'ai plus d'une raison pour cela. Cependant, je recommande à mes parents d'aider à son éducation jusqu'à l'âge de quatorze ans. Je leur recommande surtout de prendre soin de ma bien vertueuse épouse et de la consoler dans son affreux veuvage. Je pardonne de grand cœur à tous mes ennemis. Si je les ai un peu trop mordus dans mon Mémoire, je déclare que l'amour de la patrie a dominé sur toutes mes passions, cependant je consens qu'on en retranche tout ce 'qui est inutile à les démasquer révolutionnairement. J'ai respecté la Représentation nationale dans les individus que je méprise le plus et dont je reconnais la perversité parce qu'ils sont presque toujours écrasés par l'ascendant de la vertu de leurs collègues.

» Les écrits que je laisse ne seront pas inutiles à l'établissement du bonheur qui doit être le but de toute société comme je l'ai écrit avant Saint-Just.

» J'ai eu des faiblesses dans ma vie, mais la

philanthropie la plus désintéressée et le respect pour les lois de la nature me feront pardonner quelques écarts de mes passions bouillantes. J'espère que la divinité voudra les oublier et me recevoir dans son sein que j'adore en dépit de tous les nouveaux fanatiques de l'athéisme. C'est ma seule consolation, qu'elle me vengera de l'injustice des hommes qui domine dans le moment et de mes ennemis qui ne peuvent être que ceux de la patrie. Je leur pardonne de nouveau et je souhaite qu'ils jouissent paisiblement du bonheur de la liberté à l'établissement de laquelle je crois avoir concouru aussi efficacement et aussi généreusement que tout autre.

» Les écrits que j'ai composés dans ma prison prouveront que mes principes ont été méconnus. Je mourrai en disant : « Vive la République, une et indivisible, vivent ses fondateurs et ses défenseurs et ses amis! Guerre aux âmes altérées de sang, car elles ressemblent aux despotes. Paix à tous les sincères amis de l'humanité. A bas le pouvoir des hommes, vive celui de la vertu !

» François Chabot.

» On a accusé Delaunay de quelques faits inexacts et l'on n'a pas parlé de ses vrais crimes, de ses liaisons avec les Brissotins qu'il a voulu sauver comme je l'ai déclaré, et non pas lui avant moi, et de ses liaisons avec les deux sectes des contre-révolutionnaires en pantalons et surtout avec Hébert et les autres.

» Fabre est également faussement accusé dans l'affaire des Indes. On a quelque raison de taire ses autres crimes parce que les membres des deux Comités pourraient être impliqués.

» Je déclare que Basire n'a connu par moi le système de corruption qu'après le 24 brumaire, jour de ma dénonciation, et qu'il n'est pour rien dans l'affaire des Indes. On l'a accusé pour lui fermer la bouche sur l'oppression qu'on a exercée contre nous.   » F. C. » (1).

Conformément à la loi, les biens que laissait Chabot firent retour à la nation. Ils consistaient en :

1° Une vigne, située au Cros, près de Saint-Geniez, d'une contenance de 40 journées et achetée le 1ᵉʳ février 1791 au prix de 5.500 francs;

2° Fermage de cette vigne, 727 fr. 50 c.

3° Une châtaigneraie de six sétérées, acquise le 25 février 1793 au prix de 6.300 francs;

4° Fermage de cette châtaigneraie, 207 fr. 10 c.;

5° Espèces en dépôt chez M. Antoine Talon aîné, à Saint-Geniez : 19.000 francs;

---

(1) Arch. Nat., W. 342, 648. Il y a, paraît-il, un autre testament de Chabot, lequel n'a pas été ouvert et se trouve déposé en l'étude de Mᵉ Rouquayrol, notaire à Saint-Geniez. Toutes les démarches que nous avons faites pour en avoir communication sont demeurées sans résultat.

6° Un droit de succession sur une maison ados-
sée à l'église des Augustins de Saint-Geniez, et
acquise au prix de 965 francs le 1er février 1791 ;

7° Espèces trouvées dans la caisse de Chabot,
1.006 francs ;

Soit au total 33.705 fr. 60 c. (1).

A cette somme, il faut ajouter deux dépôts dont
le chiffre est inconnu et qui se trouvaient entre
les mains de Glandy et du citoyen Cabrol cadet,
de Rodez, (2) ainsi que le produit de la vente
du mobilier.

Le 6 avril, les citoyens Joseph et David (3)
apposèrent les scellés rue d'Anjou.

Mais deux mois plus tard, le 4 juin, lorsque
Delcher (4) et Baudet, membres de la Convention, chargés par décret du 11 mai de lever les
scellés apposés chez les députés mis hors la loi,
se présentèrent au domicile de Chabot, ils constatèrent que les scellés avaient été brisés et
replacés (5).

---

(1) Ces renseignements, puisés aux archives de l'Aveyron, nous
ont été communiqués par M. l'abbé Verlhaguet, curé à Notre-Dame-
de-Vanc (Aveyron).

(2) Arch. Nat., F. 7, 4637.

(3) Jacques-Louis David, né à Paris le 13 avril 1748, mort le
25 décembre 1825, fut député à la Convention et membre du
Comité de sûreté générale. Il vota la mort du Roi. On l'a surnommé
le Corneille de la peinture.

(4) Joseph-Étienne Delcher, né à Brioude le 20 décembre 1752,
mort le 15 février 1812, fit partie de la Législative et de la Convention. Il vota la mort du Roi.

(5) Arch. Nat., F. 7, 4637.

Une enquête fut ouverte, et il en résulta la preuve que le citoyen Nys, accompagné des citoyens Laporte et Menet, s'étaient introduits dans l'appartement et en avaient enlevé des papiers et de l'argenterie (1).

En effet c'était Nys, qui avait procédé à l'inventaire dont nous avons parlé plus haut, agissant en vertu d'un ordre du bureau de vente des biens des émigrés.

Or, cet ordre (2), dont le texte se trouve au dossier de Chabot, parut des plus suspects. La Convention l'ignorait; de plus, on ne put jamais retrouver le citoyen Menet qui avait accompagné Nys et Laporte, aussi M. Lenôtre se demande-t-il s'il ne faut pas voir dans cette affaire quelque nouveau tour du baron de Batz? Ne serait-ce pas lui qui aurait fabriqué l'ordre de procéder à l'inventaire, et abusé de la bonne foi de Nys qui paraît s'être acquitté de sa mission avec conscience?

Ne serait-ce pas lui qui aurait pris part à l'inventaire sous le nom de Menet? Il y a là un mystère qu'il n'a pas été possible d'éclaircir. L'intérêt que pouvait avoir de Batz à faire disparaître certaines pièces semble confirmer la supposition de M. Lenôtre. Ajoutons que Lacoste, dans un Rapport qu'il fit à la Convention, n'hésita

----

(1) Arch. Nat., F. 7, 4637.
(2) *Ibidem.*

pas à voir la main du baron de Batz dans cette affaire (1).

Nys fut poursuivi, mais il n'eut pas de peine à prouver qu'il avait agi en vertu d'un mandat qu'il pouvait croire régulier et l'affaire n'eut pas de suites.

La mort de Chabot et de ses beaux-frères laissait Léopoldine Frey sans aucune fortune. La veuve de Chabot, retirée à Boulogne où elle vivait avec son neveu dans le dénucment le plus complet, s'adressa à la Convention le 11 mai (2) pour obtenir quelque secours.

« La veuve Chabot, née Frey, âgée de seize ans et demi, ayant un neveu de quatorze ans resté à sa charge, se trouvant, depuis le malheur qu'elle vient d'éprouver, seule dans le monde, toujours vis-à-vis d'elle-même, sans aucune connaissance des affaires, ne pouvant s'aider ni se réclamer de qui que soit, se voyant encore à la veille de subir les rigueurs d'un décret que son ignorance invincible l'empêche de connaître, malgré le vif désir qu'elle a de satisfaire à ses vues, se présente devant vous pour attendre que vous prononciez.

» Les scellés apposés d'après la loi sur tous les meubles et effets de la maison qu'occupaient ses frères lui font souffrir la dernière des extrémités

---

(1) *Moniteur*, séance du 14 juin 1794, rapport de Lacoste.
(2) Arch. Nat., F. 7, 4637.

à côté des engagements que l'aîné Junius Frey avait pris en la mariant comme son tuteur. Quelle dot! Juste ciel !

« Ajoutez à ce dénuement total, le sacrifice généreux que la citoyenne Chabot a fait du peu que ses frères lui ont donné pendant leur détention aux différents créanciers de ses frères et de Chabot, sacrifice qui, avec les circonstances inattendues, l'ont réduite à languir depuis dans un lit d'où elle n'a consenti à s'arracher que pour obéir à la loi, vous ne laisserez pas plus longtemps, citoyens législateurs, ce reste déplorable d'une malheureuse famille dans une incertitude mille fois plus cruelle que la mort.

» Toutes les considérations ci-dessus, réunies à la grande jeunesse de ces deux victimes, ne seront-elles pas à vos yeux un motif assez puissant pour vous rendre (ils n'osent point l'espérer favorables) mais au moins compatissants à leur sort qu'ils attendront que vous fixiez dans votre sagesse et justice » (1).

Nous ne savons pas quel accueil fut fait à cette supplique, ni ce qu'il advint de Léopoldine pour qui l'on ne peut s'empêcher d'éprouver un sentiment de pitié en la voyant ainsi victime de sa docilité à obéir aux volontés de ses frères.

---

(1) Arch. Nat., F. 7, 4637.

« Quelle dot, juste ciel ! » disait-elle dans la lettre que nous venons de reproduire ; elle aurait pu ajouter : « et quel mariage ! »

Que devint-elle après la mort de son mari ? Sans doute, elle alla rejoindre, en Autriche, les autres membres de sa famille, car il ne paraît guère probable qu'elle ait été recueillie par les parents de Chabot, sa présence à Saint-Geniez-d'Olt n'aurait pas passé inaperçue (1).

Ceux-ci, d'ailleurs, ne devaient pas survivre longtemps à leur fils. Étienne Chabot mourut le 11 août 1794 et avec lui s'éteignit un nom qui

---

(1) L'impression de ce volume touchait à sa fin lorsque M. André Laporte, fonctionnaire de la Préfecture de la Seine, a adressé à M. le Président de la Société des Lettres de l'Aveyron une lettre dont nous extrayons les passages suivants qui confirment notre manière de voir :

« MONSIEUR LE PRÉSIDENT,

» J'ai l'honneur de vous adresser par la poste un petit médaillon reçu de Saint-Geniez-d'Olt, le 12 avril 1874. L'expéditrice donnait par lettre les renseignements suivants qu'elle *tenait de sa famille.*

« Je vous envoie dans une petite boîte un portrait de Léopol-
» dine Fraijtt, femme Chabot. Cette jeune personne était arrivée
» d'Allemagne à Paris avec ses deux frères qui, voulant essayer
» d'obtenir les secrets de la Convention, menèrent leur sœur à
» Chabot.
» Celui-ci épris de sa beauté l'épousa.
» *A la mort de son mari, ses frères la reconduisirent en Allemagne.*
» Ils emportèrent également tout l'or, prix de la trahison de Cha-
» bot ; ce qui fit que ce dernier ne laissant pas de dispositions
» testamentaires, sa famille crut qu'il était mort pauvre.
» Gardez-le chez vous ; je ne veux pas qu'il revienne à Saint-
» Geniez. »

. . . .

Daignez agréer, etc.   » André LAPORTE. »

venait d'acquérir une bien fâcheuse célébrité (2).

On a dit de certaines familles qu'elles avaient vécu trop d'une génération. Ne pourrait-on pas appliquer cette parole à la famille Chabot qui finissait dans la société pour vivre désormais dans l'histoire, et de quelle façon !

Chabot, redoutant le jugement de la postérité désirait que l'on publiât son Mémoire justificatif, où se trouvait, disait-il, la preuve de son innocence.

Nous avons, sur ce point, comblé, et au delà, ses désirs, car ce n'est pas seulement son Mémoire, mais encore tous ses écrits que nous avons, sinon reproduits en entier, du moins extraits, afin de ne rien omettre de ce qui pouvait aider à dessiner fidèlement la figure que nous avons tenté de faire revivre.

Or cette figure nous apparaît repoussante, et, tandis que Chabot prétendait prouver son innocence, il nous semble qu'il a simplement démontré qu'en lui se trouvaient réunis tous les vices qui peuvent déshonorer à la fois l'homme public et l'homme privé.

Nous avons puisé aux sources qu'il nous indiquait et qu'y avons-nous trouvé ?

Un apostat, un débauché, un concussionnaire et un délateur !

---

(2) On peut considérer la famille Chabot comme éteinte à partir de ce moment-là puisqu'elle n'était représentée que par Claudine Caussat qui ne portait plus le nom de Chabot.

NOTE SUR LE BARON DE BATZ

(*Voir page 239.*)

Ceux que cette question intéresse trouveront à la Bibliothèque Nationale (1) le dossier des incidents relatifs à l'admission du baron de Batz aux Honneurs de la Cour, et notamment un mémoire que Chérin fils adressa, le 15 avril 1786, au duc de Coigny, et dans lequel il résume le débat.

Ce mémoire a été reproduit dans le *Dictionnaire des Familles françaises anciennes ou notables*, par M. C. d'E.-A. (2), et accompagné de commentaires et d'une notice sur chacune des familles qui portent le nom de Batz.

Mais d'autre part, nous devons signaler un livre qui vient de paraître sous le titre de *La vie et les conspirations de Jean baron de Batz*, par le baron de Batz (3). Dans cet ouvrage, l'auteur

---

(1) *Bibl. nat.*, Chérin 17.

(2) *Dictionnaire des Familles françaises anciennes ou notables*, par M. C. d'E.-A. (Hérissey à Evreux). Tome III, page 48.

(3) *La vie et les conspirations de Jean, baron de Batz*, par le baron de Batz (Calmann Lévy).

consacre de nombreuses pages à la généalogie de son héros, et à l'histoire de ses démêlés avec Chérin.

Bertrand de Batz, père de Jean, avait eu, lui aussi, l'ambition de monter dans les carrosses du Roi, et il avait envoyé ses papiers à d'Hozier. « La réponse du célèbre généalogiste avait été pénible : elle était arrivée à Tartas en septembre 1750, d'Hozier avait même trouvé douteuse la fameuse pièce qui semblait établir d'irréfutable manière la communauté d'origine des Batz d'Armanthieu et des Batz Trenquelléon » (1), si bien que Bertrand de Batz avait chargé son mandataire de retirer tous ses titres « de cette officine ».

Quand il connut l'échec qu'avait subi son père, le baron de Batz résolut de tenter un nouvel effort, et après avoir complété son dossier par de nouvelles pièces qui lui semblaient des plus probantes, il l'adressa à Chérin.

Celui-ci ne devait pas être moins rigoureux que d'Hozier !

« Chérin, nous dit le baron de Batz, furetait, tatillonnait, imbu de cet esprit envieux dont hérita son fils, le parfait terroriste. Il cherchait noise à propos de tout... Bref, il devint à la fin si insupportable que le baron lui jeta ses parche-

---

(1) *La vie et les conspirations de Jean, baron de Batz*, par le baron de Batz (Calmann Lévy), pp. 35, 36.

mins au nez et lui déclara, poussé par d'Epré-
ménil et le baron de Breteuil, qu'il ne s'en tiendrait pas à ses lumières et s'adresserait directe-
ment au Roi. » (1)

C'est ce qui fut fait. Le baron de Batz avait de
puissants amis qui intervinrent en sa faveur, le
Roi nomma une Commission de onze membres,
chargée d'examiner les preuves du baron, et cette
Commission déclara que Jean-Pierre de Batz avait
prouvé sa filiation depuis Arnaud, frère germain
d'Odon, vicomte de Lomagne.

Ainsi le baron de Batz fut admis à monter dans
les carrosses du Roi, et cela malgré l'opposition
formelle de Chérin.

Nous ne saurions prononcer entre l'avis de
Chérin et la décision de la Commission nommée
par le Roi.

---

(1) *La vie et les conspirations de Jean, baron de Batz*, par le
baron de Batz (Calmann Lévy), p. 55.

INDEX DES NOMS CITÉS

TABLE DES MATIÈRES

CHAPITRE III

A L'ASSEMBLÉE LÉGISLATIVE

CHAPITRE IV

LE COMITÉ AUTRICHIEN

CHAPITRE V

20 JUIN. — 10 AOUT. — 2 SEPTEMBRE

CHAPITRE IX

VIE PRIVÉE DE CHABOT. — LE BARON DE BATZ. MARIAGE DE CHABOT

CHAPITRE X

LES FREY ET CHABOT. — LA COMPAGNIE DES INDES

CHAPITRE XI

MORT DE CHABOT

9 782329 279107